SORTIR DU SOUS-DÉVELOPPEMENT

QUELLES NOUVELLES PISTES POUR L'AFRIQUE DE L'OUEST ?

Sous la direction de
Lambert N'galadjo Bamba
Gervasio Semedo et Siméon Koffi

SORTIR DU SOUS-DÉVELOPPEMENT

QUELLES NOUVELLES PISTES POUR L'AFRIQUE DE L'OUEST ?

Financement et coopération

Tome 2

Actes du Symposium de la CEDEAO sur le Développement
(Ouagadougou, Burkina Faso, 3 - 5 Octobre 2010)

L'Harmattan

5-7, rue de l'Ecole-Polytechnique, 75005 Paris

http://www.librairieharmattan.com
diffusion.harmattan@wanadoo.fr
harmattan1@wanadoo.fr

ISBN : 978-2-296-56888-4
EAN : 9782296568884

Table des sigles

AAF-SAP	African Alternative Framework for Structural Adjustment Programme
ACP	Afrique Caraïbes-Pacifique
AEC	Accords d'Echanges Commerciaux
AFDB	African Development Bank African States
AGOA	African Growth and Opportunity Act
AIR	Accords d'Intégration Régionaux
ALE	Accords de libre-échange
ALENA	Accords de Libre-Echange - Américain
APPER	Priority Programme for Economic
ASS	Afrique au Sud du Sahara
ATPSM	Agriculture Trade Simulation Model
AU	African Union
BAD	Banque Africaine de Développement
BBC	British Broadcasting Corporation
BCEAO	Banque Centrale des Etats de l'Afrique de l'Ouest
BFA-CI	:Banque pour le Financement de l'Agriculture en Côte d'Ivoire
BIAO	Banque Internationale de l'Afrique de l'Ouest
BICICI	Banque Internationale pour le Commerce et l'Industrie de Côte d'Ivoire
BITs	Bilateral Investment Treaties
BM	Banque Mondiale
BNI	Banque Nationale d'Investissement
BWIs	Bretton Woods Institutions
CAA	Caisse Autonome d'Amortissement
CCA	Corporate Council of Africa
CCECC	China Civil Engineering Construction Company

CEAO	Communauté Economique de l'Afrique de l'Ouest
CEAR	Center for Econometrics and Allied Research
CEDEAO	Communauté Economique des Etats de l'Afrique de l'Ouest
CEMAC	Communauté Economique et Monétaire d'Afrique Centrale
CGD	Centre for Global Development
CNN	Cable News Network
CNOOC	China National Offshore Oil Corporation
CNUCED	Conférence des Nations Unies sur le Commerce et le Développement
COMATEX-SA	Compagnie Malienne de Textiles s.a.
COMESA	Common Market for Eastern and Southern
EAC	East African Community
ECCAS	Economic Community of Central
ECOWAS	Economic Community of West African States
EPS	Export Promotion Strategies
EU-ASS	Etats-Unis/Afrique Subsaharienne
FAL	Final Act of Lagos
FAO	Fonds des Nations Unies pour l'Agriculture
FECOM	Fonds Européen de Coopération Monétaire
FGCCC	Fonds de Garantie des Coopératives Café-Cacao
FMI	Fonds Monétaire International
FOCAC	Forum on Chine-Africa Cooperation
GATT	Accord Général sur les Tarifs et le Commerce
GDP	Gross Domestic Product
GDP	Gross Domestic Product
GMM –NL	Methode des Moments Généralisés Non linéaires
GTAP	Global Trade Analysis Project
HDI	Human Development Indice
ICT	Information and Communication Technology
IFS	International Financial Statistics

IGAD	Inter Government Authority Development
IMF	International Monetary Fund
ISI	Import Substitution Industrialisation
LPA	Lagos Plan of Action
MCS	Matrices de Comptabilité Sociale
MDGs	Millenium Development Goals
MEGC	Modèles d'Equilibre Général Calculable
MOU	Memorandum of Undestanding
NEPAD	New Partnership for Africa's
NIDO	Nigerians in Diaspora Organisation
NIDOE	Nigerians in Diaspora Organisation Europe
NIEO	New International Economic Order
NNPC	Nigerian National Petroleum Corporation
NNVS	Nigerians National Volunteer Service
NRGS	Non Resident Ghanaian Secretariat
OAU	Organization of African Unity
OCDE	Organisation de Coopération et de Développement Economique
OECD	Organisation for Economic Coorperation and Development
OLS	Ordinary Least Square
OMC	Organisation Mondiale du Commerce
OMC	Organisation Mondiale du Commerce
ONU	Organisation des Nations Unies
OPIC	Overseas Private Investment
PED	Politique Economique et Développement
PIB	Produit Intérieur Brut
PMA	Pays moins avancés
PN	Prêts nets
PNB	Produit National Brut
PNUD	Programme des Nations Unies pour le Développement
PRC	People's Republic of China
PSC	Pacte de Stabilité et de Croissance
PSD	Pays sous-développés
RCA	République Centrafricaine
RDC	Republic Democratic du Congo Recovery

REER	Real Effective Exchange Rate
RTHD	Recettes Totales Hors Dons
RUNS	Rural Urban Nord Sud
SADC	Southern African Development
SAP	Structural Adjustment Programme
SCCEP	Strategic Confrontation between China and the Early Players
SGBCI	Société Générale de Banque en Côte d'Ivoire
STF	Science and Technology Forum
STTC	System International Trade Commodity
TEC	Tarif Extérieur Commun
TICAD	Tokyo International Conference for Africa Development
TIDCAS	Trade Investments and Development Cooperation Agreements
TIFAs	Trade and Investment Framework Agreements
TWCs	Third World Countries
UA	Union Africaine
UE	Union Européenne
UECM	Unrestricted Error Correction Model
UEMOA	Union Economique et Monétaire Ouest-africaine
UMOA	Union Monétaire Ouest-Africaine
UNDP	United Development Programme
UNECA	United Nations Economic
UNICEF	Organisation des Nations Unies pour l'Enfance
UN-NADAF	United Nations New Agenda for the Development of Africa
UNPAAERD	United Nations Programme of Action for African Economic Recovery and Development
USA	United States of America
WFM	World Food Model
WTSM	World Trade Simulation Model
ZLE	Zone de Libre-Echange
ZMA	Zones Monétaires Optimales
ZMOA	Zones Monétaires Ouest-africaines

Préface

L'ouvrage relatif au symposium de la CEDEAO sur le développement que la Commission de la CEDEAO offre au public sera d'une grande utilité aux chercheurs et à tous les acteurs du développement en Afrique. C'est un livre d'une importance considérable par la qualité de sa réflexion et par le souci de chercher par des voies pertinentes la solution d'un problème posé avec autant de fermeté que de précision : ***« Sortir du sous-développement, quelles nouvelles pistes pour l'Afrique de l'Ouest ?».*** C'est un questionnement crucial constamment renouvelé malgré les avancées remarquables.

La léthargie dans laquelle se trouvent les économies africaines malgré l'application de divers modèles de développement est révelatrice de la difficulté à cerner de façon optimale et définitive la question de développement tant elle renferme une réalité complexe. C'est à ce chantier de clarification, de réflexion et de proposition de nouvelles pistes pour l'avenir de la région afin de réorienter le concept de développement que la Commission de la CEDEAO, s'est engagée, en collaboration avec la communauté des chercheurs de la région et des autres acteurs du développement.

L'objectif de cet ouvrage, derrière son titre évocateur, est de donner au développement tout son sens à travers une analyse multidimensionnelle, et tout cela pour construire un modèle de développement endogène qui puisse redonner à la région un rôle central dans les choix qui concernent son avenir. Ce chantier peut paraître comme une vaste ambition. Mais il donne lieu à des analyses très intéressantes parce qu'il montre à quel point la rénovation du développement ne peut se faire selon la logique qui l'a longtemps guidée. Le développement doit être porteur d'un nouvel état d'esprit.

Cet ouvrage propose-t-il de nouvelles pistes pour sortir du sous-développement ? Les nombreuses contributions scientifiques qu'il renferme apportent assez d'éléments pour répondre par l'affirmative. Mais au-delà de ces solutions fort pertinentes, la possibilité de s'insérer dans l'économie mondiale en pleine mutation passe par un changement institutionnel et des mentalités.

Victor J. GBEHO

Préface

Post-préface

Le livre en trois tomes du symposium de la CEDEAO sur le thème ***« Sortir du sous-développement, quelles nouvelles pistes pour l'Afrique de l'Ouest ?»*** est maintenant disponible. C'est un sujet crucial pour les pays en développement que cet ouvrage analyse sous divers aspects et avec une grande pertinence. Comme vous le savez, les nombreux programmes d'inspiration occidentale n'ont pas permis à l'Afrique en général et à la CEDEAO en particulier de connaître un développement soutenu. C'est pourquoi, la Commission de la CEDEAO a pris l'initiative d'engager une réflexion nouvelle sur l'avenir de l'Afrique de l'Ouest.

Ce livre, constitué des contributions scientifiques les plus pertinentes présentées lors du symposium, propose une analyse rigoureuse des sources du développement et les enseignements que la CEDEAO peut en tirer.

Il s'appuie sur les recherches les plus récentes de chercheurs de la région et sur une série de faits pratiques émanant de l'expérience d'acteurs de la société civile ainsi que du secteur privé en matière de développement. Le livre présente une discussion critique des modèles d'inspiration néolibérale et propose une vue d'ensemble de cette importante réalité et des pistes nouvelles, ou du moins, viables d'un développement endogène.

Cet ouvrage a le mérite d'analyser la question du développement sous une forme multidimensionnelle et ne limite pas l'examen du sous-développement à des concepts et des approches qui ont été longtemps réservés aux modèles hérités de l'occident. C'est ainsi qu'il aborde la réalité du développement sous l'angle historique, sociologique, géographique, socioculturel, politique, économique, institutionnel, etc. C'est l'un des grands atouts de ce livre.

La discussion sur l'histoire du développement, par exemple, fait un bilan critique des cinquante années d'indépendance et soulève la pertinence du rôle des institutions dans le développement.

Le chapitre sur l'intégration régionale est essentiel et met en relief la nécessité de la consolider car elle tire sa légitimité de la forte dynamique historique des relations, du commerce, des communautés politiques transnationales et des peuples de la région.

Le développement est également une façon d'être. Il est un entrelacs de vision, de dynamisme, de raison. En d'autres termes, le développement est aussi un état d'esprit. Certaines contributions ont montré, à juste titre, que le retard de l'Afrique par rapport à d'autres parties du monde, notamment l'Asie est en partie dû à cela.

Aussi, c'est par sa capacité à opérer des changements structurels et de mentalité que l'Afrique pourra s'adapter aux mutations du monde.

Les mots souvent évoqués pour parler des changements indispensables pour le progrès de l'Afrique sont que les politiques et programmes de développement doivent catalyser le changement, ouvrir de nouvelles voies, transcender la pensée linéaire, etc.

Les réflexions contenues dans cet ouvrage éclairent bien ces idées non conformistes. Et cela est particulièrement bienvenu pour une région comme la CEDEAO qui a commencé à concevoir et à mettre en œuvre sa stratégie de développement régional.

Ce livre fait avancer les connaissances sur un sujet inépuisable sur lequel les Africains n'écrivent que très peu. Il indique aussi de nombreuses pistes de recherche intéressantes. Un tel ouvrage peut contribuer, par l'étendue des contributions, à l'élaboration et à l'amélioration des politiques de développement tant au niveau national que régional.

En intitulant de façon générale le livre : ***« Sortir du sous- developpement, quelles nouvelles pistes pour l'Afrique de l'ouest ?»*** les auteurs soulignent à bon escient la nécessité de revisiter les théories de développement à travers des réflexions et des pistes endogènes.

Dans un monde en crise constante où l'occident est en quête de solutions à ses incertitudes internes, il est plus que jamais indispensable que la communauté des chercheurs africains contribue plus activement à la réflexion concernant l'avenir du continent.

Lambert N. BAMBA

Avant-propos

En 2008, la Commission de la Communauté Economique des Etats de l'Afrique de l'Ouest (CEDEAO) et singulièrement le Commissaire chargé des Affaires Macroéconomiques ont proposé d'organiser une réflexion sur les approches du développement en Afrique de l'Ouest. Cette idée s'inscrit dans deux contextes qui ont marqué l'année 2008 :

-La crise économique et financière mondiale ayant ébranlé tous les pays de la planète en montrant ainsi les limites des approches libérales dans la manière de gérer l'économie monde ;

-La CEDEAO vient d'achever une réflexion prospective à l'horizon 2020 dont la vision principale est de passer de la CEDEAO des Etats à la CEDEAO des peuples.

Ces deux événements exigent le changement des anciens paradigmes de développement et de comportement dans la sous-région africaine trop axés sur le mimétisme de la pensée imposée par les Institutions internationales et par le haut en ce qui concerne la manière de fonctionner de la CEDEAO.

La réalisation de cet objectif a été confiée à un comité scientifique qui s'est penché sur la manière de transformer cette idée en une réalité concrète. Ce comité a d'abord réfléchi à une problématique centrale, puis aux démarches qui doivent conduire à la concrétisation de la proposition.

S'agissant de la problématique, il fut proposé que la manifestation soit organisée autour du thème : ***« Sortir du sous-développement, quelles nouvelles pistes pour l'Afrique de l'Ouest ? »***. Un contenu à cette thématique fut ensuite rédigé et approuvé par la Commission. Celui-ci fut popularisé avec appels à communications, de même que les dates et le lieu de l'événement.

Celui-ci est devenu réalité du 3 au 5 Octobre 2010 à Ouagadougou (Burkina-Faso). Il a réuni environ 250 chercheurs, acteurs de la société et partenaires au développement autour des autorités de la CEDEAO et du Burkina-Faso. Une centaine de communications ont servi de support aux débats. Ces communications ont été ensuite réappréciées par le comité scientifique qui a décidé d'en choisir une soixantaine pour publication en raison de leur qualité scientifique. Ces soixante communications ont été regroupées en trois thématiques, objet des présents ouvrages :

-Volume 1 : Histoire du développement, institutions et intégration régionale en Afrique de l'Ouest.

-Volume 2 : Financement de développement et coopération.

-Volume 3 : Développement, industrialisation et technologie.

Ces trois volumes dont la rigueur scientifique est assurée par le comité scientifique, n'ont malheureusement pas les mêmes portées scientifiques, tant en ce qui concerne les thèmes développés que le contenu des différentes contributions. Malgré cela, le comité scientifique se félicite de la parution de ces ouvrages pour plusieurs raisons :

- D'abord c'est la première fois que les intellectuels et acteurs de développement de l'Afrique de l'Ouest prennent conscience ensemble de la nécessité de rompre avec le mimétisme ambiant dans la manière de réfléchir à l'avenir de leur pays ;
- Ensuite, l'initiative vise à décloisonner la démarche de développement entre chercheurs, acteurs de développement et décideurs politiques ;
- Enfin, cette expérience initiée par la Commission de la CEDEAO mérite d'être connue et pérennisée afin que le développement de la sous-région ne soit plus conçu à partir de simples intuitions ou des approches exogènes.

Notre vœu est que cette entreprise reçoive un écho favorable tant de la communauté des chercheurs, des acteurs de développement que des partenaires au développement de la sous-région.

C'est le lieu de remercier tous ceux ont contribué à la réussite de cette initiative. Nous tenons à mentionner en premier lieu la Commission de la CEDEAO, la Commission de l'Union Européenne pour son appui et son soutien financier, les chercheurs qui se sont mobilisés pour apporter des contributions de qualité et les autorités du Burkina-Faso à travers le Président du Faso pour avoir accepté de parrainer et d'accueillir l'événement. Au nom du Commissaire Chargé des Affaires Macroéconomiques, nous tenons à leur exprimer toute notre profonde gratitude.

Le Comité scientifique

Introduction

La théorie économique sur deux siècles, et à partir de Schumpeter (1911) s'interroge sur les liens entre développement financier, croissance et industrialisation. Cet auteur considère que le développement financier n'est pas de l'ordre du beg*nin neglect* ; il accélère la mise en œuvre de projets industriels et contribue à l'innovation technologique. A la suite de ce dernier, Keynes (1936) met en évidence que les marchés financiers peuvent être à l'origine de défauts de coordination entre les marchés à court terme conduisant à des équilibres sous-optimaux. Ce débat théorique sur les interdépendances possibles entre secteur réel et financier a habité la Macroéconomie, et la discipline Economie du développement dans les années 60. Par exemple, une controverse sur le sens de la causalité est posée avec Joan Robinson : pourquoi le développement du secteur réel n'est-il pas un préalable à la croissance et au développement financier ? En ce qui concerne les PVD, les travaux fondateurs de Cameron(1967), de Mc Kinnon sur la répression financière (1973), de la caractérisation des systèmes financiers de Hicks (1971) avec la typologie économies d'endettement et économies de marchés de capitaux à la rhénane et à l'anglo-saxonne, ont permis de dégager ultérieurement des étapes du développement financier (Pill&Pradan, 1995). Les systèmes financiers des PVD connaissent en effet trois paliers progressifs de développement appelés : i) Economies Financièrement Réprimées; ii) Economies Domestiques Libéralisées; iii) Economies Internationalement Libéralisées. Le passage d'une Economie Financièrement Réprimée à une Economie Domestique Libéralisée suppose la mise en place d'incitations propres à activer des mécanismes de marché : relâchement du contrôle des taux d'intérêt réels par la banque centrale et le rôle accru des intermédiaires financiers dans la détermination de tels taux. La modification des structures de marchés bancaires est en effet rendue nécessaire par le fait que les interventions de banques centrales au travers du refinancement et des achats de titres publics sont souvent de nature inflationniste. Les banques commerciales centrent leurs opérations sur des activités à court terme, contrairement à l'objectif d'accroissement des investissements et de financement du développement. Le changement de règles et de comportements des emprunteurs et des prêteurs ne produit pas immédiatement des résultats positifs là où le crédit est la forme prédominante de financement. En d'autres termes, si la situation des banques au travers de leur bilan est fragile[1], et que les entreprises ne possèdent pas un niveau de fonds propres, dans un univers d'asymétries d'informations et de rigidités, la libéralisation affectera plus le coût du capital.

Les approches narratives et fonctionnelles, historiques et monographiques basées sur des études parcellaires d'expériences de pays n'ont pas permis d'éclairer ce débat (Benceviga, Starr, Smith, 1985). Pourtant sur le plan théorique, à partir des années 90, avec le développement de la théorie de la croissance endogène, il est mis en évidence une multiplicité d'équilibres en conformité avec le niveau de développement financier. Par exemple Azariadis et Drazen(1996) établissent l'existence de pièges à sous-développement induits par des bas niveaux de développement financier. Semedo et Albert(1998) en s'appuyant sur une telle idée et en utilisant un modèle à générations imbriquées en viennent à identifier dans des PVD : un équilibre haut du couple épargne-investissement vecteur de croissance, et un équilibre bas vecteur de sous-développement lorsque le revenu initial est bas. Egalement, la libéralisation financière a été présentée comme une panacée, sans en examiner les conditions de réussite (Semedo, Bensafta, 2008). En effet, est-il possible à n'importe quel niveau de développement financier, surtout pour des pays africains avec marchés financiers embryonnaires ou sans, de proposer la solution dite du *Big Bang* en matière de libéralisation financière, commerciale et d'ouverture sur l'extérieur ? Cette question n'est pas innocente, car elle veut mettre en évidence, qu'il faut dans l'application de politiques économiques partir toujours de la réalité (*principe de réalité*). Les institutions internationales, inspiratrices des politiques économiques en Afrique semblent oublier ce précepte de sagesse ! En effet, l'expérience des pays émergents a prouvé que l'ouverture du compte de capital demande de la prudence. Pourquoi ? Si un pays n'a pas réussi au cours des deux premières phases à abaisser le coût du capital au travers de politiques monétaires, budgétaires et fiscales, il ne peut en aucun cas ouvrir prématurément son compte de capital et libéraliser l'ensemble de ses opérations commerciales, monétaires et financières avec le reste du monde. Les conséquences immédiates seraient en effet : i) la dévaluation, la crise de changes et l'affaiblissement de la protection des intermédiaires financiers se soldant par des fuites de capitaux à l'étranger; ii) en l'absence d'amélioration du capital humain des banques, un accroissement d'activités modernes sans contrepartie managériale avec des risques de pertes sur les prêts qu'elles consentent.

Bamba dans « *Structure et efficacité du secteur financier ivoirien* » montre l'inadéquation du système ivoirien, pourtant des plus avancés de l'Afrique de l'Ouest francophone aux objectifs de développement (chapitre 1). L'idée de répression financière avancée par Mc Kinnon et les effets de sélection adverse

[1] Parce que leur direction ne repose pas sur un éventail de capital humain et ne fait pas l'effort de financer des activités dont la rentabilité n'est pas immédiate.

voire d'aléa moral intrinsèque à tout système de rationnement du crédit est mise en évidence. En effet, Mc Kinnon part du constat que les marchés financiers des PVD sont étroits et imparfaits. De telles caractéristiques ont des conséquences sérieuses sur l'allocation optimale de leurs ressources domestiques et de leur croissance. En effet, pour investir les agents doivent principalement s'autofinancer à partir de leurs encaisses liquides, forme privilégiée de détention de leur richesse. Si ces marchés sont administrés, l'inflation sous-jacente contraste avec les faibles taux d'intérêt nominaux proposés aux détenteurs de *cash*. La première nécessité de la politique économique est donc d'accroître les taux d'intérêt réels; le taux de liquidité (M_2/ PIB) devient alors favorable à l'autofinancement de l'investissement : c'est l'effet d'adduction Mc Kinnon, Une transcription fidèle de son argumentation peut être résumée comme suit : « *le système financier ivoirien, malgré une entrée de plus en plus fréquente de nouvelles firmes, reste un secteur très concentré dans lequel quelques firmes leaders détiennent un pouvoir de marché très important. Cette situation, observable sur la période 1991-2004, est d'autant plus dommageable que l'économie monétaire de la Côte d'Ivoire est une économie d'endettement. En conséquence, le système bancaire pratique le rationnement du crédit avec toutes ses conséquences comme les effets de sélection adverse et de hasard moral se traduisant par des prix financiers qui restent élevés malgré la libéralisation des taux d'intérêt. De même, le comportement oligopolistique des firmes bancaires s'est traduit par des coûts opératoires fort élevés en particulier les frais de personnel alors que le système est globalement inefficace dans l'allocation des ressources au secteur productif même quand on est en situation de surliquidité et donc d'excès d'offre* ».

Force est de constater la vigueur d'idées anciennes à la lecture de la situation africaine. En effet après la démonstration d'un système financier privé d'endettement couplé du paradoxe d'un excès de liquidités n'assurant pas l'adéquation du couple investissement-épargne, les questions laissées en suspens relèvent des déficits jumeaux ou de la théorie des deux déficits : déficit des paiements courants et déficit des finances publiques (Abramovic, 1964). De manière implicite, la thèse de la répression financière rend compte des conséquences de l'écart épargne-investissement appelant de fait un financement extérieur : un apport extérieur d'épargne peut déstabiliser le marché financier local peu organisé. Ainsi, l'apport d'épargne extérieur est source d'effet d'éviction, si les opportunités d'investissement rentable sont peu nombreuses; cet effet est aggravé par l'usage de la taxe inflationniste pour assurer en partie le financement du déficit budgétaire de l'Etat. Il existe alors des coûts propres à la répression financière (Roe et Suwa, 1997) dans des situations de réglementation des marchés financiers et monétaires se répercutant sur l'évolution du ratio de liquidité : i) l'écart taux débiteur et taux créditeur du marché monétaire provoque une faiblesse de l'épargne et de l'investissement domestique; ii) la fiscalité à laquelle doivent faire face les banques privées n'est pas rentable pour l'Etat, car celles-ci sont exclues de certains segments de marchés et de certaines activités financières longues, d'où le développement du secteur informel; iii) l'hyperinflation peut se développer.

Cette question de la complémentarité et de la substituabilité des financements est abordée par Akilou Amadou dans le chapitre 2 de ce volume avec le volet coopération internationale, puisqu'il s'agit pour lui d'explorer les conséquences de l'aide internationale publique. Il vient pour cet auteur : « *L'aide étrangère représente une source non négligeable de financement des dépenses publiques dans les pays de l'UEMOA. Cependant, la question se pose de savoir si elle représente un complément ou un substitut à l'épargne domestique. C'est pourquoi, nous avons analysé la relation entre l'aide étrangère et l'épargne domestique dans les pays de l'UEMOA. Les résultats que nous avons obtenus sur la période 1968-2008 indiquent que l'aide étrangère affecte négativement, mais non significativement l'épargne domestique. En d'autres termes, l'aide étrangère ne se substitue pas de façon significative à l'épargne domestique. Néanmoins, pour stimuler la croissance économique à long terme, ces pays devraient augmenter la mobilisation des ressources domestiques qui restent assez faible, car non seulement l'aide étrangère est relativement insuffisante, mais elle a tendance à diminuer ces dernières années* ».

Les sources de l'aide ne sont pas diversifiées en Afrique. Pourtant avec la globalisation, la question de trouver des financements ne se pose plus, surtout avec l'avènement des fonds souverains des pays émergents : Brésil, Chine, Inde, Russie, Afrique du Sud (BRICS). Des intérêts à rechercher ces connexions nouvelles sont mis en évidence dans l'article de Abdul-Gafar Tobi Oshodi, et les liens « gagnant-gagnant » avec les BRICS vont au-delà du financement du développement (chapitre 3). En effet la formation de capital humain, l'acquisition de technologies nouvelles peuvent en découler. Les arguments qu'il défend dans son article "*ECOWAS and the chinese option*" sont résumés de la manière suivante : « West Africa is a region that has a lot of human and material resources, but in spite of its resources, it has been faced with the challenge of development. Numerous efforts towards developing West Africa along Western neo-liberal route has not generated the needed results as most states that embraced the Western-originated Structural Adjustment Programmes (SAP) have continued to witness the sapping of their economies in such a way that rather than develop became entrenched in a "debt trap" which further impoverished their toiling masses. It is against this failure that a shining light seems to come from the East, China, where not only has a number of renown individuals and organisations romanced the potentials and implications of Chinese hegemony in the emerging international political economy, but also, its miraculous capacity to remove between 250 and 400 million people out of poverty in 20 years has remained a point of reference. In this light, this paper not only aims to understand the "Chinese Option" especially in terms of

Chinese *Domestica*, Chinese *Internationa*, and Chinese *Africana* as the trio eventually help to situate Chinese *West Africana,* but most importantly, it showcases practical and potentially effective engagement strategies for Sino-West Africa interactions. Thus, while recognising the potentials of the Forum on China-African Co-operation (FOCAC) [and others like Chinese Eight Point Proposal of 2006, Beijing Declaration, 'Beijing Consensus,' and the Chinese-African Entrepreneurs Conference, among others], this paper moves to identify three key points [Strategic Confrontation between China and the Early Players (SCCEP), Science and Technology Forum (STF) and operationalisation of FOCAC] as a better option for West Africa. The conclusion is in threefold which speaks to the issue of partnership, regional policy and national policy ».

En même temps, la question de l'aide invite les Africains à l'introspection. Comment faire appel à l'aide alors que d'énormes fuites de capitaux sont constatées en Afrique de l'Ouest (voir Tableau1 en annexe).

La diaspora africaine au travers des transferts financiers, de ses manifestations diverses de solidarité par rapport à leur communauté de base, du potentiel de connaissances qu'elle a accumulées, est en mesure de contribuer au financement du développement et à lever partiellement la contrainte de devises. Elle est également en position de contribuer à la décentralisation de l'aide avec l'expérience de villes jumelées, d'organisations non gouvernementales en interdépendance avec la société civile africaine. Elle peut donc être source de financement du développement et acteur de la coopération transversale décentralisée. La pensée de Bolade Eyinla M. rejoint cette préoccupation dans le chapitre 4. Elle est intitulée: *"Harnessing Diaspora Initiatives for Sub-Regional Development in West Africa"*. Nous reproduisons in extenso son résumé: « The Diaspora has become a major global factor influencing and shaping development policy calculations. Indeed, the importance and relevance of the Diaspora as important strategic stakeholders and agents of positive change within the development field is now generally acknowledged. Consequently, various countries, as well as sub-regional and regional bodies are now seeking ways to partner and join forces with their Diaspora in securing and accelerating development. Given the various developmental challenges facing the sub-region, it is only appropriate that the offshore assets of the Diaspora, in terms of human and financial capital, should be utilized in resolving some of these challenges. Consequently, this study seeks to explore ways in which the West African Diasporas can be constituted into critical development actors in the political and socio-economic development of their respective countries in particular and the sub-region in general. It also explores how Diaspora initiatives can be harnessed and integrated into the West African developmental process. The migration and development-related policy challenges confronting sub-region were highlighted and discussed with recommendations on how to mainstream the Diaspora into sub-regional development framework». De même, Ojeleye Olukunle dans le chapitre 5 préoccupé par le rôle potentiel de la diaspora africaine en tant qu'acteur du financement du développement et commence par expliquer pourquoi elle s'est constituée pour devenir le pôle le plus important de l'immigration britannique avec une analyse des déterminants de la migration internationale en s'appuyant sur des statistiques britanniques. Son travail a pour titre: "*The agency of west african diaspora in ending underdevelopement: a case study of nigerians and ghanaians in the united kingdom*". Le résumé de son travail est donné comme suit en anglais: "This paper is based on primary research carried out in the United Kingdom where the Labour Forces Survey of 2006 noted West Africans as constituting the largest migrant group in the country. The increased influx of Africans into the United Kingdom may be adduced to various reasons which include but are not limited to: economic recession; political instability; corrupt governments and irresponsible leaders; decaying educational systems; dilapidated infrastructures; and in a number of cases, the onset of civil war in the home country. As such, this paper examines the agency of West African Diaspora in the development of their respective home countries and the sub-region in general beyond the emphasis on financial remittances. The main argument of the paper is that whilst the migration pattern of West Africans not only constitutes a significant re-drawing of the demography of ECOWAS States, it also creates a beneficial deposit of human wealth from which the West African region can draw without measure in its quest for development and integration.

Naturellement les sujets abordés dans les chapitres précédents sont l'objet de controverses : **l'aide n'est jamais désintéressée ;** le slogan *Compter tout d'abord sur ses propres forces* a du sens. Tout donateur reçoit en contrepartie non seulement des retombées quantifiables mais également des gains ou externalités non chiffrables. Bamba dans le chapitre 6 propose une lecture critique de l'aide et surtout des experts tournant autour de l'aide. L'éthique doit être au cœur des actions de développement. L'Economie politique de la coopération économique et financière internationale l'amène à dresser un tableau sans complaisance : « Le sous-développement a fait naître une demande conséquente d'aide qui a nécessité une coordination du développement sous des formes marchandes ou contractuelles. Le service public du développement a rapidement été transformé en un marché sur lequel les experts nationaux et expatriés ont développé leur savoir et leurs pouvoirs. Au peu de démocratie politique a correspondu une très faible concertation économique et la rentabilité des projets décrétés est apparue très illusoire. L'idée que le développement n'était plus un service public suprême, mais un bien public marchand a fait son chemin. Ainsi s'explique le paradoxe de l'aide au développement qui n'a abouti qu'à exclure les sous-développés du développement. *Pour sortir de ce piège, il importe de changer le paradigme du développement en substituant le capital humain social à l'individualisme méthodologique. Toutefois, contrairement à ce que beaucoup croient, ce n'est pas le marché et son fonctionnement concurrentiel qui sont en cause, c'est l'usage qu'on en fait et le mode de pensée* *et d'organisation qui condamnent nos tentatives de corriger ses défauts. Selon le nouveau paradigme, la source du développement collectif réside dans le capital humain et matériel social. Chaque homme de la société exploite ce fonds différemment plus ou moins efficacement et opportunément aux yeux des autres et apporte ses résultats sur le marché. S'ils sont valorisés par lui, parce que demandés, répondant à de nombreuses attentes, offerts à des prix acceptables, ces exploitations du capital social seront imitées, reproduites et développées. En conséquence, il n'y a pas de savoirs inutiles. Le développement humain exige de tenir les deux extrémités et de les relier: il faut tout autant partir du savoir des pauvres, des exclus, des habitants des pays sous-développés, que des connaissances accumulées par les pays riches, connaissances réciproques non seulement technologiques, mais aussi culturelles, sociales voire spirituelles. Cette mise en liaison, en relation, enrichit les uns et les autres, contribue au développement humain des pauvres et des riches.*

Ce changement de regard et de mentalités est absolument décisif. Il nous permet d'abandonner l'idée fausse que les pauvres reçoivent des riches sans rien leur apporter en retour. Telle est la vraie leçon à tirer du bilan, aujourd'hui décevant de la coopération économique et financière internationale ».

Ce jeu de miroirs, cette réciprocité de l'aide se retrouve également dans l'adage « Trade not aid ». De ce point de vue les relations commerciales entre l'Afrique et le reste du Monde dans le cadre multilatéral (OMC), ou dans le cadre bilatéral (accords de partenariat économique avec l'Europe APE) dans le prolongement des systèmes de préférences généralisées interpelle. Les systèmes concurrents comme l'AGOA proposés par les Etats-Unis sont ici examinés sous l'angle juridique par Omorou Zackaria TOURE dans le chapitre 7 intitulé les relations commerciales *Etats-unis / afrique subsaharienne sous l'african growth and opportunity act.* Pour cet auteur : « Une des critiques aux préférences commerciales en faveur des pays en voie de développement est leur caractère unilatéral. En légitimant son recours pour réaliser ses objectifs, l'Organisation Mondiale du Commerce (OMC) n'a fixé que des conditions minimales d'octroi. Ceci fait des préférences commerciales une affaire des pays développés dont les approches différentes créent souvent une discrimination entre pays bénéficiaires de même niveau de développement. *L'African Growth and Opportunity Act* (AGOA) en est une parfaite illustration. Adoptée en 2000 pour promouvoir le commerce entre l'Afrique Subsaharienne et les Etats-Unis d'Amérique, l'AGOA dépasse le domaine traditionnel d'une loi à cause des relations qu'elle est censée réguler. A quatre années de son expiration, il serait utile que les bénéficiaires et le donneur discutent du futur cadre légal de la coopération ».

Kalilou Sylla propose une évaluation des gains et des pertes des pays de l'Afrique de l'Ouest dans le domaine des échanges de produits agricoles dans le cadre concerté des négociations de l'OMC avec le cycle de Doha. Son travail (chapitre 8) montre que l'Afrique peut mobiliser des spécialistes dans les grandes négociations internationales. Il part du constat que l'agriculture concerne 40% du PIB de la région et occupe 60% de la population, et la CEDEAO a un objectif d'autosuffisance alimentaire. En même temps force est de constater l'extraversion des relations commerciales dans ce domaine : la balance alimentaire des pays de la CEDEAO est à peine à l'équilibre et les importations alimentaires sont très fortes. Cela justifie bien une telle évaluation des gains et des pertes occasionnées par la participation au cadre multilatéral. Ces négociations peuvent donc constituer un facteur pénalisant pour le développement du secteur agricole si leur impact n'est pas bien connu et des mesures d'accompagnement appropriées prises. Il commence par montrer que ce cycle est dans l'impasse en raison de l'asymétrie des relations internationales : les pays développés sont en train de rechercher un consensus entre eux en vue de l'imposer aux moins développés. En effet, après les négociations bilatérales entre l'Union Européenne et les Etats-Unis, ces pays ont décidé ensemble de rencontrer deux leaders des pays en développement notamment le Brésil et l'Inde. Malgré la discrétion de ces rencontres, le jeu clair semble être l'ouverture du marché des produits non agricoles et des services des pays les moins développés en contrepartie de l'ouverture du marché agricole. Toutes ces négociations ont mis en marge les pays africains notamment ceux de l'Afrique de l'Ouest. Or, l'enjeu des négociations actuelles à l'OMC est très important pour les pays de l'Afrique de l'Ouest qui sont pour la plupart agricoles et dont trois ont participé à l'initiative pour dénoncer les subventions dans le secteur cotonnier. L'intérêt de son étude réside donc dans l'analyse des positions actuelles sur la table à l'OMC à l'effet d'indiquer leur impact sur les prix mondiaux, les produits agricoles notamment alimentaires, les pertes et les gains des producteurs et des consommateurs en Afrique de l'Ouest et une comparaison des gagnants et des perdants au niveau mondial. Pour répondre à cette préoccupation, l'étude sera structurée autour : (i) des grandes tendances du marché mondial, (ii) de l'évaluation de l'impact des politiques de libéralisation, (iii) de la présentation du modèle l'ATPSM, (iv) des résultats et analyses et (vi) des conclusions et recommandations ».

L'introspection est plus que nécessaire en période de crise. Les retournements brusques d'activité aux Etats-Unis avec la crise des subprimes, montrent bien que si toutes les crises ne sont pas contagieuses, celles qui naissent au *Temple de l'économie mondiale*, ont des conséquences planétaires. L'Afrique malgré son potentiel de richesses a une spécialisation étroite, peu diversifiée et donc elle est très vulnérable aux chocs externes. L'aide publique et l'investissement direct, suite à ses crises, se contractent, et les économies africaines subissent la récession. Sur le plan financier, les Etats-nationaux sont placés devant l'urgence d'intervenir avec des ressources contraintes. Siméon Koffi dans *Crise du système financier : faut-il revenir à plus d'intervention de l'Etat* ? Les enseignements de l'histoire montrent de manière claire dans le chapitre 9 combien il est difficile, surtout pour les PVD de se passer de cet assureur qu'est l'Etat face aux mauvaises nouvelles et aux options d'investissement irréversible. La synthèse de son article se décline comme suit : « *Alors que l'on pensait révolue la pratique de sauvetage bancaire "à coups de milliards publics", puisqu'après la crise des années 90, la plupart des Etats se sont engagés à abandonner la politique de renflouement des banques en difficulté, la récente crise financière a montré le contraire. En effet, alors qu'il s'agissait dorénavant de résoudre les situations de faillite au coût le plus bas possible, le traitement de la crise financière des années 2008-2009 a été finalement marqué par un engagement exceptionnel des Pouvoirs publics, notamment aux Etats-Unis et en Europe pour venir en aide aux Etablissements en difficulté. Ainsi se demande-t-on si un désengagement de l'Etat du système financier est-il possible ? La question est d'autant plus cruciale que la stabilité du système financier apparaît comme un « bien public » essentiel dont l'avenir et la cohésion de la nation tout entière en dépendent. A cet égard, les plans de sauvetage bancaire de l'Etat semblent trouver leur justification puisqu'ils procurent une assurance collective contre le risque systémique et, au-delà, l'aggravation des difficultés économiques. Cependant, la limite d'une telle pratique est qu'elle recèle une ambiguïté consubstantielle puisqu'elle est, à la fois, une violation du fonctionnement normal de l'économie de marché et une des conditions de la pérennité de cette dernière* ».

La question du sauvetage du système financier et bancaire entre dans un dispositif plus large de coordination des politiques budgétaires et monétaires, dépassant les cadres nationaux étroits et trouvant toute sa pertinence au niveau régional. Les pays de l'Afrique de l'Ouest l'ont bien compris : cette coordination des **policy-mix** est prévue parce que ces pays se sont donné des objectifs de monnaie unique d'ici 2020. Quels sont les enjeux d'une monnaie unique et que peut-on espérer de la réalisation d'un tel objectif ? Par rapport aux enjeux : les questions de développement en Afrique de l'Ouest ont été pendant longtemps habitées par des sujets sur la monnaie. L'intérêt de la souveraineté monétaire a été souvent avancé comme préalable du développement, surtout pour les pays francophones membres de la Zone franc, présentant la particularité d'être en union monétaire totale entre eux et en union monétaire partielle avec la France avec la convertibilité à taux fixe de leur monnaie d'abord en Franc français, puis en euro. Des acquis indéniables de cette zone de stabilité monétaire existent, encore que des coûts d'appartenance à toute union monétaire soient identifiables pour ces pays. D'un point de vue factuel, les pays anglophones souverains sur le plan monétaire ne rejettent pas l'idée d'une zone monétaire et l'ont exprimé avec la création de la Zone monétaire ouest-africaine (ZMOA) à l'aune d'un ancrage plus réaliste tenant compte à la fois de facteurs réels et politiques, et donc d'un besoin d'élargissement des échanges commerciaux, humains et financiers, et un pays lusophone, en l'occurrence la Guinée-Bissau, a opté pour la Zone franc, dans les années 80. L'objectif de monnaie unique trouve entre autres sa pertinence dans l'analyse des coûts et avantages d'appartenance à une union monétaire. Les gains d'appartenance à une zone monétaire sont essentiellement microéconomiques et collectivement partagés par tous les pays membres. Microéconomiques, parce que sont éliminés les risques de change, les coûts de transaction et d'information, et que le champ transactionnel des monnaies s'élargit considérablement, de manière à favoriser les échanges intrazone. Collectivement, les pays membres bénéficient d'une stabilité de la monnaie, et de leurs prix, et entretiennent une crédibilité de leur politique économique vis-à-vis du reste du monde, au prix d'une coordination des politiques budgétaires, fiscales et monétaires. Les coûts sont de nature macroéconomique et ressentis individuellement. Ils tiennent à l'abandon de la souveraineté monétaire qui empêche chaque pays de stabiliser son économie face aux chocs spécifiques, du fait de la diversité des économies, de leur degré d'intégration monétaire et réelle. Cette théorie éclectique (TOWER et WILLET 1976) a été approfondie dans les années 90 par des travaux empiriques centrés sur les chocs d'offre et de demande affectant les économies européenne et nord-américaine (Bayoumi, Ostry, 1995). La méthodologie retenue dans ce type de travaux consiste à examiner les questions corrélatives suivantes :i) les pays désireux de former une union monétaire sont-ils en situation de convergence de leur taux d'inflation et de croissance ? ii) quel est le temps de réponse de ces pays face à des chocs d'offre et de demande ? iii) face à de fortes contraintes en matière de politique monétaire, les réponses des pays membres d'une union sont-elles semblables et que faut-il faire sur le plan budgétaire ?

Les avancées décisives de la macroéconomie moderne fournissent donc des pistes de réflexion pour l'analyse de la *praticabilité* d'une zone monétaire d'un pays potentiellement membre : la nature des chocs, l'ampleur et la vitesse de réaction du pays face à de telles perturbations réelles extérieures. Dans quelle mesure ses réactions sont-elles similaires et corrélées à celles d'autres pays désirant former avec lui une union monétaire ? La question sous-jacente renvoie à l'homogénéité des pays en situation d'adhérer ou de participer à une union monétaire ; elle renvoie alors à l'économie réelle et sur ce plan les contributions actuelles renvoient à ROSE (thèse d'endogénéité) et à KRUGMAN (thèse de concentration des activités et de la spécialisation due aux regroupements régionaux). Pour Rose (2000) la libéralisation commerciale renforcée par une monnaie commune, mieux par une monnaie unique contribue à augmenter considérablement le commerce bilatéral et donc l'intégration régionale. KRUGMAN (1993) quant à lui pense que l'union monétaire est un facteur de spécialisation intra-sectorielle ; elle conduit à moyen terme à la désynchronisation des cycles de production et accentue l'asymétrie des chocs du fait que les activités innovantes, à fort contenu de technologie, de capital humain et d'investissement direct risquent d'être concentrées dans les pays les mieux dotés en avantages comparatifs divers, en facteurs spécifiques. Mais un objectif intermédiaire peut être puisé dans l'expérience européenne consistant à chercher à réduire les hétérogénéités nominales avant la phase de lancement de la monnaie unique avec la réduction des déficits, de la dette et des différentiels de taux d'intérêt. Ce débat sur la convergence budgétaire a été transposé en Afrique. Nasser Tanimoune Ary propose en ce sens dans le chapitre 10, une évaluation des mécanismes d'ajustement relatifs au principal critère de convergence budgétaire dans la CEDEAO. Il a retenu que « *les ajustements budgétaires représentent l'un des mécanismes d'intégration, indispensable à la réalisation effective et optimale dans un espace économique et monétaire. Ce chapitre porte sur des prospectives d'intégration au sein de la Communauté Economique des États de l'Afrique l'Ouest (CEDEAO). Il propose une évaluation empirique des mécanismes d'ajustement relatif au principal critère de convergence budgétaire, le solde global hors dons. Deux avenue (clarifier)s y sont traitées : la nature et l'ampleur des ajustements budgétaires suivants les principales caractéristiques de la zone. Ainsi, sur la période 1996-2008, nos résultats font apparaître des processus d'ajustement budgétaire asymétriques selon la composition du solde budgétaire, les phases du cycle économique et enfin, selon l'appartenance ou non à l'Union Économique et Monétaire Ouest Africaine. L'analyse conclut que des marges de manœuvre, en termes d'harmonisation des finances publiques, existent encore dans la zone* ». Toujours dans la perspective d'identifier des étapes utiles à la réalisation de l'intégration économique et monétaire avec une monnaie unique, SEMEDO, BENSAFTA, GAUTIER et GUEI P. proposent enfin d'identifier dans le chapitre 11 : *Les pôles de convergence, les gains dynamiques de l'intégration économique et monétaire en Afrique de l'Ouest : une approche en termes de clusters*. Ils s'appuient tout d'abord sur le fait que l'expérience européenne avec la création du marché unique et le Traité de Maastricht a montré que le pragmatisme politique et l'adoption de règles transparentes, notamment dans les décisions budgétaires, constituent des moyens de réduire les fractures structurelles entre pays. Sur la base des règles proches du Traité de Maastricht et de la théorie des Zones Monétaires Optimales combinées dans une approche en termes de clusters, ils construisent une grille de lecture pour analyser l'hétérogénéité structurelle des pays de la Communauté Économique Des États d'Afrique de l'Ouest. En utilisant la méthode de la classification ascendante hiérarchique (CAH), ils identifient des sous-groupes homogènes entre pays ou clusters désirant former une union monétaire ou des pôles de convergences. Dans la perspective de l'intégration monétaire, ces pôles peuvent d'abord s'entendre sur des accords de paiement et de compensation puis étendre l'expérience à une monnaie commune jusqu'à l'unification monétaire. Ce travail examine le bien-fondé du regroupement économique et monétaire et identifie deux groupes : l'un relativement homogène – UEMOA, Cap-Vert, Ghana – et l'autre en voie de consolidation à plus long terme. Dans l'optique d'établir une monnaie unique, des recommandations de politiques économiques sont proposées. Il reste certainement pour la Commission de la CEDEAO d'organiser sous forme d'un ouvrage l'archivage de la réflexion sur la monnaie unique.

PREMIÈRE PARTIE

RELATIONS ÉCONOMIQUES INTERNATIONALES

I

Les relations commerciales Etats-Unis / Afrique subsaharienne sous l'African Growth and Opportunity Act

Omorou Zackaria Toure*

Introduction

Une des solutions au problème de renforcement de la capacité des pays dans le commerce international consiste en l'adoption des mesures aussi bien au niveau multilatéral qu'unilatéral. Tandis que les mesures multilatérales sont octroyées à tous les Etats sans exclusive[1], les mesures unilatérales au nombre desquelles les Accords de partenariat économique entre l'Union européenne (UE) et les Etats d'Afrique-Caraïbes-Pacifique (ACP) et la Loi américaine sur la croissance et les opportunités en Afrique plus connue sous l'appellation anglophone African Growth and Opportunity Act (AGOA), ciblent principalement les pays en voie de développement (PVD) et les pays les moins avancés (PMA).

La présente étude se focalisera sur la mesure américaine, fruit d'un long processus qui exprime l'intérêt que les Etats-Unis ont commencé à accorder à l'Afrique[2]. Cette mesure récompense les efforts fournis par les pays d'Afrique au sud du Sahara (ASS) en matière de démocratie, de respect des droits de l'Homme et de la volonté déployée par ces pays d'aller vers plus d'intégration. L'AGOA est le Titre I de la Loi américaine sur le commerce et le développement votée par le Congrès le 18 mai 2000[3] pour une durée de huit

---

* Université de Bamako, Faculté des Sciences Juridiques et Politiques, Colline de Badalabougou (Mali)

[1] Par exemple des dispositions du traitement spécial sont en faveur de tous les Membres avec un impact sur les PVD-PMA, voir Frenau A., (2000-2001), « WTO Dispute Settlement System And Implementation of Decisions: a Developing Country Perspective », Thèse, University of Manchester School of Law), en ligne :
« http//www.lexana.org/memoires/htm/200107AF(3).htm ».

[2] La loi a fait l'objet de nombreuses tractations entre les deux chambres du Congrès où elle a changé plusieurs fois d'appellation : Africa Bill, Africa Growth and Opportunity Bill, Africa Act, Trade and Tariff Act.

[3] Public Law 106–200 - MAY 18, 2000.

ans. Son but est d'accroître le flux des exportations de l'Afrique vers le marché américain ; les flux d'investissements américains en Afrique, permettant ainsi aux Etats d'ASS éligibles d'augmenter leur croissance économique en créant plus de richesses. L'AGOA est donc un instrument pour promouvoir l'implication du secteur privé américain dans le développement de l'ASS. Dès ses cinq premières années d'existence, l'AGOA a été présentée comme un succès total par les autorités américaines[4]. Ce succès témoigne d'une réelle volonté politique en direction de l'ASS et de la vitalité des échanges entre les deux entités. Il a été rendu possible grâce à d'autres faits marquant la coopération Etats-Unis/Afrique Subsaharienne (EU-ASS) et relatifs au renforcement des capacités des Etats ASS. Conscient des opportunités qu'offre l'ASS, le Président Georges W. Bush, sur demande des Etats d'ASS[5], a signé l'AGOA Acceleration Act en 2004[6] qui a révisé certaines dispositions et étendu les préférences commerciales de 2008 à 2015.

A cinq années de la fin de l'AGOA, il nous paraît pertinent de l'examiner dans tous ses aspects afin de mesurer l'ensemble des enjeux et les perspectives à la fois juridiques, politiques, économiques et sociales. Dans la perspective d'une analyse juridique, il convient de noter que l'étude sur les relations commerciales Etats-Unis /Afrique Subsaharienne soulève une problématique au regard de l'approche américaine qui ne découle pas d'un accord conclu avec les Etats africains. Certes, l'unilatéralisme caractérise la plupart des programmes d'aide au développement et il n'y a rien d'étonnant à ce qu'un Etat donneur détermine les conditions d'entrée des produits des Etats bénéficiaires sur son territoire. Toutefois, on peut observer que l'AGOA, en octroyant des préférences commerciales n'est pas seulement un programme d'aide[7], elle vise aussi à promouvoir les relations commerciales entre l'ASS et les Etats-Unis[8]. En d'autres termes, elle fonctionne suivant les principes fondamentaux de préférences commerciales et d'assistance technique pour promouvoir davantage le commerce entre les Etats-Unis et l'Afrique ainsi que les investissements directs. D'où l'intérêt de se demander si une telle démarche n'aurait pas pu relever d'un accord conclu avec les partenaires.

L'intérêt de la question sur un plan théorique réside dans la conviction que le cadre juridique des relations Etats-Unis/Afrique Subsaharienne n'a pas fait l'objet de négociations entre partenaires. Elle résulte d'une vision unilatérale de la coopération avec les Etats ASS. L'intérêt pratique tient au fait que même si

[4] En ligne: www.ustr.gov.

[5] « AGOA : Les pays Africains demandent une extension de l'AGOA"au-delà de 20 ans" », *Passerelles* Synthèse • Volume 6 • Numéro 7 • 30 Juillet 2007, en ligne: http://ictsd.net/i/news/passerellessynthese/8310/

[6] En ligne: http://www.Whithouse.gov/news/releases/2004/07/20040713-3.html.

[7] La législation a été présentée dans la communication gouvernementale américaine comme une aide à l'Afrique en garantissant une entrée libre sur le marché des Etats-Unis, voir infra 2, sous-section 2, section 2 du présent article.

[8] Articles 102.1, 102.10 et 103.1 de l'AGOA.

cette approche américaine peut être qualifiée d'unilatérale, elle semble réussir dans la mesure où les Etats bénéficiaires appliquent l'AGOA dans toutes ses dispositions. Les préférences prenant fin en 2015, l'avenir des relations doit se discuter dès maintenant afin d'envisager sous quelle forme elles pourront continuer.

Le monde académique africain principalement anglophone s'est fait écho de l'approche américaine des relations commerciales avec l'Afrique. Les premières études mettaient l'accent sur les opportunités d'affaires pour le secteur privé africain avant d'admettre des résultats mitigés. Ainsi, si d'un coté, l'AGOA est considérée comme ayant eu peu d'impact sur les relations commerciales EU-ASS[9] ; de l'autre, elle aurait bien contribué à l'essor économique de l'ASS[10]. Toutefois, ne pouvant résoudre tous les problèmes de l'Afrique, elle pourrait être complétée par d'autres programmes, humanitaires par exemple, et être renforcée car sa fin en 2015 constituera sans doute une perte aussi bien sur le plan économique que politique pour les deux partenaires[11].

L'AGOA a fait l'objet d'attention sur certains aspects juridiques. Bien que perçue comme une alternative au SPG européen basé sur des préférences commerciales, l'AGOA va au-delà des SPG habituels en déterminant les modalités de commerce et de développement, les priorités et opportunités sans offrir de bénéfices macroéconomiques à l'ASS[12]. A cause de ses conditionnalités, elle aurait pu s'appeler American Growth and Opportunity Act. Unilatérale dans sa conception comme dans sa mise en œuvre, elle ne prévoit pas de mécanisme de règlement des différends[13] et est susceptible de remise en cause devant l'ORD[14].

---

[9] Latreille T., (2003), « Les relations commerciales Etats-Unis/Afrique : qui bénéficie réellement de l'AGOA ? », *Afrique contemporaine*, Dossier 2003, p.57, en ligne : www.cairn.info/load_pdf.php?ID_ARTICLE=AFCO_207_0041, Stern M., Netshitomboni N., (2002), « Africa Growth Opportunity Act: Hot Air or Hot Stuff », pp.13-14, en ligne : http://www.agoa.info/index.php?view=download&story=research.

[10] Gerstenfeld A., Njoroge R. J., (2003), « African Growth and Opportunity Act (AGOA) », pp.16-17, en ligne: http://www.agoa.info/index.php?view=download&story=research.

[11] Ibid, p.17.

[12] Mushita T. A., (2001), « An African Response to AGOA», *The Southern African Economist*, Vol.14, N° 6, pp.17-19, p.17, en ligne: http://www.agoa.info/index.php?view=download&story=research.

[13] Nauman E., (Janvier 2009), « AGOA at nine : Some reflections on the Act's impact on Africa-US Trade», Inside Southern African Trade, Southern African Competitiveness Hub, Trade Law Centre for Southern Africa (Tralac), en ligne: http://www.agoa.info/index.php?view=download&story=research.

[14] Bassilekin A., (janvier-Février 2007), « Le régime préférentiel ACP-UE à l'épreuve de l'OMC : Quid de l'après 31 Décembre 2007? » *Revue PASSERELLES*, Vol. VIII, N°1, p.4, en ligne : http://www.ictsd.org/africodev/edition/passerelle/passerelle.htm . Voir aussi "2006 comprehensive report on US trade and investment policy toward sub-saharan Africa and implementation of the african growth and opportunity act", en ligne:

Tous les analystes s'accordent sur le point que l'AGOA n'a profité réellement qu'à certains secteurs et à un nombre restreint de pays. Elle constitue sans doute une nouvelle approche dans les relations avec l'Afrique et comme toute jeune initiative, elle est perfectible. A cet égard, les relations commerciales EU-ASS méritent une analyse approfondie afin de trouver des mesures qui doivent être incorporées dans l'AGOA pour qu'elle soit bénéfique aux deux partenaires. En conséquence, l'étude sur les relations économiques afro-américaines s'inscrit dans le cadre d'une approche générale consistant en une analyse du droit positif, de la jurisprudence ainsi que de la pratique des Membres complétée au besoin par une approche comparative avec le SPG européen. Ce faisant, on ne saurait se passer des approches des sciences politiques et économiques dans la mesure où elles servent l'analyse juridique. Un tel recours s'impose compte tenu du contexte de l'étude qui est les relations économiques internationales telles que régies par les accords de l'OMC. Ces derniers, en légalisant les SPG, laissent l'entière administration aux Etats donneurs qui les octroient souvent en fonction de leurs intérêts économiques[15]. Ce qui revient à admettre que toute évaluation objective des préférences commerciales dont l'AGOA doit tenir compte non seulement des aspirations au développement de l'Etat bénéficiaire, mais aussi des avantages pour le donneur. En tant qu'instrument devant favoriser le développement, l'AGOA renferme des dispositions qui laissent envisager la possibilité de son adaptation à l'évolution du contexte. Mais au préalable, il est pertinent de démontrer que le régime des préférences est critiquable en ce qu'elles découlent d'une approche non contractuelle des relations commerciales internationales.

I. L'AGOA, une approche non contractuelle des relations commerciales Etats-Unis/Afrique subsaharienne

L'adoption de l'AGOA se justifie au regard des objectifs de développement fixés par le paragraphe 2 du préambule de l'Accord sur l'OMC à savoir aider les Membres pauvres à tirer partie du libre jeu échangiste. Toutefois, on peut se demander si elle constitue le cadre approprié pour les relations commerciales qu'elle régit. La question a tout son intérêt dans la mesure où un traité ou un accord ne règle pas les rapports juridiques entre Etats souverains. La

---

www.ustr.gov/assets/Document_Library/Reports_Publications/2006/asset_upload_file236_9455.pdf. Institut Panos Paris, Etats-Unis : La Loi AGOA sur la croissance et les possibilités économiques en Afrique profite surtout au secteur pétrolier, en ligne : http://www.co-developpement.org/index.php?sv=30&aid=111... On peut observer que contrairement à l'UE qui accorde le statut de PVD à la Chine, les Etats-Unis l'ont exclue de leur SPG.

[15] Rapport du groupe spécial, *Communautés européennes-Conditions d'octroi de préférences tarifaires aux pays en développement*, WT/DS246/R, 1er Décembre 2003, paras. 4.36-4.41. Carreau D. & Juillard P., (1998), Droit international économique, 4e édition refondue et augmentée, LGDJ, Paris, p.100, n°239.

règlementation américaine illustre bien une situation non conventionnelle. Il convient donc de l'analyser comme une loi économique adoptée selon les procédures nationales incitant aux réformes ainsi que son impact économique.

1.1. L'AGOA, instrument d'incitation aux réformes

L'adhésion aux préférences instituées par l'AGOA implique pour les bénéficiaires d'adopter des réformes visant à modifier leurs règles internes de manière à être conformes aux exigences de l'économie de marché et de l'Etat de droit. Les conditionnalités politiques et économiques prévues à cet effet ne s'étendent qu'aux produits et Etats d'ASS remplissant les divers critères.

1.1.1. Les conditionnalités politiques et économiques

Ces conditionnalités figurent à l'article 104. Pour qu'un Etat d'ASS bénéficie des avantages de l'AGOA, il faut que le Président des Etats-Unis établisse que cet Etat a satisfait aux conditions d'établissement d'une économie de marché, d'un Etat de droit; qu'il n'existe pas d'obstacles aux échanges et investissements des Etats-Unis y compris le traitement national et la protection de la propriété intellectuelle; que cet Etat dispose de politiques économiques de nature à faire reculer la pauvreté, d'un système de répression de la corruption et de protection des droits des travailleurs.

D'autres dispositions de l'AGOA sont relatives au respect de la sécurité nationale des Etats-Unis et au respect des droits de l'homme. Ainsi, l'Etat d'ASS ne doit pas se livrer à des actes susceptibles de porter atteinte à la sécurité nationale des Etats-Unis ou à leurs intérêts en matière de politique étrangère et ne doit pas commettre des violations flagrantes en matière des droits del'homme tels qu'ils sont reconnus au plan international ou soutenir des actes de terrorisme.

Pendant que l'AGOA prône une libéralisation totale de l'économie, une de ses préoccupations majeures demeure la gestion du transbordement[16] qui a d'ailleurs donné lieu à un débat houleux entre sénateurs lors de l'adoption des dispositions sur les textiles[17]. Le transbordement peut être licite ou illicite. Il est licite lorsqu'un traitement préférentiel a été accordé à un article d'habillement ou de textile sous l'AGOA sur la base d'informations matérielles véritables concernant le pays d'origine, la fabrication manufacturière, la transformation ou l'assemblage de l'article ou de l'une de ses composantes. Ainsi, est licite le transbordement de produits maliens en exportation aux Etats-Unis accompagnés de tous les documents légaux ainsi que du plomb de la douane et qui passent par

---

[16] Article 113.

[17] Les Américains craignaient que les Asiatiques, principalement les Chinois, n'utilisent le créneau offert par l'AGOA pour inonder leur marché.

le port de Dakar (Sénégal) ou d'Abidjan (Côte d'Ivoire), arrivent à New York (Etats-Unis) sans qu'aucun changement n'intervienne dans la nature des produits ainsi qu'au niveau des documents. Ce transbordement est licite car les produits n'ont pas subi de changement dans la nature et les documents n'ont pas été falsifiés.

Le transbordement est illicite ou illégal[18] lorsqu'un traitement préférentiel pour un article d'habillement ou de textile a été accordé sous l'AGOA sur la base de fausses informations matérielles concernant le pays d'origine, la fabrication manufacturière, la transformation ou l'assemblage de l'article ou de l'une de ses composantes. La fausse information est matérielle si la divulgation de la vraie information signifierait ou aurait signifié que l'article est ou était inéligible au traitement préférentiel. En s'inspirant de l'exemple précédent, le transbordement illicite va consister en ce que le conteneur de produits maliens arrivé au port de départ pour les Etats-Unis, est ouvert, son contenu remplacé par d'autres produits et les documents l'accompagnant falsifiés. De cette manière, les Chinois, du fait qu'ils sont actionnaires à la Compagnie Malienne de Textiles (COMATEX-SA), peuvent importer des produits chinois au Mali, mettre le label de la COMATEX-SA avant de les exporter vers les Etats-Unis. Le transbordement est ainsi illicite du fait que la Chine n'est pas un Etat d'ASS éligible à l'AGOA.

Pour lutter contre ce phénomène et empêcher que certains Etats non subsahariens ne profitent du faible système de visas, les Etats-Unis exigent que les produits africains soient importés directement du pays d'origine bénéficiaire[19] et soient conformes aux règles d'origine américaines. Une dérogation était cependant accordée jusqu'en 2004 puis en 2007 aux exportateurs qui souhaitent importer des tissus d'Etats non éligibles à l'AGOA y compris des Etats-Unis eux-mêmes[20]. Ces derniers peuvent transformer les tissus avant de les exporter aux Etats-Unis. La loi de Commerce de 1974 ajoute une autre condition. La valeur des matériaux utilisés dans ce pays plus les coûts de fabrication ne doivent pas être en dessous de 35% de la valeur totale du produit fini au moment de son entrée sur le territoire américain[21]. L'AGOA a

---

[18] Article 2 du Décret malien N°3-316/P-RM du 1er Août 2003 portant institution d'un système de visa pour l'exportation des vêtements et textiles aux Etats-Unis d'Amérique dans le cadre de l'AGOA.

[19] Alternativement, un produit peut transiter par le territoire d'un autre Etat à condition que ce produit ne rentre sur le marché de ce dernier. Cette disposition prend certainement en compte la situation des Etats enclavés comme le Burkina Faso, le Mali et le Niger.

[20] La dérogation était accordée en vertu de la disposition spéciale « Third country fabric provision ». Ladite disposition réglementait les conditions d'utilisation de tissu ou fil non américain devant entrer dans la fabrication de vêtements destinés au marché américain. Elle permettait aux Etats éligibles à l'AGOA d'importer des tissus d'Etats non éligibles jusqu'en 2004. Elle a été étendue au 30 septembre 2007. L'extension jusqu'en décembre 2012 ne concerne que les PMA dont le revenu per capita ne dépasse pas $1500 US par an en 1998 et reconnus comme tels par la Banque Mondiale.

[21] Trade Act de 1974, 19, s. 2463 (a) (2) (A).

modifié cette règle en stipulant que si on doit tenir compte de la valeur des matériaux produits aux Etats-Unis dans la fabrication, cette valeur doit être ajoutée aux 35% produits[22] et ne doit pas dépasser 15% de la valeur totale du produit. De même, la valeur des matériaux pris en compte dans la fabrication du produit et produits dans un ou plus d'Etats d' ASS doit être prise en compte dans les 35%.

De plus, un autre moyen de lutter contre le transbordement illicite pourra être l'instauration d'un système de visa efficace, un contrôle régulier et efficace de la production des articles au niveau des usines, des rapports d'activités sur la production et les exportations de toutes les personnes ou structures concernées, la documentation pour mieux archiver les activités précédentes de tous les acteurs concurrencés.

Pour la réalisation de ces objectifs, l'AGOA renferme d'autres dispositions d'un intérêt particulier pour les bénéficiaires allant de la création d'un espace de concertation à la mise en place d'un fonds d'assistance. Le Président est tenu de convoquer une rencontre annuelle de haut niveau entre les Etats-Unis et les Etats ASS afin de nouer de liens solides entre les opérateurs économiques des différents Etats[23]. Cette rencontre annuelle est prévue sous forme de 'Forum de Coopération Economique et Commerciale Afro-américain' ou 'Forum AGOA' sous la présidence de Secrétaire d'Etat au commerce, du Secrétaire d'Etat au Trésor, du Secrétaire d'Etat, et le Représentant au commerce. Ce forum sera l'enceinte des négociations sur les opportunités que l'AGOA offre, son expansion et les relations d'investissement.

L'AGOA enjoint le Président à développer un plan de négociation pour entrer en accords commerciaux pour la mise en place éventuelle d'une zone de libre-échange avec les Etats bénéficiaires intéressés[24]. Le forum apparaît comme le meilleur endroit d'en débattre et il revient au Représentant au commerce pour les affaires africaines de coordonner les politiques commerciales et d'investissement EU-ASS[25].

Le forum est aussi le meilleur cadre pour la poursuite de la politique de coopération au sein de l'OMC. Ainsi, les Etats-Unis et l'Afrique Subsaharienne doivent s'engager à faciliter la coopération sur les questions de commerce et d'investissement en vue de la libéralisation à travers le globe[26]. C'est dans cette optique que le Gouvernement américain a pu obtenir une dérogation à la clause de la nation la plus favorisée pour l'AGOA. De manière générale, les Etats-Unis s'engagent à appuyer toutes les initiatives en faveur du renforcement des

---

[22] Article 111 (b) (2) de l'AGOA sur les règles d'origine.
[23] Article 105 (a) de l'AGOA.
[24] Article 116 (b) de l'AGOA.
[25] Article 117 de l'AGOA.
[26] 2005 Comprehensive Report on U.S. Trade and Investment Policy Toward Sub-Saharan Africa and Implementation of the African Growth and Opportunity Act. The Fifth of Eight Annual Reports May 2005 www.ustr.gov .

capacités des Etats d'ASS dans les négociations sur les questions de développement dans le cadre du cycle de Doha. L'AGOA exhorte le Congrès et le président à œuvrer de concert avec la communauté internationale en vue de l'allégement de la dette des pays qui en ont le plus besoin, sur une base tant bilatérale que multilatérale.

Au titre de l'assistance, les investisseurs africains peuvent bénéficier d'appui des secteurs publics et privés américains. Ainsi, l'Overseas Private Investment Corporation (OPIC)[27] et l'Import Export Bank (Eximbank) sont encouragées à offrir une assistance aux projets dans les Etats ASS[28] en particulier aux projets des femmes entrepreneurs et projets d'infrastructures. L'AGOA encourage vivement les Etats d'ASS à prévenir et réduire l'incidence du VIH/SIDA en établissant un 'Fonds de lutte contre le VIH/SIDA'[29].

1.1.2. Les produits et Etats éligibles

L'accès au marché américain en franchise de douane et sans contingent concerne tous les produits couverts par le Système généralisé de préférences (SGP) soit 4600 auxquels s'ajoutent plus de 1900. Pratiquement tous les produits sont admissibles, pourvu qu'ils remplissent les conditions de l'AGOA en matière de règles d'origine et qu'ils soient importés directement d'un pays bénéficiaire d'Afrique subsaharienne. La viande bovine, les arachides et l'huile d'arachide, les ananas, les tomates, les roses, les conserves de thon rentrent sans droits de douane. En revanche, le sucre, les mangues, les haricots verts, certaines qualités de coton fibre, certains produits à base de cacao (poudre sucrée, chocolat) ne bénéficient pas d'avantages particuliers. D'autres produits, comme le café, la banane ou la crevette rentrent aussi sans droits de douane, quelle que soit leur provenance (Afrique ou autre pays du Monde). Les exceptions comprennent les étoffes et les filés qui ne sont pas importés en tant que composants d'un vêtement fini et les produits que le gouvernement américain considère comme sensibles à l'effet des importations. Pour rentrer librement, un vêtement doit être fabriqué dans un pays d'Afrique à partir de tissus américains. S'il est fabriqué avec du tissu africain, alors il rentre librement mais dans une quantité limitée. Seuls les vêtements et tissus africains traditionnels entrent librement (ni limite de quantité, ni taxe) sur le marché américain.

Les avantages qui découlent de l'AGOA sont destinés à l'Afrique subsaharienne, une région de 48 Etats (article 102 en son alinéa 2). L'article 107 désigne nommément les Etats d'ASS éligibles à savoir l'Afrique du Sud, l'Angola, le Bénin, le Botswana, le Burkina Faso, le Burundi, le Cameroun, le Cap-Vert, la République centrafricaine, les Comores, le Congo, la République démocratique du Congo, la Côte d'Ivoire, Djibouti, l'Érythrée, l'Ethiopie, le Gabon, la Gambie, le

[27] Une agence indépendante du Gouvernement américain qui finance et assure les risques politiques des sociétés américaines investissant dans les PVD et les pays en transition.
[28] Article 123 (a) de l'AGOA.
[29] Articles 128, 129 de l'AGOA.

Ghana, la Guinée, la Guinée-Bissau, la Guinée Equatoriale, le Kenya, le Lesotho, le Liberia, Madagascar, le Malawi, le Mali, la Mauritanie, l'île Maurice, le Mozambique, la Namibie, le Niger, le Nigeria, l'Ouganda, le Rwanda, Sao Tomé et Principe, le Sénégal, les Seychelles, la Sierra Leone, la Somalie, le Soudan, le Swaziland, la Tanzanie, le Tchad, le Togo, la Zambie, le Zimbabwe.

Cependant, tous ces Etats ne sont pas nécessairement aptes à bénéficier de tous ces avantages qui ne seront consentis qu'à ceux qui remplissent divers critères d'admissibilité. L'article 111.a.1 de la Loi distingue clairement les « pays admissibles d'Afrique subsaharienne » des « pays bénéficiaires d'Afrique subsaharienne ». L'Etat admissible ou éligible à l'AGOA doit l'être au titre du SPG régi par l'article 502(b) de la loi commerciale de 1974, amendée et de l'article 506A de la loi commerciale de 1974. Ce qui veut dire qu'un Etat admissible au SPG ne l'est pas forcément au titre de l'AGOA. Par exemple, au 31 décembre 2002, sur 45 des 48 Etats d'ASS éligibles au SPG, 7 ne l'ont pas été au titre de l'AGOA[30]. Il s'agissait de l'Angola, du Burkina Faso, du Burundi, de la Guinée Equatoriale, du Liberia, du Togo et du Zimbabwe. Trois autres les Comores, le Soudan et la Somalie n'étaient éligibles ni au SPG ni à l'AGOA.

De même, entre les pays bénéficiaires, existe une différence de traitement qui tient au niveau de développement économique. C'est une condition de l'article 502(b) de la loi commerciale de 1974 amendée[31]. Certains avantages n'étaient accordés qu'aux pays les moins avancés d'ASS dont le produit national brut par habitant était inférieur à 1.500 dollars en 1998 selon les statistiques de la Banque mondiale. Ainsi, le Gabon, l'Ile Maurice, les Seychelles et l'Afrique du Sud avec un produit national brut par habitant supérieur à 1500 $ US n'étaient pas éligibles à la disposition spéciale sur les vêtements et tissus[32].

1.2. L'impact économique de l'AGOA

Beaucoup d'inquiétudes ont été soulevées quant à savoir si l'AGOA a réussi (vérifier la correction) à rendre performantes les économies bénéficiaires. Au stade actuel des relations, on ne saurait nier l'impact positif quoique limité et cela ne peut être imputé à l'AGOA.

---

[30] 2003 Comprehensive Report on U.S. Trade and Investment Policy Toward Sub-Saharan Africa and Implementation of the African Growth and Opportunity Act .The Third of Eight Annual Reports May 2003, pp. 69 et s.

[31] L'article 502(c)(2) devient ainsi la nouvelle disposition de la Loi commerciale de 1974 amendée.

[32] Páez L., Karingi S., Kimenyi M. et Paulos M., (july 15, 2010), « A decade (2000-2010) of African-US Trade under the African Growth Opportunities Act (AGOA): Challenges, Opportunities, and a framework for post-AGOA engagement», p.5, en ligne: http://www.afdb.org/fileadmin/uploads/afdb/Documents/Knowledge/Session%20II.2.2_2.%20A%20decade%20(2000-2010)%20of%20African-US%20Trade%20under%20the%20AGOA.pdf,

1.2.1. Un impact économique faible

L'impact de l'AGOA sur l'économie des Etats bénéficiaires est mitigé. Le Rapport 2004 sur le commerce et les investissements présente le SPG sous l'AGOA comme un succès total[33]. Selon le rapport 2005[34], les exportations totales américaines à destination de l'Afrique ont augmenté de 25% par rapport à 2004 soit 8,6 milliards de dollars et les importations en provenance de l'Afrique se sont accrues de 88 % durant la même période. Le commerce des deux côtés Etats-Unis-ASS (importations et exportations) a atteint 26,6 milliards de dollars en 2004, soit une augmentation de 88 % par rapport à 2003. Le rapport 2008[35] qui porte sur les résultats obtenus jusqu'en 2007, fait état de très bonnes performances. Les importations américaines en provenance de l'Afrique subsaharienne ont triplé pour atteindre 67,4 milliards. Dans ce cadre, les importations des Etats-Unis sous le régime de l'AGOA – plus de 98% du montant total de ses achats aux pays éligibles – ont, à elle seules, atteint 51,1 milliards de dollars en 2007, soit six fois plus que leur montant de 2001, année de la pleine entrée en vigueur de la loi américaine. Entre 2005 et 2010, les importations ont connu une fluctuation principalement entre 2005 et 2006 et ont atteint 21,2 milliards de dollars grâce à l'expiration de l'Accord Multifibre et à la chute des prix des matières premières dont dépendent la plupart des Etats éligibles à l'AGOA[36].

Parmi les produits, figurent en première place les hydrocarbures. Le pétrole brut représente 93%[37] des achats américains sous le régime de l'AGOA. Les autres produits agricoles, industriels et artisanaux n'y comptent que de manière résiduelle, pour 3,4 milliards de dollars. Ainsi, l'AGOA n'a profité réellement qu'à un nombre restreint de pays exportateurs de pétrole tels le Nigeria, le Gabon, l'Angola, la Guinée équatoriale, le Congo, le Tchad, le Cameroun. L'Afrique du Sud y tire quelque avantage à travers ses exportations de platine, de diamant, de produits ferreux, de véhicules et de pièces détachées, de convertisseurs catalytiques, d'agrumes, de vin, de textile, etc. Il en est également ainsi, mais dans une moindre mesure, pour l'Ouganda, le Lesotho, le Botswana, le Kenya (textile), Madagascar (habillement et vanille), le Ghana (artisanat) ou la Namibie (raisin) avec, à la clé, la génération d'assez nombreux emplois.

---

[33] En ligne: www.ustr.gov.

[34] En ligne : http://usinfo.state.gov/francais/.

[35] En ligne : http://www.ustr.gov/report-shows-agoa-continues-grow-and-diversify-us-africa-trade.

[36] Páez L. et al., supra note 33, pp 6-7.

[37] Ibid, p.4, Fall A., « AGOA- Bilan en trompe-l'œil », en ligne; http://www.lesafriques.com/actualite/agoa-bilan-en-trompe-l-oeil.html?Itemid=89?article=14805. Voir aussi 2008 Comprehensive Report on U.S. Trade and Investment Policy Toward Sub-Saharan Africa and Implementation of the African Growth and Opportunity Act. The Eighth of Eight Annual Reports, May 2008, pp.5 et 32.

1.2.2. Les raisons d'une telle faiblesse

Plusieurs facteurs peuvent expliquer ce faible impact. D'abord, la situation de rente des économies africaines qui fait qu'elles sont peu diversifiées. Les maux dont souffrent les entreprises dans ces pays[38] réduisent considérablement l'impact de l'AGOA. Ces entreprises sont généralement petites ou informelles, travaillent en ordre dispersé, sans la stratégie, ni les moyens financiers pour aller conquérir des débouchés extérieurs[39]. Par exemple, dans le secteur agricole, la petitesse des surfaces cultivées ne permet pas la réalisation des productions d'échelle. Cela est dû à l'absence de soutien interne, aux taux élevés du crédit rendant difficile l'accès au financement, l'absence de semence de qualité avec comme conséquence une production non compétitive avec des outils de production rudimentaires.

Les défis dans le secteur industriel relativement récent influent négativement sur la compétitivité des entreprises. Elles évoluent dans un environnement général très difficile se caractérisant entre autres, par un manque ou une insuffisance de l'énergie, des télécommunications, des voies de communication et des moyens de transport. A cela s'ajoutent un système éducatif incapable de répondre aux besoins du marché de l'emploi, les problèmes de santé récurrents, l'application difficile des textes régissant les ADPIC favorisant la concurrence déloyale.

Le corollaire d'une telle situation est la faible capacité d'absorption de l'aide au développement qui va en réalité à ceux des pays qui ne sont pas très pauvres. Des pays comme « la Chine, l'Inde, le Pakistan, le Congo ou la Côte d'Ivoire figurent parmi les pays qui ont reçu une bonne partie de l'aide américaine, japonaise, britannique ou encore française. En sus des aides qu'ils reçoivent au titre des OMD, ces mêmes pays [...] n'hésitent pas à utiliser le système mis en place par les puissances occidentales pour capter les aides destinées aux pays pauvres à leur profit. Ainsi, jusqu'à l'élimination des quotas en 2005, la dérogation d'importation de matières premières textiles de l'AGOA a surtout profité à la Chine qui assemblait en Afrique ses produits textiles pour profiter de cette loi et exporter aux Etats-Unis »[40].

En outre, il y a les difficultés d'accès aux marchés des pays développés qui est une problématique récurrente et ne se pose pas qu'aux pays africains. Une

---

[38] Pour une analyse approfondie des défis des entreprises africaines, voir Keïta M., « Défis de compétitivité dans le cadre de l'APE », in Journée d'échanges de l'Association Droit au Mali, « Les Accords de partenariat Economique entre l'Union européenne et les Etats d'Afrique-Caraïbes-Pacifique : Enjeux et perspectives », Bamako 10 mai 2008, pp.3-5.

[39] « Aide à la connaissance des marchés. Le marché des Etats-Unis d'Amérique », en ligne : http://www.izf.net/pages/marche-des-etats-unis/16824/.

[40] N'Diaye A., Raveneau F., Pelade C., Veillet S., « Les failles du système de régulation de l'économie de marché : au-delà du formalisme des institutions, le réalisme guerrier des puissances ? », en ligne : http://www.infoguerre.fr/fichiers/Failles_systeme_regulation_economie_marche.pdf), p.100.

étude relative à l'accès aux marchés des pays riches par les pays en développement[41] révèle que ceci peut provenir d'obstacles non tarifaires aux échanges, comme les mesures sanitaires et phytosanitaires, les barrières techniques au commerce, les formalités administratives, la difficulté à s'insérer dans les réseaux de commercialisation, le manque de confiance des importateurs vis-à-vis d'un fournisseur donné, etc. Ceci est valable pour l'accès au marché américain où les entreprises africaines doivent se soumettre à un grand nombre de procédures de vérification de l'adéquation des produits aux diverses normes américaines. Pour faire face à ces défis, les africains ont opté pour la stratégie de l'information et de conseil. A cet effet, le site internet francophone (www.izf.net) a élaboré un document « Aide à la connaissance des marchés. Le marché des Etats-Unis d'Amérique »[42] et prodigue des conseils précieux en matière de stratégie d'accès au marché américain. Par exemple, tout exportateur africain doit prendre en compte l'interdiction d'importation de produits ayant des composants en provenance d'Etats faisant l'objet d'embargo américain: Cuba, Iran, Irak, Libye, Soudan, Angola, Yougoslavie et Afghanistan[43]. Même si l'imposition de cette interdiction aux bénéficiaires de l'AGOA peut paraître incompréhensible, elle pourrait se justifier par le souci de lutter contre toute atteinte à la sécurité nationale des Etats-Unis ou à leurs intérêts en matière de politique étrangère et de soutien à des actes de terrorisme, mais aussi par la volonté de lutter contre le transbordement en vue de promouvoir la matière première africaine. Toutefois, le fait qu'ils soient nommément désignés et continuent de l'être autorise à s'interroger sur une possible atteinte à la liberté de commerce, droit reconnu à tout Membre de l'OMC y compris les Etats d'ASS, de choisir ses partenaires commerciaux.

Enfin, il y a la problématique des subventions. Les producteurs agricoles américains reçoivent des soutiens internes qui leur permettent d'atteindre des excédents de production et qui les rendent compétitifs sur le marché international. Une telle pratique crée des distorsions sur les marchés africains et freine la dynamique productive et exportatrice de biens des secteurs économiques africains liés à l'agriculture, la filière cotonnière et textile notamment.

Ces obstacles, même s'ils n'ont pas d'objectif protectionniste, peuvent réduire le commerce. Et les bénéficiaires ne disposant que de capacités institutionnelles limitées vis-à-vis de telles mesures, s'en acquittent difficilement. On peut dire la même chose des barrières tarifaires. Malgré que les barrières tarifaires des pays développés soient généralement moins élevées, leurs barrières les plus élevées ont tendance à s'appliquer aux exportations des

---

[41] Sénat Français, « Négociations commerciales internationales : l'apport des travaux récents du Centre d'études prospectives et d'informations internationales (CEPII) », Annexe 1 au Rapport d'information n°120 (2005-2006) du Sénat.
[42] « Aide à la connaissance des marchés… », supra, note 39.
[43] Ibid.

pays en voie de développement[44]. La Banque Mondiale et l'Organisation Non Gouvernementale britannique Oxfam ont estimé le coût de telles barrières à 100 milliards de dollars par an[45].

Donc, les droits de douane ont en général une influence dans la détermination des échanges mais ne constituent pas une composante essentielle dans l'explication des problèmes rencontrés par le Sud dans l'accès aux marchés du Nord dans le secteur manufacturier. Bien que ces droits de douane des pays riches soient réduits ou supprimés au bénéfice de ces préférences, les coûts administratifs sont tels que les pays pauvres ne parviennent pas à exporter.

En somme, les échanges sous l'AGOA profitent principalement aux partenaires américains et à certains exportateurs africains d'hydrocarbures et de textiles. Visant à étendre certains bénéfices commerciaux à l'Afrique subsaharienne, l'AGOA a vocation à régir des relations hors du territoire américain. La liste des Etats concernés détermine ainsi la nature des relations en cause, des relations économiques internationales même si l'ASS constitue une région.

II. Critiques de l'approche non contractuelle

De par sa nature non contractuelle, l'AGOA n'est pas sans poser des problèmes dont les plus importants ont trait non seulement à la prise en compte des besoins de développement des parties impliquées mais aussi à sa mise en œuvre.

2.1. La prise en compte des besoins de développement

Les préférences commerciales accordées aux pays en voie de développement suscitent des interrogations depuis quelques années quant à leur efficacité. Elles n'apportent pas le résultat escompté pour le développement des bénéficiaires. L'exemple des préférences européennes aux Etats ACP est édifiant. De 1975 à 2000, la part des ACP dans le commerce de l'UE est passée de 7% à 3%[46]. Les APE qui sont censés insuffler un nouveau dynamisme dans la coopération sont contestés par les africains quant à savoir s'ils vont réussir à garantir la dimension du développement qu'ils promettent. A la lumière de la pratique commerciale multilatérale, cette question a connu une longue évolution et même des contestations devant l'ORD[47].

---

[44]Schaefer B. et Markheim D., (2006), « The Free Trade Future of AGOA», http://www.heritage.org/research/reports/2006/06/the-free-trade-future-of-agoa.

[45]Ibid.

[46] Michel L., « Accords de partenariat économique : moteurs du développement », p.9, en ligne : http://ec.europa.eu/development/icenter/repository/EPA_louis_michel_fr.pdf

[47] Les préférences européennes ont été contestées pour discrimination entre membres de même niveau de développement dans les affaires dites de la banane (Communautés Européennes-Régime applicable à l'importation, à la vente et à la distribution de bananes (WT : DS 27), plaintes de l'Equateur, des Etats-Unis, du Guatemala, du Honduras et du Mexique) et des drogues

La même inquiétude a concerné l'AGOA, qui n'a pas été le fruit de négociations entre américains et africains. Comme déjà mentionné, c'est une loi programme présentée sous forme d' « arrangement bilatéral » exprimant l'approche des seules autorités américaines. Rien ne s'oppose à ce que l'autorité qui l'a émise l'annule ou la modifie de manière unilatérale et sans discussion avec les pays africains[48]. Le fait que les décisions reviennent aux autorités américaines même si elles informent les bénéficiaires met ces derniers dans une certaine incertitude qui n'est pas forcément favorable à un bon climat des affaires. En plus de la limitation des préférences dans le temps, les Etats bénéficiaires doivent faire des progrès continus dans la satisfaction des critères pour ne pas être exclus. Si l'initiative est à saluer en ce sens qu'elle amène les africains à plus de démocratie et d'ouverture, il faut craindre qu'elle ne soit influencée par des lobbies. De plus, en cas d'afflux d'importations menaçant l'industrie américaine, le département du Commerce a la possibilité de modifier la liste des produits éligibles ou de réintroduire des droits de douane. De même, les clauses d'origine contiennent un certain nombre de conditions susceptibles aussi d'être réexaminées.

En conséquence, avant même son adoption, l'AGOA a fait l'objet de protestations de la part des différents secteurs économiques et sociopolitiques aussi bien américains qu'africains[49]. Les contestations américaines sont venues de la part des compagnies qui craignaient la diminution de leurs profits par l'arrivée massive des marchandises à bas prix d'Afrique, des mouvements syndicalistes qui voient en la loi une menace pour le secteur du textile américain et plusieurs organisations et mouvements sociaux mobilisés lors des grandes manifestions de Seattle en 1999. Dans une version parlementaire de l'AGOA, ces inquiétudes des privés américains ont été prises en compte dans des termes très apaisants : « le manque de compétitivé des Etats d'ASS sur le marché mondial surtout dans le secteur manufacturier fait que les produits africains ne constituent pas une menace sérieuse pour notre marché. Compte tenu de la capacité limitée des africains à exporter du textile, il est peu probable qu'ils dépassent le niveau actuel de 3% des importations totales des Etats-Unis, il n'y aura pas de menace pour les travailleurs, consommateurs, et producteurs américains»[50]. Les mouvements[51] similaires organisés en Afrique sont parvenus à distribuer aux parlementaires américains une lettre leur expliquant les raisons de leur opposition à la loi. Ce qui a poussé les parlementaires à proposer une loi

---

(Communautés européennes-Conditions d'octroi de préférences tarifaires aux pays en développement, WT/DS246/1, G/L/521, 12 mars 2002).

[48] Páez L. et al. , supr*a* note 32, p.4.

[49] Conseil Economique et Social, « « African Growth and Opportunity Act » et les droits de l'homme », E/CN.4/2001/NGO/185, 22 March 2001.

[50] Akechi J. M. M., (Spring 2001), «The African Growth opportunity Act: Implications for Kenya's trade and development», *New York University Journal of International Law and Politics,* vol.33, No.3, p. 684.

[51] Il s'agit principalement du mouvement féministe mauricien, des mouvements féministes africains comme Women in Law and Development in Africa (Wildaf) qui ont élaboré une déclaration signée de 218 organisations de femmes.

alternative 'Hope for Africa Bill' (L'espoir pour l'Afrique) qui ne contenait aucune condition à l'entrée des marchandises et des services africains sur le marché américain. Mais, elle n'a pas connu de succès.

2.2. La mise en œuvre de la loi

L'analyse du problème posé par l'approche américaine concernant la mise en œuvre présente un intérêt sur un plan théorique. En effet, une règle de droit édicte une conduite à ses destinataires tenus de la respecter sous peine de sanction. Cette sanction est assurée par l'Etat à travers ses organes qui sont les tribunaux dont les décisions sont exécutées par des huissiers de justice. En toute logique, l'AGOA en tant que loi interne obéit au même principe. La différence avec les autres règles de droit interne est que ses destinataires sont des Etats souverains ne pouvant être attraits devant des tribunaux. Il n'en demeure pas moins que l'Etat américain assure la sanction à travers le président habilité à cet effet.

Le pouvoir de sanction du président s'étend ainsi aux comportements des Etats africains susceptibles de constituer des manquements à la règlementation AGOA. La nature de la sanction ici est administrative et consiste dans le retrait des bénéfices accordés par la loi. Pour ce faire, le Président désigne chaque année les Etats éligibles sur recommandation du Comité de politique commerciale présidé par le Représentant de commerce des Etats-Unis[52]. Des consultations ont lieu sous forme d'échanges de lettres, de réunions bilatérales formelles, de discussions de haut niveau avec les gouvernements africains sur un critère spécifique d'éligibilité pendant l'année en cours. Le Comité recommande au Président les Etats éligibles en fonction des progrès réalisés en vue de satisfaire les critères reflétant des « pratiques optimales» qui auront pour effet, à terme, de stimuler les échanges et les investissements et d'encourager le rayonnement de la prospérité. A l'issue de cette évaluation, un Etat peut être radié ou ajouté à la liste des bénéficiaires. Toute radiation prendra effet à compter du 1er janvier de l'année suivant celle pendant laquelle le président a pris cette mesure. C'est durant ce processus que les questions concernant l'Etat et les domaines d'inquiétude sont identifiées. Les domaines dans lesquels les sanctions sont prises sont divers et peuvent se regrouper en deux : l'économie de marché et l'Etat de droit et la sécurité.

2.2.1. Les sanctions pour non-respect des règles d'économie de marché et d'Etat de droit

Ce sont les sanctions les plus fréquentes. D'après le rapport de 2001, sur les 48 pays d'ASS éligibles, 35 pays ont bénéficié des préférences AGOA[53]. Ont été radiés de la liste pour insuffisance de résultats dans les divers domaines de

[52] Article 104 (b) de l'AGOA.

[53] 2001 Comprehensive Report of the President of the United States on U.S. Trade and Investment Policy Toward Sub-Saharan Africa and Implementation of the African Growth and Opportunity Act The First of Eight Annual Reports May 2001, p.10.

réformes : l'Angola , le Burundi, la Côte d'Ivoire, la République Démocratique du Congo (RDC), la Guinée Equatoriale, la Gambie, le Liberia, le Togo et le Zimbabwe[54]. En 2002, des 35 Etats bénéficiaires, 17 ont bénéficié des avantages sur les vêtements et 6 étaient en phase de remplir les conditions[55]. La situation est identique à celle de 2001concernant les pays exclus[56]. En 2003, 38 pays ont été déclarés bénéficiaires. L'exclusion a concerné l'Angola, le Burkina Faso, le Burundi, la Guinée Equatoriale, Le Liberia, le Togo et le Zimbabwe[57]. A compter du 1er janvier 2004, 37 pays ont bénéficié de l'AGOA, 7 le Burundi, la Guinée Equatoriale, la République Centrafricaine (RCA), l'Erythrée, le Liberia, le Togo, le Zimbabwe ont été radiés[58]. Pour l'année 2005, 37 pays ont bénéficié de l'AGOA. Ont été sanctionnés le Burundi, la RCA, la Côte d'Ivoire, la Guinée Equatoriale, l'Erythrée, le Liberia, le Togo, le Zimbabwe [59]. Au titre de l'année 2006, le nombre de bénéficiaires a atteint 37. En avril 2006, 25 ont bénéficié de préférences pour les vêtements et les textiles AGOA. Quatorze de ces pays ont également bénéficié d'avantages au titre des dispositions relatives aux articles tissés et fabriqués à la main. Un pays, le Nigeria, a été admissible aux préférences pour l'habillement traditionnel[60]. Ont été exclus la RCA, les Comores, la Côte d'Ivoire, la Guinée Equatoriale, l'Erythrée, le Liberia, la Mauritanie, le Togo, le Zimbabwe[61]. Pour 2007, 38 pays ont bénéficié de l'AGOA. Ont été exclus la RCA, les Comores, la Guinée Equatoriale, l'Erythrée, la Mauritanie, le Togo, le Zimbabwe[62]. Au titre de l'année 2008, avec l'admission de la Mauritanie et du Togo, ce sont 40 Etats d'ASS qui ont bénéficié des avantages de l'AGOA. En mai 2008, 27 de ces pays ont été éligibles aux préférences AGOA pour les vêtements[63] et 5 aux préférences pour l'habillement traditionnel. Ont été exclus la RCA, les Comores, la Côte d'Ivoire, la Guinée Equatoriale, l'Erythrée et le Zimbabwe[64].

Faute de données pour l'année 2009, on se contentera de celles de 2010. Ainsi, au 1er janvier, c'est 38 pays d'ASS qui ont été déclarés bénéficiaires du

---

[54] Ibid, pp.91 et s.

[55] 2002 Comprehensive Report on U.S. Trade and Investment Policy Toward Sub-Saharan Africa and Implementation of the African Growth and Opportunity Act The Second of Eight Annual Reports May 2002, p.11.

[56] Ibid, p. 74 et s.

[57] 2003 Comprehensive Report, supra note 30, pp. 69 et s.

[58] 2004 Comprehensive Report on U.S. Trade and Investment Policy Toward Sub-Saharan Africa and Implementation of the African Growth and Opportunity Act The Fourth of Eight Annual Reports May 2004, pp. 62 et s.

[59] 2005 Comprehensive Report, supra note 26, pp. 67 et s.

[60] 2006 comprehensive report, supra note 14, p.1.

[61] Ibid, pp. 71 et s.

[62] 2007 Comprehensive Report on U.S. Trade and Investment Policy Toward Sub-Saharan Africa and Implementation of the African Growth and Opportunity Act The Seventh of Eight Annual Reports May 2007, pp.69 et s.

[63] 2008 comprehensive report, supra note 37, p.7.

[64] Ibid, pp.79 et s.

régime préférentiel américain[65]. Ont été exclus la Guinée, Madagascar et le Niger tandis que la Mauritanie a été intégrée[66]. La décision du Président sanctionne ainsi les coups de force qui ont porté au pouvoir Andry Rajoelina à Madagascar et la junte militaire en Guinée. Pour le Niger, la décision intervient alors que le deuxième mandat du président Mamadou Tandja, qui devait expirer, a été prolongé par l'adoption controversée d'une nouvelle Constitution en août. La réintégration de la Mauritanie, radiée par l'ancien Président suite au coup d'état de 2008, intervient quant à elle cinq mois après l'élection à la présidence de Mohamed Ould Abdel Aziz.

Il est important de noter que de 2001 à 2005, trois pays : les Comores, la Somalie et le Soudan n'ont pas sollicité d'adhésion à l'AGOA et n'ont pas été concernés par les différentes révisions. De 2006 à 2008, l'abstention a concerné la Somalie et le Soudan. Des pays comme le Burkina Faso, le Togo, le Liberia et le Zimbabwe ont été visés souvent par les deux types de sanctions en même temps ou l'une d'elles.

2.2.2. Les sanctions pour non-respect des règles de sécurité

Par règles de sécurité, il faut comprendre tout ce qui a trait à la sécurité nationale des Etats-Unis ou à leurs intérêts en matière de politique étrangère ainsi qu'au soutien à des actes de terrorisme. La sanction pour manquement à de telles règles est plus problématique car ces notions, très subtiles, très délicates et étroitement liées[67], ne sont pas forcément comprises de la même manière. Leur interprétation peut susciter des interrogations. Par exemple, quand est-ce que l'Etat bénéficiaire viole-t-il ces règles ? En Votant contre les intérêts américains au sein des instances internationales, dont les Nations Unies et l'OMC ? En refusant les accords prévoyant l'exemption de poursuites de ressortissants américains devant la CPI ? En commerçant ou en acceptant l'aide sans conditionnalités d'un Etat objet de sanctions américaines? Ces questions ont leur importance pour des Etats africains pour la plupart pauvres et qui comptent sur l'aide étrangère pour payer des salaires ou boucler un budget. Ce qui est sûr, l'application stricte par les autorités américaines de ces règles peut être mal comprise de leurs partenaires ou jouer négativement sur la compétitivité des fabricants situés dans des pays ayant des difficultés à les respecter. Ces inquiétudes se reflètent d'ailleurs dans le rapport de 2001 : « Because there were few concerns raised related to the criteria on national security and foreign

---

65 En ligne : http://www.ustr.gov/trade-topics/trade-development/preference-programs/african-growth-and-opportunity-act-agoa.

66 En ligne : http://afriquinfos.centerblog.net/3388-eligibilite-a-l-agoa-2010.

67 Par exemple, l'administration Bush percevait l'approvisionnement du pays en hydrocarbures comme une question de sécurité nationale. D'où la nécessité de diversifier leurs sources pour s'affranchir d'une dépendance vis-à-vis du Moyen-Orient. Voir Bahadu A., (February 2004), « "Taking the Devil's Rope" AGAO and Sweatshops in The Apparel Sector», Civil Society Research and Support Collective, p. 2, en ligne: www.csrsc.org.za.

policy interests or international terrorism, these criteria are not specifically discussed in the reports unless there was a specific concern or issue»[68]. Peut-être que c'est sur la base de ce "specific concern or issue » que les sanctions ont été prises et le plus souvent pour menace à la sécurité nationale des Etats-Unis et à leurs intérêts de leur politique étrangère. Certains pays comme le Burkina Faso, le Liberia, le Togo, le Zimbabwe ont régulièrement fait l'objet de sanctions entre 2001 et 2005. Les rapports 2001 et 2002, citant un rapport d'experts des Nations Unies, reprochent au Burkina Faso l'implication des membres du gouvernement dans la contrebande de diamants et la vente d'armes alimentant les zones de conflits en Sierra Leone et en Guinée. Les rapports 2003 et 2004 mettent l'accent sur le rôle douteux de ce pays dans la crise ivoirienne. Toutefois, les rapports reconnaissent les efforts du Burkina dans le soutien aux accords de Linnas-Marcoussis, dans la participation au désarmement des rebelles, dans l'engagement à interdire sur son territoire la contrebande d'armes à destination des zones de conflits y compris au Liberia et dans la lutte contre le terrorisme. Les Etats-Unis s'engagent à répondre au besoin d'assistance du pays pour assurer la sécurité dans ses deux aéroports internationaux.

A la suite des sanctions de l'ONU en mai 2001, les rapports 2001 à 2005 condamnent le Liberia pour son soutien aux rebelles du Front Révolutionnaire Uni, un mouvement qui a entretenu dix années de guerre civile en Sierra Leone. L'effet de contagion a été senti en Guinée voisine où a sévi la crise de réfugiés la plus sévère au monde avec l'attaque des camps empêchant ainsi l'acheminement des stocks d'aide et de nourriture aux endroits où plus de 500 000 refugiés et déplacés résident.

Le Togo est visé dans les rapports 2001 et 2002 se basant sur le rapport Fowler de l'ONU pour violation des sanctions onusiennes contre l'UNITA. Mais son effort de lutte contre le terrorisme par la ratification des 12 conventions antiterroristes de l'ONU est à saluer. Les mêmes rapports condamnent le Zimbabwe pour sa forte implication dans la guerre au Congo. Ce qui lui a valu d'être signataire des accords de Lusaka et collaborateur dans les enquêtes sur les menaces potentielles contre l'ambassade des Etats-Unis.

De par ses objectifs à savoir développer les échanges entre les deux partenaires en s'appuyant sur le secteur privé, l'absence de mécanisme de règlement des différends, l'AGOA aurait pu relever de l'action concertée. Car quelle que soit son importance, une loi ne peut jouer qu'un rôle limité comme source du droit du commerce international, et rarement les Etats y recourent pour régir des relations commerciales internationales. Il apparaît ainsi que malgré les objectifs de l'AGOA qu'il faut défendre, la loi dépasse le cadre traditionnel d'une loi à cause des relations qu'elle régule.

[68] 2001 Comprehensive Report, supra, note 53, p.58.

III. Vers une approche contractuelle des relations commerciales Etats-Unis / Afrique subsaharienne

Une approche contractuelle des relations UE-ASS s'inscrit dans le cadre d'une redéfinition du cadre légal du partenariat. Dans le prolongement de l'approche unilatérale actuelle, des réflexions sont en cours sur une possible harmonisation de programmes de préférences commerciales américaines en un système unique ouvert à des pays non bénéficiaires aujourd'hui comme ceux de l'Asie. En effet, le 18 novembre 2009, l'un des pères fondateurs de l'AGOA, le représentant démocrate Jim McDermott, a présenté au Congrès une proposition de loi Bill H.R. 4101 intitulée "New Partnership for Trade Development Act of 2009" (Loi sur le nouveau partenariat pour le développement commercial) visant à intégrer l'AGOA au système préférentiel de l'Organisation mondiale du commerce sans restriction de quotas, et d'en étendre les bénéfices aux pays pauvres non africains. Un des amendements prévus est d'étendre les préférences de l'AGOA jusqu'en 2019 et même au-delà à condition que, dans le cadre de l'OMC, les négociations sur la libéralisation des échanges du cycle de Doha aboutissent avant la fin de 2015. Après 2019, les préférences seront renouvelées dans 5 ans pour les PMA considérés comme tels par les NU sans restrictions de quotas.

Pour les raisons évoquées dans la présente étude, l'approche non contractuelle pourrait être abandonnée et il est de l'intérêt commun d'envisager la coopération même en cas d'échec des négociations de Doha. Déjà en 2008 après l'extension de l'AGOA, l'administration américaine a anticipé la question en mettant l'accent sur la nécessité de négocier avec l'ASS des accords commerciaux dont l'objectif est de passer des relations commerciales basées sur l'unilatéralisme à des relations plus profondes, plus réciproques[69]. A cet effet, une adéquation entre la forme et le fond du cadre légal de la coopération EU-ASS s'avère nécessaire. La négociation d'un accord quelle que soit la dénomination paraît mieux adaptée et ceci sur la base des principes universellement connus comme l'égalité et la réciprocité adaptables à la situation des partenaires.

3.1. Les principes: une réciprocité sans égalité ou mutualité des avantages

Dans les relations entre pays développés et pays en voie de développement, le principe applicable est celui de la non-réciprocité des avantages consacré par la Partie IV portant sur « le commerce et le développement »[70]. Toutefois, la pratique montre que la réciprocité peut se satisfaire de l'inégalité des concessions. La remarque a été faite à propos des conventions de Yaoundé entre la CEE et les Etats africains et malgaches associés par les professeurs Carreau et

[69]2008 Comprehensive Report, supra, note 37, p.41.
[70] Article XXXVI (8) de la Partie IV portant sur « le commerce et le développement » de 1966.

Juillard (1998) pour lesquels il est possible « d'envisager des situations où la réciprocité joue sans que celle-ci entraîne une égalité ou une mutualité des concessions accordées »[71]. Dans le cadre de l'AGOA, on peut considérer que la réciprocité que le donneur attend des bénéficiaires est la conduite de réformes pour créer des conditions d'investissement. Ceci montre clairement la volonté des EU d'investir en Afrique. Mais, les pays africains où se perpétuent très souvent des violations graves des règles minimales de transparence, de gouvernance, de droits de l'homme ne rassurent pas. Sur ce point, on peut remarquer que les africains sous l'impulsion des américains s'adonnent à des réformes même dans les domaines comme les normes de travail où il n'existe pas d'accord multilatéral. Donc, la présence américaine longtemps sollicitée par les africains pour sortir du joug européen est en train de se confirmer[72].

Les bases pour le fonctionnement d'une telle réciprocité existent de part et d'autre. Ceci ressort clairement de la déclaration de politique commerciale envers l'ASS où « le Congrès estime qu'il est dans l'intérêt mutuel des États-Unis et des pays d'Afrique subsaharienne de favoriser une croissance économique durable et le développement en Afrique subsaharienne»[73]. Les 48 pays de l'Afrique subsaharienne sont ainsi présentés comme « une région riche en ressources naturelles et en capital humain [...] dotée d'un potentiel économique considérable et qui revêt une importance politique durable pour les Etats-Unis »[74]. C'est pourquoi, l'article 103.4 spécifie clairement que « le Congrès soutient la négociation réciproque et mutuellement bénéfique d'accords d'échanges […]». L'AGOA est donc la concrétisation de la formule libérale « trade, not aid » dont le principe est de stimuler les échanges entre les Etats-Unis et l'Afrique subsaharienne plutôt que de privilégier l'aide au développement.

En plus des richesses du sous-sol, l'Afrique offre aux Etats-Unis un vaste marché de plus de 700 millions de consommateurs, soit plus de 10% de la population mondiale et des ressources naturelles inestimables[75]. Déjà en 2001,

---

[71] Carreau D. & Juillard P., (1998), Droit international économique, supra, note 15, p.101, n°240.

[72] Certains analystes retracent l'origine de l'intéressement américain à l'éclatement du bloc soviétique qui marque la fin de la guerre froide. Avant, la politique américaine de l'Afrique était politique et visait à contrer le communisme. La France en tant qu'ancienne métropole représentait les intérêts américains et avait de ce fait le monopole du commerce avec l'Afrique francophone. Les américains entendent désormais défendre leur propre politique. Ce changement de politique a souvent été source de conflit entre français et américains au point qu'une semaine avant les élections présidentielles américaines de 1996, le Secrétaire d'Etat américain Warren Christopher s'est permis une mise au point à son homologue français Jacques Godfrain : « le temps où les européens partageaient l'Afrique en sphères d'influence est révolu. Les Américains vont être actifs dans le commerce avec l'Afrique », voir Gerstenfeld A., Njoroge R. J., « African Growth and Opportunity Act (AGOA) », pp.4-5, en ligne :
http://www.agoa.info/index.php?view=download&story=research.

[73] Article 102.1 de l'AGOA.

[74] Article 102, alinéas 2 et 3 de l'AGOA.

[75] Akechi J.M. M., supra, note 50, p.652.

les exportations américaines vers l'ASS ont dépassé celles vers l'ancien bloc soviétique et l'Europe de l'Est[76]. Selon le Département du Commerce, les investissements en Afrique avoisinaient la moyenne de 31% en 1996, contre 12% en Amérique Latine, 13% en Asie et 17 % au Moyen-Orient[77].

Enfin, la réciprocité est réalisable grâce aux liens historiques entre les EU et l'ASS plus que jamais solides. Plus de 13% de la population américaine est de descendance africaine et continue à augmenter grâce aux lois sur l'immigration qui ouvrent les portes à une nouvelle génération d'africains[78]. Les programmes universitaires à travers les bourses de formation, le corps des volontaires renforcent davantage ces liens.

Conscient de cela, le jeudi 2 avril 2009, le secteur privé américain réuni au sein du Corporate Council of Africa (CCA)[79] a élaboré à l'intention de l'administration Obama un document de 56 pages, intitulé : "Les Etats-Unis et l'Afrique : Recommandations politiques du secteur privé américain à l'administration Obama"[80] dans lequel il a noté que « l'Afrique n'est plus simplement un défi humanitaire et de développement, mais plutôt une source d'énergie, d'opportunités d'exportation et de partenariat international croissante et dynamique ». Il faut donc un renforcement de l'AGOA qui passe non seulement par son extension à d'autres produits, mais aussi à l'encouragement du commerce et des investissements américains dans neuf secteurs clés comme la sécurité, les finances, le commerce, l'agriculture, l'énergie électrique, les industries extractives, les soins de santé, les infrastructures et le tourisme.

2.3. Quels genres d'Accords pour le cadre juridique des relations commerciales EU-ASS?

Dans le cas d'espèce, il faut souligner que le législateur américain envisage l'adaptation des relations économiques à l'évolution du contexte. L'article 103.4 de l'AGOA stipule que « le Congrès soutient la négociation réciproque et mutuellement bénéfique d'accords d'échanges commerciaux y compris la possibilité d'établir de zones libre-échange dans les domaines qui servent les intérêts des États-Unis et les pays d'Afrique subsaharienne». L'interprétation de cette disposition autorise à penser que le législateur américain a en vue deux possibilités : soit des « accords d'échanges commerciaux » ou plus spécifiquement « des accords de libre-échange ».

---

[76] Ibid.

[77] Ibid.

[78] AGOA NEWS, Why the US is 'boosting ties with Africa', www.agoa.info.

[79] Le CCA a été créé en 1993 en tant qu'organisation apolitique de près de 200 entreprises américaines se consacrant au renforcement des liens commerciaux entre les Etats-Unis et l'Afrique. Les membres du CCA représentent près de 85 pour cent du total des investissements du secteur privé en Afrique. L'organisation s'attelle à rassembler les partenaires commerciaux potentiels et à présenter les opportunités d'investissement sur le continent.

[80] Le secteur privé américain publie un guide africain pour Obama, http://www.temoignages.re.

3.2.1. Les Accords d'échanges commerciaux

La loi ne mentionne que la possibilité de tels accords laissant croire qu'il s'agit d'alternatives aux Etats qui ne seront pas prêts pour la négociation d'un Accord de Libre-Echange (ALE). La pratique a montré que l'administration a eu recours à une diversité d'accords comme les accords fixant le cadre du commerce et des investissements (TIFAs-Trade and investment framework agreements), les accords de développement de coopération, de commerce et d'investissement (TIDCAs-Trade, Investment and Development Cooperative Agreements), les accords bilatéraux d'investissement (BITs- Bilateral Investment Treaties)[81]. Les premiers types d'accords sont des mécanismes formels pour cerner les questions commerciales bilatérales et aider à résoudre les relations entre les Etats-Unis et les partenaires clés d'ASS. De tels accords ont été conclus en 2001 avec le Ghana, le Nigeria, and l'Afrique du Sud. Dès lors l'expérience a été étendue au Liberia, à l'Ile Maurice, au Mozambique, au Rwanda, au Marché Commun d'Afrique de l'Est et de l'Afrique Australe (COMESA) et à l'Union Economique et Monétaire Ouest Africaine (UEMOA). Le Conseil du commerce et des investissements a servi de cadre pour les rencontres de haut niveau entre partenaires comme la COMESA, le Ghana, le Liberia, l'Ile Maurice, le Nigeria et le Rwanda.

L'administration a aussi initié d'autres accords comme ceux de développement de coopération, de commerce et d'investissement avec les cinq Etats membres de l'Union douanière de l'Afrique australe : Botswana, Lesotho, Namibie, Afrique du Sud et Swaziland en vue de la création d'un cadre pour le commerce et les activités promotrices d'investissement afin d'asseoir une base solide pour une zone de libre- échange.

Les accords bilatéraux d'investissement permettent de protéger les investissements américains et de promouvoir la croissance économique par des réformes importantes et l'encouragement à l'adoption de réformes politiques importantes facilitant et supportant l'investissement direct étranger. De tels accords ont été signés avec le Rwanda, le Cameroun, la République Démocratique du Congo, le Sénégal, la République du Congo et le Mozambique. L'Administration américaine explore la possibilité de négocier de tels accords avec d'autres pays africains[82].

3.2.2. Les Accords de libre-échange

L'expression « y compris » de l'article 103.4 laisse penser qu'en plus d' « Accords d'échange commerciaux » (AEC), le partenariat peut prendre la forme d'Accords de Libre-Echange (ALE). Si cette disposition détermine les objectifs de création de Zones de Libre- Echange (ZLE), c'est l'article 116 de la

---

[81] 2008 Comprehensive Report, supra note 37, pp.8-9.
[82] Ibid, p.5.

Loi qui détermine les conditions de création. L'alinéa 2 relatif à la Déclaration de politique met l'accent sur la nécessité de parvenir à un ALE afin de servir de catalyseur de croissance aux échanges entre les États-Unis et l'Afrique subsaharienne et d'accroître les investissements privés en Afrique subsaharienne. Il appartient au Président d'établir un plan de négociations qui tiendra compte des aspirations de toutes les parties intéressées conformément aux différentes lois et en consultation avec les membres de la société civile.

Pour la mise en œuvre d'une telle politique, les Etats-Unis entendent soutenir l'intégration économique régionale par le renforcement des capacités. Aussi soutiennent-ils les efforts des différentes organisations africaines dont les plus importantes sont l'Union Africaine, la Communauté Economique et Monétaire de l'Afrique Centrale (CEMAC), le Marché Commun de l'Afrique Orientale et Australe (COMESA), la Communauté Economique de Développement de l'Afrique de l'Ouest (CEDEAO), l'Union Economique et Monétaire Ouest Africaine (UEMOA), la Communauté de Développement de l'Afrique Australe (en anglais SADC), etc.

La mise en œuvre de cette politique s'est concrétisée par le lancement le 2 juin 2003 à Pretoria des négociations entre les Etats-Unis et les cinq Etats membres de l'Union douanière de l'Afrique australe : Botswana, Lesotho, Namibie, Afrique du sud et Swaziland en vue de la conclusion d'un accord de libre-échange en décembre 2004. Ces négociations se sont soldées par un échec en 2006 à cause de la divergence de vues à propos du champ et du niveau de l'ALE. Mais les deux parties ont convenu de poursuivre la coopération sous forme d'accords de développement de coopération, de commerce et d'investissement dans le cadre de forum consultatif de discussions et de groupe consultatif pour la mise en œuvre.

A ce jour, aucun ALE n'a pu être négocié avec un pays d'ASS[83]. Pour l'administration américaine, à cause de leurs spécificités dont le faible niveau de développement économique, administratif et normatif, beaucoup de ces pays ne sont pas prêts pour mener des politiques et des réformes indispensables à la création d'une ZLE avec les Etats-Unis[84]. Toutefois, la ZLE reste un objectif à long terme. En vue de l'atteindre, les négociations pourront se faire par région avec comme préalables le démantèlement des obstacles aux échanges internes et la création de tarifs extérieurs communs (TEC) au niveau des organisations africaines d'intégration sous-régionale. En Afrique occidentale, les dirigeants pourront se concerter au sein de la CEDEAO où, en plus des politiques

---

[83] Le seul ALE signé en Afrique est avec le Maroc entré en vigueur le 1er janvier 2006. Il porte l'élimination de 95 % des droits de douane sur les marchandises et les services. Le Maroc s'engage à accorder un accès préférentiel à son marché pour les exportations américaines, la transparence et la protection des droits de propriété intellectuelle. Les Etats-Unis offrent une assistance technique ciblée au Maroc pour soutenir la réforme de la réglementation et de conformité, voir en ligne : http://www.ustr.gov/trade-agreements/free-trade-agreements/morocco-fta.

[84] 2008 Comprehensive Report, supra note 37, p.41.

communes adoptées, des discussions en cours pour la mise en place d'un TEC et d'une monnaie unique[85]. Le Forum de Coopération Economique et Commerciale Afro-américain[86] pourra servir de cadre de concertation entre africains et américains en vue de l'établissement de listes des « produits sensibles » pour lesquels les Etats d'ASS ne souhaitent pas éliminer les taxes sur les importations des Etats-Unis. Pour le moyen terme, l'alternative pour le gouvernement des EU consiste à négocier avec les partenaires clés des accords fixant le cadre du commerce et des investissements, des accords de développement de coopération, de commerce et d'investissement, des accords bilatéraux d'investissement[87].

Conclusion

L'analyse des relations commerciales Etats-Unis-Afrique Subsaharienne montre que les préférences instituées par l'AGOA n'ont pas atteint les résultats escomptés. Comme l'intitulé de la loi, elles offrent beaucoup d'opportunités, mais il y a beaucoup d'obstacles qui ne sont pas forcément attribuables à l'AGOA. On est loin de l'objectif de « développement grâce au commerce » de la Déclaration ministérielle de DOHA de 2001 qui comporte quatre-vingt-dix fois le mot « développement »[88]. Des réformes sont alors nécessaires. En plus de la nécessité d'élargir la liste des produits à couvrir, de simplifier les critères d'éligibilité et d'octroyer plus d'assistance technique, il est important de diversifier les exportations. Car, comme toutes les matières premières, les hydrocarbures ne sont pas inépuisables.

L'enseignement à tirer de cette contractualisation soit sous forme d'accords d'AEC ou d'ALE est la tendance de plus en plus marquée pour la signature des premiers. Si elle se confirme, elle risque de conduire à un contournement de l'AGOA comme on l'a connu sous le GATT de 1947 avec la pratique des accords séparés. Un accord global- Partenariat EU-ASS pour le commerce et le développement-est souhaitable. Il sera mis en œuvre au niveau des intégrations régionales pour tenir compte des spécificités de chaque région après ratification des différents parlements. Elle permettrait de définir les préférences, les concessions que l'ASS pourra fournir, le rythme de libéralisation, etc. Les

---

[85] Notons que l'UEMOA, dont les huit pays sont membres de la CEDEAO, dispose de politiques communes dans divers domaines et d'un TEC.

[86] Article 105 (b) de l'AGOA.

[87] Des exemples d'accords bilatéraux de protection des investissements existent avec le Cameroun, les deux Congo, l'Egypte, le Maroc, le Mozambique, le Sénégal, la Tunisie, Pour plus d'informations sur les accords bilatéraux d'investissement en vigueur, consulter le site Bilateral Investment Treaties Currently In Force (from the Trade Compliance Center), en ligne : http://www.ustr.gov/trade-agreements/bilateral-investment-treaties.

[88] Sénat Français, « Libérer les échanges commerciaux : quels effets sur la croissance et le développement ? », Rapport d'information n° 120 (2005-2006) de MM. Jean-Pierre Plancade et Daniel Soulage, fait au nom de la délégation du Sénat pour la planification, déposé le 7 décembre 2005, en ligne : http://www.senat.fr/rap/r05-120/r05-120_mono.html.

expériences nord-américaines dans le cadre de la zone de libre-échange nord-américaine et européenne montrent qu'on ne peut sans dommage pour le partenaire faible organiser un désarmement tarifaire à moins de mettre en place un puissant soutien financier pour tirer vers le haut les économies faibles[89]. Ce soutien existe déjà avec le renforcement des capacités commerciales à travers le Millenium Challenge Corporation, l'Agence pour le développement international, la fondation africaine pour le développement, l'initiative de lutte contre la faim en Afrique, les initiatives en matière de technologies de l'information et de la communication, de transport, d'énergie, de lutte contre le VIH/sida et le paludisme, l'Overseas Investment Corporation, Import-export Bank, etc. Il mérite d'être renforcé et diversifié dans le cadre des intégrations régionales et nécessite plus de temps pour servir de véritable catalyseur.

Le recours à l'accord est non seulement la preuve de l'atteinte d'un des objectifs de l'AGOA à savoir le renforcement des capacités de négociation des africains, mais aussi d'influer sur le déroulement des négociations comme cela est en cours avec l'UE. C'est à juste titre que les professeurs Carreau & Juillard (1998) ont remarqué : « pour généreux et bien fondé qu'il puisse paraître, ce principe de non- réciprocité n'est pas sans entraîner des effets pervers : en étant tenu de n'offrir –et de ne voir demander- aucune concession commerciale, les PVD ne sont guère en mesure d'influer sur le déroulement des négociations et de voir leurs intérêts réels pris en considération. En réalité, l'abandon du principe de réciprocité dans les relations commerciales Nord-Sud a profondément contribué à faire des NCM une affaire de pays développés et menée par eux pour assurer la promotion et la défense de leurs intérêts économiques. C'est bien là l'occasion de se demander si la reconnaissance officielle du principe de non-réciprocité n'a pas été contre-productive pour les pays du tiers- monde »[90].

---

[89] Tenier J., « Les Accords de partenariat économique (APE) : L'approfondissement d'une relation inégalitaire entre l'Europe et l'Afrique » in Colloque de Ouagadougou, « Le Partenariat Europe-Afrique et les Intégrations Régionales », 14-17 décembre 2010, pp.4-5.

[90] Carreau D. & Juillard P., Droit international économique, supra, note 15, p.100, n°239.

Bibliographie sélective

Akechi J. M. M., (2001), «The African Growth opportunity Act: Implications for Kenya's trade and development», *New York University Journal of International Law and Politics,* vol.33, N°3, Spring: 651-702.

Bahadu A., (2004), « "Taking the Devil's Rope" AGAO and Sweatshops in The Apparel Sector», Civil Society Research and Support Collective, February.

Bassilekin A., (2007), « Le régime préférentiel ACP-UE à l'épreuve de l'OMC : Quid de l'après 31 Décembre 2007? » *Revue PASSERELLES*, Vol. VIII, N°1, Janvier-Février.

Carreau D. & Juillard P., (1998), Droit international économique, 4e édition refondue et augmentée, LGDJ, Paris, 720p.

Conseil Economique et Social (2001), « « African Growth and Opportunity Act » et les droits de l'homme », E/CN.4/2001/NGO/185, 22.

Frenau A., (2001), « WTO Dispute Settlement System And Implementation of Decisions: a Developing Country Perspective », PHD Thesis, University of Manchester School of Law.

Gerstenfeld A., Njoroge R. J., « African Growth and Opportunity Act (AGOA) ».

Latreille T., (2003), « Les relations commerciales Etats-Unis/Afrique : qui bénéficie réellement de l'AGOA ? », *Afrique contemporaine*, Dossier 2003.

Mushita T. A., (2001), « An African Response to AGOA», *The Southern African Economist*, Vol.14, N° 6:17-19.

Nauman E., (2009), « AGOA at Nine : Some reflections on the Act's impact on Africa-US Trade», Inside Southern African Trade, Southern African Competitiveness Hub, Trade Law Centre for Southern Africa (Tralac),January.

N'Diaye A., Raveneau F., Pelade C., Veillet S., « Les failles du système de régulation de l'économie de marché : au-delà du formalisme des institutions, le réalisme guerrier des puissances ?,
http://www.infoguerre.fr/fichiers/Failles_systeme_regulation_economie_marche.pdf),

Páez L., Karingi S., Kimenyi M. et Paulos M., (2010), « A decade (2000-2010) of African-US Trade under the African Growth Opportunities Act (AGOA): Challenges, Opportunities, and a framework for post-AGOA engagement», July 15th.

Rapport du groupe spécial, *Communautés européennes-Conditions d'octroi de préférences tarifaires aux pays en développement*, WT/DS246/R, 1er Décembre 2003.

Stern M., Netshitomboni N., (2002), « Africa Growth Opportunity Act: Hot Air or Hot Stuff »,.
http://www.agoa.info/index.php?view=download&story=research.

Tenier J. (2010), « Les Accords de partenariat économique (APE) : L'approfondissement d'une relation inégalitaire entre l'Europe et l'Afrique » in Colloque de Ouagadougou, « Le Partenariat Europe-Afrique et les Intégrations Régionales », 14-17 Décembre.

Comprehensive Report of the President of the United States on U.S. Trade and Investment Policy Toward Sub-Saharan Africa and Implementation of the African Growth and Opportunity Act The First of Eight Annual Reports May 2001.

Comprehensive Report on U.S. Trade and Investment Policy Toward Sub-Saharan Africa and Implementation of the African Growth and Opportunity Act The Second of Eight Annual Reports May 2002.

Comprehensive Report on U.S. Trade and Investment Policy Toward Sub-Saharan Africa and Implementation of the African Growth and Opportunity Act .The Third of Eight Annual Reports May 2003.

Comprehensive Report on U.S. Trade and Investment Policy Toward Sub-Saharan Africa and Implementation of the African Growth and Opportunity Act The Fourth of Eight Annual Reports May 2004.

Comprehensive Report on U.S. Trade and Investment Policy Toward Sub-Saharan Africa and Implementation of the African Growth and Opportunity Act. The Fifth of Eight Annual Reports May 2005.

Comprehensive report on US trade and investment policy toward Sub-Saharan Africa and implementation of the African growth and opportunity act". The sixth of Eight Annual Reports, May 2006.

Comprehensive Report on U.S. Trade and Investment Policy Toward Sub-Saharan Africa and Implementation of the African Growth and Opportunity Act The Seventh of Eight Annual Reports May 2007.

Comprehensive Report on U.S. Trade and Investment Policy Toward Sub-Saharan Africa and Implementation of the African Growth and Opportunity Act. The Eighth of Eight Annual Reports, May 2008.

II

Relative Responsiveness of Trade Flows to Changes in Exchange Rate and Prices in Selected ECOWAS Countries : does Orcutt Hypothesis Hold ?

Olusegun Omisakin*

Introduction

Over the years, various researchers and policy makers as well have developed strong interest in investigating the determinants of exports and imports demands. The reason behind this concern is not farfetched. Both exports and imports demand play a crucial role in economic growth and development. In fact, the magnitude and direction of international trade flows among countries have been subjected to various policy debates especially in the developing countries. To this end, numbers of empirical studies have been able to estimate the determinants of trade flows. The general consensus in the literature is that while world income, exchange rate, and relative export price do have significant impacts in influencing exports demand, imports demand on the other hand, has been a function of domestic income, exchange rate and import prices (Riedel, 1988; Tegene, 1989; Tegene 1991; Bahmani-Oskooee and Kara, 2008).

Meanwhile, among the determinants of trade flows (both import and export) none has ever been subjected to rigorous theoretical and empirical investigation than the exchange rate and relative prices (Bahmani-Oskooee and Kara, 2008). Given their crucial role in the determination of trade flows, exchange rate and relative prices have continued to attract the attention of policy makers and researchers. This, of course, is not unconnected with the close linkage among the current account balance, exchange rate performance and trade relative prices in any given open economy especially the developing ones. A proper and thorough understanding of this linkage is of paramount interest to policy makers.

* Department of Economics and Business Studies, Redeemer's University, Nigeria ; and Center for Econometrics and Allied Research (CEAR), University of Ibadan, Nigeria

The idea behind the relative responsiveness of trade flows to exchange rate and relative prices was first popularized by Orcutt in 1950. In his pioneering theoretical contribution to international trade theory, Orcutt conjectured that a country's trade flows could respond to a change in exchange rate quicker than they do to a change in relative prices (Orcutt, 1950). Consequently, there have been several empirical studies which aimed at investigating the empirical justification or otherwise of Orcutt statement. While the original Orcutt hypothesis has been extended with the aim of incorporating some recent developments in the international trade scene, the empirical literature, so far, has been flooded with conflicting evidences (Kreinin, 1967; Houthakker, and Magee, 1969; Junz and Rhomberg, 1973; Wilson and Takacs, 1979; Tegene, 1989, Tegene 1991; Marquez, 1999; Bahmani-Oskooee, 1986). Though factors such as variables employed, data measurement and definitions, methodological approaches, study coverage (whether pooled or country specific) and time frame could be responsible for the differences in these findings, however, the eventual results of Orcutt hypothesis have been said to be country specific (Bahmani-Oskooee and Kara, 2003).

Though this study aims at contributing to this ongoing empirical exercise with the eventual purpose of estimating the relative responsiveness of trade flows to exchange rate and relative prices among some selected ECOWAS countries, its path is charted differently. The motivation for this study is centered on the need to examine the viability of trade performance in the light of exchange rate movement and relative prices in the ECOWAS region. One of the focal objectives of ECOWAS lies in the need to foster trade performance not only among the country members but also with the rest of the world.

However, out of 15 ECOWAS countries, only 6 are included in this study namely: Cote d'Ivoire, Ghana, Gambia, Nigeria, Sierra Lone and Togo. Apart from the issue of data availability, the choice for the inclusion of these countries in our analysis is informed based on their weight as regards trade (both export and import) performance in the region. For instance, about 90% of export and 85% of import among the ECOWAS countries are being accounted for by these countries. Also, Cote d'Ivoire, Gambia, Ghana, Nigeria, Sierra Leone and Togo collectively account for about 80% of the Gross Domestic Product (GDP) of the region.

Therefore, given the above striking trade features in the ECOWAS region, this study aims at answering the following pertinent research questions: i.) what are the determinants of trade flow in the ECOWAS region? ii.) how significant are these determinants in the long run? iii.) how responsive is the trade flow among the selected countries to changes in exchange rate and relative prices? It is expected, meanwhile, that an empirical exploration aimed at finding answer to these research questions would not only help in guiding policy makers in formulating sound and more informed policies with respect to international trade performance, but also contribute immensely to the literature.

Consequently, the overall objective of this paper is to investigate the relative responsiveness of trade flow to changes in exchange rate and prices among some selected ECOWAS countries.

In line with other studies, the empirical evidence as presented in this paper further advocates for more country specific analysis. This is not unconnected with the mixed results with respect to relative responsiveness of trade flows to changes in exchange rate and prices in this study as evident in the countries under investigation. There is need, therefore, for further investigation of the validity of Orcutt hypothesis in the developing countries.

The remainder of this study is, therefore, structured as follows: Section 2 discusses materials and methods. Here, we present the specification of exports and imports models and methodological approach employed in this study. While the empirical analysis and results are detailed in section 4, conclusion is made in section 5.

I. Theoretical framework

Among various theoretical paradigms advanced in the explanation of the role exchange rate and relative prices play in the direction of trade flow, Rose and Yellen (1989) seems appropriate in the present framework. Their framework began with a specification of the import demand equations. As in Marshallian demand analysis, the volume of imported goods demanded by the home (foreign) country is determined by real domestic (foreign) income and the relative price of imported goods. Clearly, real income has a positive impact on the volume of import demand and the relative price of imported goods has a negative relationship. Demand for imports is given by

$D_m = D_m(YN, p_m)$ and $D_m^* = D_m^*(YW, p_m^*)$ (1)

Where $D_m(D_m^*)$ is the quantity of goods imported by the home (foreign) country; $YN(YW)$ is the level of real income measured in domestic (foreign) output; p_m is the relative price of imported goods to domestically produced goods, both measured in home currency; and p_m^* is the analogous relative price of imports abroad.

Likewise, they specify the equations for the supply of exportables. In a simple purely competitive market, the relative price of exportables determines their supply:

$S_x = S_x(p_x)$ and $S_x = S_x^*(p_x^*)$ (2)

where $S_x = (S_x^*)$ is the supply of home (foreign) exportables; p_x is the home country relative price of exportables (defined as the ratio of the domestic currency price of exportables p_x to the domestic price level, P); p_x^* is defined as the foreign currency price of exportables, p_x^* divided by the foreign price level, P^*.

Therefore, the domestic relative price of imports can be written as

$$p_m = EP_x^* / P = REERP_x^* \ (3)$$

where E is the nominal exchange rate, defined as the number of domestic currency units per unit of foreign currency, and REER is the real effective exchange rate. Similarly the relative price of imports abroad is

$$p_m^* = p_x / REER \ (4)$$

In equilibrium, quantities of trade and the relative price of exported goods in each country are determined by the two equilibrium conditions:

$$D_m = S_x^* \text{ and } D_m^* = S_x \ (5)$$

The value of the home country's balance of trade in real terms is the difference between the value of exports and the value of imports in domestic currency:

$$B = p_x D_m^* - REER.p_x^*.D_m \ (6)$$

Equations 1 through 6 yield the following reduced form:

$$B = B(REER, YN, YW) \ (7)$$

Rose and Yellen (1989), and Aziz (2008) estimated a log-linear variant of Equation 7:

$$TB_t = a + b \ln YN_t + c \ln YW_t + d \ln REER_t + \varepsilon_t \ (8)$$

Where TB_t is the Nigeria trade balance with the rest of the world and it is usually measured as the difference between the value of total exports and total imports. In this study we measure trade balance as the ratio of the exports value to the imports value. The X/M ratio or its inverse has been used in many empirical investigations of the trade balance-exchange rate relationship (see for example Onafowora 2003 and Bahmani-Oskooee and Brooks 1999). Such a measure is not only unit free but also reflects movements of the trade balance both in real and nominal terms. YN_t is the index of Nigeria real GDP, YW_t is the rest of the world's GDP, and $REER_t$ is the real effective exchange rate between Nigeria naira and the rest of the world defined such that an increase reflects a real depreciation of the naira against the major trading currency.

It is expected that the volume of imports (exports) in a home country (foreign country) will increase with an increase in real income and purchasing power in the home country (trading partners), and vice versa. Hence, we expect $b<0$ and $c>0$. If the increase in real income is as a result of an increase in production of import substitutes, imports may fall as income rises. This implies in this case that $b>0$ and $c<0$. The impact of exchange rate changes on trade balance is ambiguous, that is, d could be positive or negative. If there is a real depreciation or devaluation of the domestic currency, that is REER decreases, then this makes imports more expensive without a corresponding rise in export prices; the increased competitiveness in prices for the domestic country should result in it exporting more and importing less (the "volume effect"). However, the lower REER also increases the value of each unit of import (the "import value effect"), which would tend to diminish the trade balance. Krugman and Obstfeld (2001) argued that in the short run import value effects prevail, whereas the volume effects dominate in the longer run. For real exchange rate depreciation to improve trade balance therefore, volume effect should overwhelm the price effect. Hence, $d > 0$ satisfies the Marshall-Lerner condition[92].

II. Materials and methods

2.1. Data Sources and Measurement

With the overall aim of examining the relative responsiveness of trade flows to changes in exchange rate and prices in the developing countries with a special focus on some selected ECOWAS countries and as earlier articulated, the intent of this study is rooted in an attempt to investigate the validity or otherwise of the Orcutt hypothesis among the selected countries. To this end, this section delves into issues concerning data employed, study scope and model specification among other things. The variables used in this study include the following: export, world income, domestic export price, world export price, exchange rate (for export demand model); and import, domestic income, domestic price level, import price, exchange rate (for import demand model). All variables are in quarterly frequency. Having expressed them in their real forms, all variables are in natural log forms. They are sourced from International Financial Statistics (IFS). The study scope ranges from 1980Q1 to 2007Q4.[93] Data definitions and measurement are described in Table I.

2.2. Model Specification

Given that over time, exports and imports demands have been subjected to rigorous empirical investigation and following recent developments in time series econometrics a number of authors have been able to model various determinants of exports and imports demands. Until now, these varied specifications reflect mainly differences in data employed and theoretical underpinning. The model used in this study not only reflects theoretically

[92] Marshall-Lerner condition says that devaluation will improve the trade balance only if the sum of the foreign elasticity of demand for exports and the home country elasticity of demand of imports is greater than unity. If the sum of these two elasticities is less than unity then devaluation will lead to a deterioration of the trade balance.

[93] The choice of 1980Q1 to 2007Q4 is primarily due to the availability of data among the countries under investigation

enriched but also parsimonious specification models of exports and imports flows. Therefore, following the approach of Bahmani-Oskooee and Kara (2003, 2008), both models are specified in the following form:

Export Demand Model

$$\ln ex_t = \alpha_0 + \alpha_1 \ln yw_t + \alpha_2 \ln \left[\frac{dep}{wep} \right]_t + \alpha_3 \ln rer_t + \mu_t \qquad (9)$$

$\alpha_1 > 0; \alpha_2; < 0; \alpha_3 < 0$

Where

ex_t = Merchandise exports at time t;

yw_t = World income at time t;

$[dep/wep]_t$ = Relative price of domestic exports (*dep*) compared to that of the world (*wep*);

rer_t = Real effective exchange rate at time t;

u_t = Error term

Following the above specification, therefore, increase in the world income is assumed to induce domestic exports. Hence, an estimate of α_1 is expected to be positive. Again, given that an increase in the domestic exports price relative to world price consequently leads to a decrease in the demand for domestic exports, an estimate of α_2 is expected to be negative. It is also expected that an estimate of α_3 would be negative. The argument here is that with a fall in real effective exchange rate, exports are anticipated to rise.

Import Demand Model

$$\ln im_t = \beta_0 + \beta_1 \ln yd_t + \beta_2 \ln \left[\frac{pm}{pd} \right]_t + \beta_3 \ln rer_t + \varepsilon_t$$

(10)

$\beta_1 > 0; \beta_2 < 0; \beta_3 > 0$

Where

im_t = Merchandise imports at time t;

yd_t = Domestic income at time t;

$[pm/pd]_t$ = Relative prices of import (pm) compared to that of domestic goods (pd) at time t;

rer_t = Real effective exchange rate at time t;

ε_t = Error term

From the import demand model, the estimates of β_1, β_2 and β_3 are expected to be positive, negative and positive, respectively. In other words, while the propensity to import increases with increase in domestic income, relative price of import to domestic good, on the other hand, is expected to be negatively related to import demand. Furthermore, a decrease in real effective exchange rate dampens imports.

Now, investigating the relative responsiveness of trade flows to changes in effective exchange rate and prices involves thorough examination of dynamic adjustment nature of both export and import demand models specified above (Bahmani-Oskooee and Kara, 2008). Hence, this study shall employ the Unrestricted Error Correction Model (UECM) which follows the order of Autoregressive Distributed Lag (ARDL) proposed by Pesaran *et al.*, (2001). Pesaran *et al.*, (2001) proposed an (ARDL) bounds testing approach to investigating the existence of cointegration relationship among variables. Compared to other contegration procedures, such as Engle and Granger, (1987) and Johansen and Juselius, (1990), the bounds testing approach appears to have gained popularity in recent times due to the following reasons: Both long-and short run parameters of the specified model can be estimated simultaneously. Again, the approach is applicable irrespective of the order of integration whether the variables under consideration are purely I (0), purely I (1) or fractionally integrated.

(ARDL) Specification of Export Demand Model

$$\begin{aligned}\Delta \ln ex_t &= \alpha_0 + \alpha_1 \ln ex_{t-1} + \alpha_2 \ln yw_{t-1} + \alpha_3 \ln\left[\frac{dep}{wep}\right]_{t-1} + \alpha_4 \ln rer_{t-1} \\ &+ \sum_{i=1}^{p} \alpha_{5i} \Delta \ln ex_{t-i} + \sum_{i=1}^{q} \alpha_{6i} \Delta \ln yw_{t-i} + \sum_{i=1}^{r} \alpha_{7i} \Delta \ln\left[\frac{dep}{wep}\right]_{t-i} + \sum_{i=1}^{s} \alpha_{8i} \Delta \ln rer_{t-i} + \mu_t\end{aligned} \quad (11)$$

(ARDL) Specification of Import Demand Model

$$\begin{aligned}\Delta \ln im_t &= \beta_0 + \beta_1 \ln im_{t-1} + \beta_2 \ln yd_{t-1} + \beta_3 \ln\left[\frac{pm}{pd}\right]_{t-1} + \beta_4 \ln rer_{t-1} \\ &+ \sum_{i=1}^{p} \beta_{5i} \Delta \ln im_{t-i} + \sum_{i=1}^{q} \beta_{6i} \Delta \ln yd_{t-i} + \sum_{i=1}^{r} \beta_{7i} \Delta \ln\left[\frac{pm}{pd}\right]_{t-i} + \sum_{i=1}^{s} \beta_{8i} \Delta \ln rer_{t-i} + \varepsilon_t\end{aligned} \quad (12)$$

To test for the long run cointegration relationship among the variables under consideration in both equations, we estimate equation (3) and (4) by Ordinary Least Square (OLS) method and thus conduct an F-test for the joint significance of the coefficients of the lagged level of the variables.[94] Consequently, the

[94] The intuition here is simple and as follows: For equation (3):Ho: $\alpha_1 = \alpha_2 = \alpha_3 = \alpha_4 = 0$ against H_1: $\alpha_1 \neq \alpha_2 \neq \alpha_3 \neq \alpha_4 \neq 0$ and for equation (4): Ho: $\beta_1 = \beta_2 = \beta_3 = \beta_4 = 0$ against H_1: $\beta_1 \neq \beta_2 \neq \beta_3 \neq \beta_4 \neq 0$

computed F-statistic is then compared to the non-standard critical bounds values reported in Pesaran et al., (2001).[95]

III. Results and discussion

As earlier stated, the overriding objective of this paper is to empirically examine the validity or otherwise of the Orcutt hypothesis among some selected ECOWAS countries. For ease of rendition, this section presents the results of the methodological and analytical processes followed in this paper. In Table II and III, the result of Ng-Perron, (2001) modified unit root test of the variables employed in this study clearly reveals that most of the variables are stationary at first difference for both models under consideration with the exception of real exchange rate in the case of Togo and relative export price in the case of Sierra Leone which are actually stationary at level.[96] While the stationary status of the variables is being determined, the next step is to examine the long run relationship among these variables.

We present the outcome of the result of bounds testing cointegration approach in Table IV. As clearly evident from this table, there exist long run relationships among the variables for both exports and imports models for all the countries under investigation. A vector of variables integrated of order one is cointegrated if there exists linear combinations of the variables, which are stationary. The idea behind cointegration is that if two or more time series move together in the long run, even though the series themselves are trended, the difference between them is constant. The results from our analysis, therefore, support the existence of cointegration relationship among the variables in both models for all the countries considered.

Meanwhile, a closer look at the elasticity estimates of exports supply as depicted in Table V reveals that world income elasticity estimates are rightly signed and also significant for all countries considered. This is not the case with the elasticity estimates of ratio of domestic export price to world export price which are, though significant, but not rightly signed with respect to the a priori expectation. Again, while the real exchange rate elasticity estimates follow the expected sign except in the case of Nigeria and Sierra Leone, only the cases of

---

[95] If the computed F-statistic exceeds the critical upper bounds value, then the null hypothesis of no cointegration is rejected. If the computed F-statistic falls below the critical lower bounds value, then the null hypothesis of no cointegration is not rejected. But when the computed F-statistic falls between the critical lower and upper bounds values, then the knowledge of integration of the variables under consideration is required, or else, no conclusion can be reached about the cointegration status.

[96] Meanwhile, the essence of testing for the stationarity properties of the variables is because the (ARDL) bounds testing approach to cointegration becomes applicable only in the presence of I(0) or I(1) variables. Thus, the assumption of bounds testing will collapse in the presence of I (2) variable. This test, of course, is necessary in order to avoid the econometric problem of spurious regression.

Nigeria and Ghana are seen to be significant. Meanwhile, the results, as evident from Table VI, suggest a significant positive relationship between import demand and domestic income, except in the case of Gambia where the relationship is insignificant. However, the positive relationship being established between import prices and imports demand is rather counter intuitive. The result of real exchange rate elasticities in these countries is also mixed.

Recall that the Orcutt hypothesis postulates that a country's trade flows could respond to a change in exchange rate quicker than they do to a change in relative prices. Of course, the central purpose of this paper is to verify the validity, or otherwise, of this hypothesis in some selected ECOWAS countries. Apart from the mixed results being established among these countries with respect to the signs and magnitudes of elasticity estimates in both exports and imports models, the empirical evidence from this paper rather undermines the validity of the Orcutt hypothesis in the case of exports models. The general pattern among the selected countries indicates that exports flow responds quicker to relative prices than it does to exchange rate. On the other hand, results from the estimated imports models, as evident in the magnitudes of the elasticity estimates of import show that imports flow responds to exchange rate quicker than import price, thus supporting the Orcutt hypothesis among the countries. There is need, therefore, for further investigation of the validity of Orcutt hypothesis in the developing countries.

Conclusion

The idea of relative responsiveness of trade flows to exchange rate and relative prices was first popularized by Orcutt in 1950. In his pioneering theoretical contribution to international trade theory, Orcutt conjectured that a country's trade flows could respond to a change in exchange rate quicker than they do to a change in relative prices. Consequently, there have been several empirical studies which aimed at investigating the empirical justification or otherwise of Orcutt statement. This paper examines the elasticities of both export and import models in some selected ECOWAS countries by employing quarterly series from 1980Q1 to 2007Q4.

More specifically, the objective of the paper is grounded in the need to evaluate the relative responsiveness of trade flows to changes in real effective exchange rate and prices among these countries. The empirical evidence from this paper indicates evidence of long run relationships among the variables under consideration in both models for the selected countries. Apart from the mixed results being established among these countries with respect to the signs and magnitudes of elasticities in both exports and imports models, the empirical evidence from this paper rather undermines the validity of the Orcutt hypothesis in the case of exports models in these countries. In other words, the general pattern among the selected countries indicates that exports flow responds quicker to relative prices than it does to exchange rate. On the other hand, results from the estimated imports models, as evident in the magnitudes of the elasticities of import show that imports flow responds to exchange rate quicker than import price thus supporting the Orcutt hypothesis among the countries. This underscores the need for investigating the validity of Orcutt hypothesis claim on a country-by-country basis especially in developing countries.

LIST OF TABLES

Table I: Data Employed and Measurement

Data	Data Measurement
Export	Merchandise export measured in local currency unit.
Export Price	Export quantum/quantity index (2000 = 100)
Import	Merchandise import measured in local currency unit
Import Price	Import quantum/quantity index (2000 = 100)
World Export Price	World export price index (2000 = 100)
Domestic Price	Consumer price index (2000 = 100)
World Income	Industrial production index from industrial countries (2000=100)
Domestic Income	Real gross domestic product in local currency unit
Exchange Rates	Real effective exchange rate index (2000 = 100)

Table II: Ng-Perron Unit Root Tests for Exports Model

Country	Variable	MZa		MZt		MSB		MPT	
		Level	FD	Level	FD	Level	FD	Level	FD
	Yw	-13.7	-26.0**	-2.62	-3.60**	0.19	0.13**	6.62	3.01**
Cote d'Iv.	Ex	-7.84	-39.6**	-1.96	-4.44**	0.25	0.11**	11.6	2.32**
	dep/wep	-6.53	-49.3**	-1.78	-4.96**	0.27	0.10**	13.9	1.84**
	Rer	2.19	-62.9**	-2.69	-5.61**	0.18	0.08**	6.26	1.44**
Gambia	Ex	-16.0	-28.7**	-2.82	-3.78**	0.17	0.13**	5.69	3.17**
	dep/wep	-5.71	-48.5**	-1.54	-4.92**	0.26	0.10**	15.6	1.88**
	Rer	-8.46	-24.6**	-2.05	-3.50**	0.24	0.14**	10.7	3.73**
Ghana	Ex	-9.46	-170**	-2.17	-9.22**	0.22	0.05**	9.63	0.53**
	dep/wep	-16.4	-53.2**	-2.85	-5.15**	0.17	0.09**	5.59	1.71**
	Rer	-4.10	-42.3**	-1.42	-4.59**	0.34	0.10**	22.1	2.18**
Nigeria	Ex	-6.50	-46.8**	-1.77	-4.83**	0.27	0.10**	14.0	1.95**
	dep/wep	-15.9	-26.0**	-2.81	-3.60**	0.17	0.13**	5.73	3.53**
	Rer	-8.27	-35.9**	-1.96	-4.23**	0.23	0.11**	11.2	2.55**
Sierra L.	Ex	-7.03	-49.3**	-1.87	-4.96**	0.26	0.10**	12.9	1.85**
	dep/wep	-20.2	-23.9**	-3.16*	-3.45**	0.15*	0.14**	4.58*	3.84**
	Rer	-7.50	-39.6**	-1.82	-4.45**	0.24	0.11**	12.3	2.30**
Togo	Ex	-3.72	-30.4**	-1.33	-3.89**	0.35	0.12**	24.0	3.02**
	dep/wep	-4.92	-17.5*	-1.56	-2.91*	0.31	0.166*	18.4	5.40*
	Rer	-19.9*	-48.2**	-3.15*	-4.90**	0.15*	0.10**	4.61*	1.89**

Note: The variables are expressed in their natural logarithms. Meanwhile, **(*) denotes the rejection of the null hypothesis at 1% (5%) significance level. The asymptotic critical values for each of the test for 1% and 5% level of significance are obtained from Ng-Perron (2001, Table 1).

Table III: Ng-Perron Unit Root Tests for Import Model

Country	Variable	MZa		MZt		MSB		MPT	
		Level	FD	Level	FD	Level	FD	Level	FD
Cote d'v.	Im	-7.32	-39.7**	-1.88	-4.45**	0.25	0.11**	12.4	2.32**
	Yd	-15.6	-24.7**	-2.79	-3.51**	0.17	0.14*	5.84	3.70**
	Mp	-18.3	-41.5**	-3.01	4.55**	0.16	0.10**	5.05*	2.19**
	Rer	2.19	-62.9**	-2.69	-5.61**	0.18	0.08**	6.26	1.44**
Gambia	Im	-8.46	-25.9**	-2.05	-3.59**	0.24	0.13**	10.7	3.54**
	Yd	-14.4	-41.6**	-2.68	-4.56**	0.18	0.10**	6.33	2.18**
	Mp	-4.60	-23.3**	-1.42	-3.40**	0.31	0.14*	19.1	3.94**
	Rer	-8.46	-24.6**	-2.05	-3.50**	0.24	0.14**	10.7	3.73**
Ghana	Im	-36.9	-103**	-4.29**	-7.18**	0.11**	0.06**	2.46**	0.88**
	Yd	-1.35	-46.1**	-0.82	-4.80**	0.60	0.10**	67.3	1.99**
	Mp	-12.4	-46.9**	-2.44	-4.84**	0.19	0.10**	7.57	1.94**
	Rer	-4.10	-42.3**	-1.42	-4.59**	0.34	0.10**	22.1	2.18**
Nigeria	Im	-8.14	-27.6**	-2.01	-3.71**	0.24	0.13**	11.1	3.33**
	Yd	-3.06	-23.6**	-1.21	-3.41*	0.39	0.14*	29.3	3.98**
	Mp	-3.67	-38.2**	-1.17	-4.37**	0.32	0.11**	22.2	2.39**
	Rer	-8.27	-35.9**	-1.96	-4.23**	0.23	0.11**	11.2	2.55**
Sierra L.	Im	-5.81	-55.2**	-1.68	-5.25**	0.28	0.09**	15.6	1.65**
	Yd	-8.24	-51.9**	-2.02	-5.09**	0.24	0.09**	11.0	1.75**
	Mp	-8.30	-37.6**	-2.01	-4.30**	0.24	0.11**	11.0	2.60**
	Rer	-7.50	-39.6**	-1.82	-4.45**	0.24	0.11**	12.3	2.30**
Togo	Im	-22.3	-35.8**	-3.33*	-4.22**	0.14*	0.11**	4.14*	2.55**
	Yd	-13.0	-33.9**	-2.55	-4.11**	0.19	0.12**	6.99	2.69**
	Mp	-24.3**	-288**	-3.47**	-12.0**	0.14*	0.04**	3.83**	0.31**
	Rer	-19.9*	-48.2**	-3.15*	-4.90**	0.15*	0.10**	4.61*	1.89**

Note: The variables are expressed in their natural logarithms. Meanwhile, **(*) denotes the rejection of the null hypothesis at 1% (5%) significance level. The asymptotic critical values for each of the test for 1% and 5% level of significance are obtained from Ng-Perron (2001, Table 1).

Table IV: Cointegration Result

Countries Examined	Exports Model		Imports Model	
	F-Stats.	Lags	F-Stats.	Lags
Cote d'Ivoire	13.28*	7	7.28*	7
Gambia	8.06*	4	19.67*	6
Ghana	16.97*	5	12.03*	8
Nigeria	7.33*	8	13.40*	4
Sierra Leone	10.49*	10	17.11*	9
Togo	16.40*	4	17.26*	7

Note: The asymptotic critical value bounds are obtained from Table C1 (iii) case III: Unrestricted intercept and no trend for k =3; Lower bound I (0) = 3.23 and upper bound I (1) = 4.85 at 5% significance level, while at the 1% significance level lower bound I (0) = 4.29 and upper bound I (1) = 5.61 (Pesaran *et al.*, 2001). The lag structure was selected based on the Akaike Information Criterion; * Denotes the rejection of the null hypothesis at 1% significance level.

Table V: Export Model Estimation

Variables	Cote d'Ivoire	Gambia	Ghana	Nigeria	Sierra Leone	Togo
C	3.79 (4.85)*	-1.35 (-1.03)	4.73 (3.95)**	-7.62 (-5.50)*	-3.86 (-3.86)**	2.79 (2.47) **
Yw	0.36 (4.08)*	1.46 (7.51)*	0.36 (1.73)***	2.30 (9.79)*	1.50 (2.62) **	0.58 (4.38)*
dep/wep	0.98 (4.12)*	0.83 (2.43)**	0.53 (10.97)*	0.57 (4.44)*	0.49 (16.95)*	0.53 (12.15)*
Rer	-0.13 (-1.30)	-0.10 (-0.75)	-0.35 (-6.29)*	0.30 (3.75)**	0.34 (1.59)***	-0.17 (-1.30)
R^2	0.76	0.85	0.75	0.85	0.79	0.82
Adj. R^2	0.75	0.83	0.74	0.83	0.78	0.81
F-Stats.	173.26	179	68	43	131	164

Note: **, ** and *** represent 1%, 5% and 10% level of significance, respectively*

Table VI: Import Model Estimation

Variables	Cote d'Ivoire	The Gambia	Ghana	Nigeria	Sierra Leone	Togo
C	-5.46 (-11.10)*	-2.28 (-4.41)*	-4.53 (-11.02)*	-2.00 (-11.71)*	-5.90 (-2.97)**	-1.61 (-7.54)*
Yd	2.25 (9.21)*	1.43 (0.94)	2.18 (4.910)*	2.91 (8.91)*	0.96 (3.05)**	2.82 (6.95)*
mp/dp	0.41 (2.64)**	0.06 (5.23)*	0.14 (12.54)*	0.30 (12.23)*	0.05 (4.13)*	0.35 (4.55)*
Rer	-0.51 (-6.01)*	0.44 (2.73)**	-0.07 (-1.17)	0.19 (0.19)	-0.37 (-3.25)**	0.41 (2.91)**
R^2	0.88	0.74	0.71	0.78	0.89	0.85
Adj. R^2	0.87	0.72	0.69	0.76	0.88	0.84
F-Stats.	152	112	89	106	168	139

Note: **, ** and *** represent 1%, 5% and 10% level of significance, respectively*

Références

Bahmani-Oskooee, M and Kara, O. (2003). Relative responsiveness of trade flows to a change in prices and exchange rate. *International Review of Applied Economics*. 17: 293-308.

Bahmani-Oskooee, M and Kara, O. (2008). Relative responsiveness of trade flows to changes in prices and exchange rate in developing countries. *J. Econ Dev*. 33: 147-163.

Bahmani-Oskooee, M. (1986). Determinants of international trade flows: the case of developing countries. *Journal of Development Economics*. 20: 107-123.

Engle, R. and Granger, C. (1987). Co-integration and error correction: representation, estimation and testing. *Econometrica.* 55: 251-276.

Houthakker, H. and Magee, S. (1969). Income and price elasticities in world trade. *Rev Econs and Statistics* 51(2): 111-125.

Johansen, S. and Juselius K. (1990). Maximum likelihood estimation and inference on cointegration with application to the demand for money. *Oxford Bulletin of Econs and Stats*. 52: 169-210.

Junz, H. and Rhomberg, R. (1973). Price competitiveness in export trade among industrial countries. *American Economic Review, Papers and Proceedings*. 63: 412-418.

Kreinin, M. (1967). Price elasticities in international trade. *Rev Econs and Statistics.* 49(4): 510-516.

Marquez, J. (1999). Long-period stable trade elasticities for Canada, Japan, and the United States. *Rev. Intl. Econs*. 7: 102-116.

Ng S., and Perron, P. (2001). Lag length selection and the construction of unit root tests with good size and power. *Econometrica.* 69: 1519-1554.

Orcutt, G. (1950). Measurement of price elasticities in international trade. *Rev Econs and Statistics*. 32(2): 117-132.

Pesaran, M., Shin, Y. and Smith, R. (2001). Bounds testing approaches to the analysis of level relationships. *J. Applied Econometrics.* 16: 289-326.

Riedel, J. (1988). The demand for LDC exports of manufactures: estimates for Hong Kong. *Econ. J.* 98: 138-148.

Tegene, A. (1989). On the effects of relative prices and effective exchange rates: a VAR on trade flows of LDCs. *Appld. Econs.* 21: 1447-1463.

--------. (1991). Trade flows, relative prices and effective exchange rate: a VAR on Ethiopian data. *J. Applied Economics*. 23: 1369-1375.

Wilson, J. and Takacs W. (1979). Differential response to price and exchange rate influences in the foreign trade of selected industrial countries. *Rev. Econs. and Stats.* 61: 267-279.

III

ECOWAS and the chinese option

Abdul-Gafar Tobi Oshodi*

Introduction

The historical trajectory of West Africa cannot be divorced from that of Africa. And it is against this background that developmental strategies and blueprints like Import Substitution Industrialisation (ISI) and Export Promotions Strategies (EPS), Lagos Plan of Action (LPA), Final Act of Lagos (FAL), Africa's Priority Programme for Economic Recovery (APPER), the United Nations Programme of Action for African Economic Recovery and Development (UNPAAERD) [which was later superseded by the United Nations New Agenda for the Development of Africa (UN-NADAF)], African Alternative Framework for Structural Adjustment Programme (AAF-SAP) etc, have been initiated. Even the Structural Adjustment Programme (SAP) which was developed by the Bretton Woods Institutions (BWIs) as represented by the World Bank and International Monetary Fund (IMF) did not in the least solve the multidimensional economic challenges facing Africa. Rather than economic improvement, SAP compounded Africa's woes as not only was its external debt more than doubled[1] (Adejumobi, 1995: 165) but most importantly, it made African countries more dependent on the capitalist world economy, inducing not only great economic dependence on its major financial institutions but also a political switch away from socialism or state capitalism towards the liberal democracy favoured by the West (Drakakis-Smith, 1996).

---

* Department of Political Science, Faculty of Social Sciences
Lagos State University, Ojo, Nigeria

[1] Following the adoption of SAP in the 80s, by 1990 Africa's foreign debt was estimated to have climbed US$272 billion which was two and a half times greater than the 1980 figure. Sub-Saharan Africa's (SSA) external debt trebled from US$56 in 1980 to US$161 billion in 1990. With the largest economy in ECOWAS, Nigeria's debt galloped from a modest US$3 billion in 1980 to US$33 billion in 1990.

Against the background of Africa's contradictions,[2] there have been various calls for the restructuring of global economic system in what was christened New International Economic Order (NIEO) in which Third World Countries (TWCs) in general and Africa in particular sought a better bargain. While this call is yet to be answered, it is within this milieu that African countries decided to initiate a seemly "endogenous" strategy to engender their collective development. The New Partnership for Africa's Development (NEPAD) is a strategic policy framework which is aimed at eradicating poverty, placing member states, both collectively and individually, on the path of sustainable growth and development in a globalizing world (NEPAD, 2001). Unlike earlier developmental strategies, some argue that NEPAD is built on two core principles: ownership (African made) and partnership (engagement with non-African states and organisations) (Gambari, 2004: 5).

Meanwhile, the continuous rise of China has meant different things to different regions. On the one hand it has meant the ascension of a potential major challenger to America's economic hegemony in the East. On the other hand it has meant a clear case of progressive development occasioned by a home grown pattern different from the Western-backed neo-liberal and pro-adjustment argument. It is against this background that China becomes strategic in the NEPAD equation not only in terms of being an example but also as a major source of support. Therefore, Economic Community of West African States (ECOWAS) is meant to benefit from Chinese rise through NEPAD.

But to the extent that it argues for Chinese *West Africana*, which is quite distinct from Chinese *Africana* (Oshodi, 2009), this paper asks three questions. First, can ECOWAS region benefit more from Sino-African relations in spite of continental orthodoxy (i.e. NEPAD)? Second, in what key areas do West Africa need China and how can Forum on China-Africa Cooperation (FOCAC) help? Third, what are the needed strategies and policy measures for a more beneficial relation: Chinese *West Africana*? To answer these questions this paper is divided into five parts which includes an introduction that flows into a conceptual clarification of development, a historical trajectory of Sino-African relations, and a conceptual clarification of the Chinese Option especially as it affects Chinese *West Africana.* This is followed by a conclusion. The methodology of the paper is mainly based on secondary data from books, journals and other works.

I. What is Development?

The term 'development' is a concept that has been widely written about but yet has a problem of definition. Apart from being an ideological concept, it is

[2] Africa has a massive man power endowment, yet majority are uneducated; there are natural resources and fertile land, yet millions faces hunger, poverty and rely on food aid ; though surrounded by water, yet thousands lack access to drinkable water, etc.

also multidimensional. It is a socio-economic and political phenomenon just as it could be applicable to individuals, groups and systems. What then is development? What are the various perspectives? Can the development of a state be determined by another state? What indexes have been identified to measure development?

Earlier development had been confused with economic growth in the sense that it was viewed as an annual increase in gross national income at rates of 5 percent or more. At that time, a common alternative economic index of development was the use of growth of income per capita to take into account the ability of a nation to expand its output at a rate faster than the growth rate of its population. In this case, growth of 'real' per capita GNI (monetary growth of GNI per capita minus the rate of inflation) were often used to measure the overall well-being of a population. Strategies to bring about development from this perspective tend to advocate the need for rapid industrialisation often at the expense of agriculture and rural development (Todaro and Smith, 2006: 15).

The traditional economic view is however increasingly been substituted with what has been termed 'New Economic View of Development.' With this view, development is viewed as a holistic phenomenon whose ultimate measure is in terms of its actual, not abstract, usefulness to humanity. As noted by Kehinde Olayode, "development implies the right to improvement and advancement of economic, social, cultural and political conditions" (Olayode, 2006: 15). To ensure this "improvement and advancement," Dudley Seers (1969: 3) had argued that three questions be asked to determine whether or not a society is witnessing development. First, what is happening to poverty? Second, what is happening to unemployment? Third, what is happening to inequality? If poverty, unemployment and inequality is on the rise, then there is no development. Development is therefore conceptualised as attacks on widespread absolute poverty, increasing inequitable income distributions, and rising unemployment. Thus by the 1970s, "economic development came to be redefined in terms of the reduction of poverty, increasingly inequitable income distributions, and rising unemployment" (Todaro and Smith, 2006: 16).

Within this 'humanistic' conceptualisation, Amartya Sen had popularised development as 'capacity to function' (Sen, 1983, 1985, 1999a, 2000). It is this 'capacity to function' that really determines individual's status as a poor or non-poor person. 'Functionings' is what a person does (or can do) with the commodities of a given characteristics that they come to possess or control. This varies from being adequately nourished and being free from avoidable diseases to being actively involved in community life and possession of self esteem (Sen, 1999a: 75). By 'capacities,' it presupposes the freedom that a person has in terms of the choice of functionings, given his personal features (conversion of characteristics into functionings) and his command over commodities.

To therefore measure development in this humanistic sense, some indicators have been drawn up. The UN Development Programme (UNDP) maintains that development is best measured in terms of human advancement (i.e. Human Development Index - HDI). The HDI includes three essential elements of human life – longevity (life expectancy at birth), knowledge (literacy and higher education) and decent living standards through control over resources (UNDP, 1995: 25-26). It is argued that though these 'choices' can be infinite and change over time, "three essential ones are for people to lead a long and healthy life, to acquire knowledge and to have access to resources needed for a decent standard of living" (Ibid: 23).Thus, "if these essential choices are not available, many other opportunities remain inaccessible" (Ibid). The UNDP also adds that human development is incomplete without human freedom (Ibid: 33). Others such as Todaro and Smith have identified what they termed the "three core values of development" which include sustenance, self-esteem and freedom from solitude (2006: 21-22).

However, while the foregoing perspectives might be classified as liberal as they tend to view the term 'development' as a condition, there are other views. For instance, Walter Rodney, while identifying the fact that development tend to be seen from an exclusive economic sense in terms of a society's increasing capacity to deal with its environment by understanding the law of nature (science) and deploying it to solve the various challenges through technology (Ibid: 10), was quick to point out that "every people have shown a capacity for independently increasing their ability to live a more satisfactory life through exploiting the resources of nature" (Ibid: 11). Thus, development was not limited to Europe alone but "Africa being the original home of man, was obviously a major participant in the processes in which human groups displayed an ever increasing capacity to extract a living from the natural environment" (Ibid).

Radical views[3] often maintains that when two societies of different sorts come into prolonged and effective contact, the rate and character of change taking place in both is seriously affected to the extent that entirely new patterns are created (Rodney, 1979: 18). Africa came into contact with Europe not only through slavery, but also colonialism, which as noted by Peter Ekeh (1983: 5), is "a social movement of epochal dimensions whose enduring significance, beyond the life-span of the colonial situation, lies in the social formations of supra-individual entities and constructs." Simply put: slavery and colonialism has continued implication for post-colonial Africa as the continent was forcefully integrated into the international capitalist system albeit as a weak player.

---

[3] This line of argument is supported by scholars like Andre Gunder Frank, Samir Amir, Bade Onimode, Claude Ake, Raul Presbisch, Arghiri Emmanuel, Furtado, Cardoso, and Geoffrey Kay among others.

At this juncture four fundamental deductions can be made from the above attempt at understanding development. First, development is a multidimensional and multifaceted term and does not have a universally accepted definition. This makes it difficult to pin the term down to a simple idea or condition. Second, development is better seen as a process which revolves around a number of things including technology, science, improved standard of living, sustenance, longetivity, and knowledge. Third, the process of development is itself determined by some other factors which could either be internal or external, or both, to the society in question. These factors go a long way to determine the development, or in some cases, underdevelopment of such society. Fourth, and most importantly, West Africa is faced with a serious challenge of development occasioned by the low standard of living of its people, the rent-seeking, mono-cultural and dependent nature of its economies, and the continuous failure of developmental strategies favoured and initiated by Africans and/ or Western developed countries and institutions.

II. Africa's Political Economy and Historical Trajectory of Sino-Africa's Relations

The current political economy of Africa is traceable to its socio-economic and political past as well as events of contemporary times. It is in the light of this understanding that Shaw (1991: 195) had observed that Africa's political economy had been marked by two interrelated transitions: "from expansion to contradiction in economic performance; and from optimism to pessimism in political analysis." And as Yolamu Barongo notes, a full explanation of the aforementioned 'transitions' "cannot be attained without regard to the operation of the international capitalist system and its impacts on African economies, accompanied by a though analysis of the functions which African countries fulfil within this system" (Barongo, 1983: 143).

Most importantly, in the course of analysing Africa's role in the international scene, a number of literatures maintain that the current socio-economic and political dimension of Africa's crisis is traceable to its past, particularly to the era of colonialism (Ake, 1981; Rodney, 1976; Mamdani, 2001). As Peter Ekeh notes, "colonialism may be considered to be a social movement of epochal dimension" (Ekeh, 1983: 5) which "serve to integrate regions of impact [*in this case Africa*] into a consolidated world system, by rearranging their location in such a world system" (Ibid: 8). Thus, "the impact of colonialism cannot be terminated abruptly in one day or one year" (Ibid). Renowned African scholars have therefore often romanced the pre-colonial period where development was on-going until there was an intrusion which continues to affect its present position (Rodney, 1976; Ake, 1981). It is this that has also shaped the nature of African engagement in that there is always the drive to "catch up."

Catching up itself had meant initiation of Import Substitution Industrialisation (ISI) and later Export Promotion Strategies (EPS), and other economic blueprints like the 'Lagos Plan of Action for the Implementation of the Monrovia Strategy for the Economic Development of Africa' (LPA) of 1979. LPA was the end result of a number of earlier attempts by African leaders to relate to the plight of their people. Among these forerunners include: the United Nations Economic Commission for Africa's (UNECA or ECA) 'Africa's Strategy for Development in the 1970s' adopted by ECA Conference of Ministers in Tunisia, February 1971; 'African Declaration on Cooperation, Development, and Economic Independence' (also termed Addis Ababa Declaration) adopted by the OAU Assembly of Heads of States and Governments in 1973; and 'The Revised Framework of Principles for the Implementation of the New International Economic Order in Africa,' adopted in Kinshasa by the OAU Council of Ministers and Heads of States in Libreville in December 1976 and July 1977 respectively; and the Monrovia Declaration adopted by OAU Heads of States and Governments in July, 1979 in Monrovia, Liberia. Other developmental strategies that succeeded LPA include: APPER, UNPAAERD and SAP. The failure of these development plans has been explained and justified differently but chief of which is the reliance on the West to fund most of them. Unfortunately, the New Partnership for Africa's Development (NEPAD) is also faced with a challenge of raising the annual requirement of US$64 billion for its programmes in spite of initiatives and agreements from developed societies such as the Tokyo International Conference for Africa's Development (TICAD) by Japan, the Africa's Growth and Opportunity Act (AGOA) by the US, the Africa, Caribbean and Pacific and European Union (ACP-EU) Economic Partnership Agreement (EPA) by the EU and the British Commission on Africa.

Sino-African relations dates back to more than 50 years[4] (Gaye, 2008: 14; Hofmann et al, 2007: 75), though interest in this relations has surfaced in the last ten years owing to the increase in China's trade with Africa coupled with coverage of the third Forum for Chinese African Cooperation (FOCAC)[5] which had 48 African states represented including 41 Heads of State or Government in attendance and the subsequent visit of Prime Minister Wen Jiabao, President Hu Jintao and other senior Chinese government officials to some African countries. This is in addition to the presence of over 800 state-owned Chinese companies operating in Sub-Saharan Africa (Christianson, 2006: 47). This figure does not include small private sector concerns and Diaspora capital. Modern history of Sino-Africa relations is however traceable to the 1950s when African states were just gaining independence. China's participation in the Bandung Conference of 1955 in Indonesia afforded the Chinese government the

---

[4] Historically, Sino-African relations dates back to 1405 when the renowned admiral, Zheng he, lead a fleet of 300 boats to the eastern coast of the Africa (Gaye, 2008: 14). At that time Chinese and Africans were comfortable exchanging souvenirs of "Chinese porcelains and gadgets for African animals" (Ibid).

[5] FOCAC was inaugurated in 2000 to promote cooperation between China and Africa.

opportunity of interacting, for the first time, with the aspiring or newly independent Africans nations. From then on, there was entrenchment of diplomatic contacts with the newly independent nations. By 1963, when Prime Minister Zhou En-lai visited Africa, the main tenets of China's African policy were unveiled and it was chiefly "the exclusion of conditional ties for the delivery of its aid, the non-interference in other countries' affairs, the sovereignty doctrine, and the primacy of the state in the conduct of business and political relations" (Ibid); though this commitment was not followed with serious economic ties, but rather by an effort at supporting pro-communist parties and movements in Africa (Ibid). To this end, as Barry Sautman notes, the symbol of this era (i.e. 1960-80) of Sino-African relations was represented by Tazara, the Tanzania-Zambia railway built by 50,000 Chinese (Sautman, 2005-6: 8).

It was in 1982, however that another Chinese leader in person of Premier Zhao Ziyang offered his "win-win" proposition. But rather than pursuing a win-win policy, the Chinese foreign policy in the late 1980s to the early 1990s was focused on curbing Taiwanese independence. He Wenping notes that "at that time, Chinese scholars believed that China's main interest in Latin America and Africa was to prevent the Taiwan authorities from making trouble (for China) by taking advantage of the small countries there" (Wenping, 2007: 24). This posture began to decline in the late 1990s as mainland China began to witness continuous economic boom while Taiwanese diplomatic sway on the continent dwindled. Consequent upon growing trade relations, by 2008, 48 of the 53 African countries had ceased diplomatic ties with Taiwan and it seems to be a question of time before the remaining countries (Burkina-Faso, Gambia, Swaziland, Sao Tome and Principe), who still maintain diplomatic ties with Taiwan, to shift.

It is perhaps this understanding that explains the post-1990 era. The year 2000 was however a significant year in Sino-African relations as it witnessed the formation of FOCAC in Beijing. FOCAC is a platform for ministers from Africa to discuss with their Chinese counterparts as well as other Chinese leaders. After the second FOCAC held in Addis Ababa, Ethiopia, it was raised to a strategic level when in November 2006 the FOCAC Summit held a meeting of African Heads of State and Government. It is based on this fact that 2006 is regarded as "Year of Africa" in Chinese diplomacy (Wenping, 2007: 23). Sino-African relations have also been marked by what has been termed 'Beijing Consensus.' Beijing Consensus (Ramo,[6] 2005) is essentially different from the North's 'Washington Consensus' as it advocates "non-interference in state sovereignty, freedom from western hegemony, and an absence of any conditions on aid-giving [with the exception of the One-China principle]"

[6] The term was coined by Joshua Cooper Ramo who was *Time* Foreign Affairs editor, Goldman Sachs China advisor and Qinghua University Professor. He is now Managing Director of Kissinger Associates.

(Konings, 2007: 17). This is a marked difference from the Washington Consensus in which aids, loans and credits are laced with conditionalities, either in terms of the economic arrangement [such as right sizing of the civil service, devaluation of currencies, liberalisation, and privatisation] or reform in political sphere [such as liberal democracy, democratization, and good governance].

Thus, as at 2009, not only have Chinese leadership and high powered delegations visited all African countries that recognises and accepts the 'One China Policy,' but most importantly, it relationship has transcended, and overlooked, Western identifications and condemnations of regimes. As noted by Tukunmbi Lumumba-Kasongo, in spite of Western criticism, the Chinese government has related with anti-Western regimes and reactionary regimes such as El Bashir [accused of genocide in Darfur, Sudan]; semi-dictatorial and highly personalised regimes such as Yoweri Museveni [Uganda], Meles Zenawi [Ethiopia] and Paul Kegame [Rwanda] (Lumumba-Kasongo, 2007: 10). Even with the opposition of Western governments to the regime in Zimbabwe, Robert Mugabe able to pay a state visit to China, received a red carpet welcome in July 2005, and a honorary Professorship by the Beijing Foreign Affairs University just as the Chinese government promised to provide Zimbabwe with arms (AFP, 2005: 5). Scholars like Prof. Barry Sautman however believes that even the US and the European Union (EU) are themselves guilty of the accusations of China in this regard (Sautman, 2005-6). Meanwhile, this nature of 'non-interference' (even in the face of dictatorships, official corruption and other crime against the toiling Africans by their rulers) has made China Africa's third trading partner behind the United States and the EU but ahead of the United Kingdom in less than five years (Taylor, 2007). The last FOCAC held in Sharm el-Shiekh, Egypt, in 2009 also saw the Chinese Premier, Wen Jiabao, promising Africa US$10 billion concessional loan over the next three years (BBC, 2009a). It is against this background that China's presence in Africa has continued to increase.

III. The Chinese Option: A Clarification

The "Chinese option" essentially speaks to the prospects of Africa's development through its relationship with China. However, a critical understanding of this option presupposes, among other things, an understanding of [the ideology, capacity, experience and drive of] China on the one hand and [the resources, potentials and contradictions] of Africa on the other. This is bearing in mind that the foreign policy of any given social formation is a reflection of the nature and structure of the formation's political economy (Babawale, 1995: 111). In other words, a good grasp and understanding of it essence, logic and to a large extent its philosophy, presupposes an understanding of the domestic and international socio-political and economic contexts, and content, of the nation state [or continental or regional cluster] in question (Akinboye and Ottoh, 2005: 118 and Fawole, 1999: 17). Thus, there is the need to conceptualise what is meant by the "Chinese Option."

The phrase "Chinese Option" was coined in 2009 (Oshodi, 2009) in a research into the possible alternative routes to get Africa out of massive poverty. It presupposes that China as a state already has enough capacity to expand beyond its borders and engender a particular pattern of growth in Africa. More directly, it answers the questions: What is the capacity of China? What can the Chinese do on the question of (West) Africa's development? The Chinese Option is situated in three interrelated contexts: Chinese *domestica*, Chinese *internationa*, and Chinese *Africana*.

3.1. Chinese Domestica

Chinese *domestica* finds expression in the fact that China has witnessed, and is still witnessing, increased industrialisation and growth at the domestic level. China is a country in the Asian continent with a long written history which dated back to the Shang Dynasty (from ca. 1550 BCE to ca. 1046 BCE) though turtle shell with Chinese writing in Shang Dynasty dates back to 1500 BCE. In reality it is a country that has passed through three states era: as China (pre-1911), as Republic of China (1911-1949)[7], and currently as People's Republic of China or Mainland China[8] (1949-till date). As a country, it has the largest population in the world and made up of at least 56 officially recognised ethnic groups of which Han Chinese is over a million.

China was one of the poorest countries in the world when the Communist Party came to power in 1949. Under Mao Zedong (Mao Tse Tung), peasants were encouraged or forced into communes and private land ownership was abolished. After the first Five Years Plan (1951-1954) which followed the Soviet Model of socialism, the second Five Year Plan which became known as the Great Leap Forward was launched in 1958. By the Great Leap Forward, Mao advanced collectivization in the rural areas and industrialisation through steel production in which case the communes created during the first Five Year Plan were rapidly merged into far larger people's communes and peasants were mobilized to work on massive infrastructure projects and small scale production of iron and steel. The Great Leap Forward however lead to famine as rural

---

[7] The supremacy struggle between the Kuomintang (Nationalist Party or KMT) and the Communist Party of China (CPC) continued from 1927 till 1949. Though both parties had formed a united front to fight the Japanese invaders between 1931 to 1945 [i.e. during the Second World War], they resumed the civil war even after World War II. By 1949, CPC had occupied most part of the country. The Kuomintang forces under the leadership of Generalissimo Chiang Kai-shek had proceeded to settle at Taiwan.

[8] Mao Zedong had on October 1, 1949 declared a People's Republic of China atop Tiananmen (referred to as 'The Gate of Heavenly Peace'). Thus, while PRC has for several decades been synonymous to China, in reality it is just the latest political entity to govern China preceded by Republic of China (ROC) and earlier years of imperial dynastic rule.

labour were pulled off to swell the number of communally organised iron smelters who Mao considered necessary for steel production while leaders of such communes had exaggerated their production of grains to gain favourable consideration from Mao. Thus, the Great Leap led to the Great Chinese Famine of 1958 to 1962 leaving many peasants to starve to death.

Mao also initiated a Cultural Revolution in 1966 which was aimed at breaking China from its feudal past in which case many building of historical and cultural significance as well as countless artefacts were destroyed. Essentially, the Revolution was aimed at abolishing what was termed the Four Olds: Old Customs, Old Culture, Old Habits, and Old Ideas. The schools in China were closed and young intellectuals living in cities were sent to the countryside for "re-education" by the peasants where they performed hard manual labour and other work. The Red Guards, composed of youths, took control of cities and provinces with the aim of purging them of anti-revolutionary elements among the intellectuals and government officials. Though the Cultural Revolution was declared, by Mao, to have ended in 1969, it could be stated that it only ended with his death in 1979. It must however be added that it was during the Cultural Revolution that China exploded its first H-Bomb in 1967, launched the Dong Fang Hong satellite in 1970, commissioned its first nuclear submarine and made various other advances in science and technology. Mao, among other things, is said to have ensured the unity of China and set in motion the needed infrastructural foundation for development in terms of emphasis on education, healthcare and industry. He led China from 1949 till he died on September 9, 1976. Though Mao and his revolutionaries were determined to eliminate inequalities, promote self-reliance and industrialisation, it was not until the post-Mao period, and the end of political instability of the Cultural Revolution, that the economy really took off (BBC, 1999a).

The Chinese economy began its growth after the death of Mao and under the leadership of Deng Xiaoping from 1978. Deng had stated that he was going to implement "socialism with a Chinese face" in which "to get rich is glorious" (Ibid). Deng initiated economic reforms that opened China to the West (Ibid). He championed the idea of Special Economic Zones (SEZs) where foreign investment would be allowed to pour in without strict government restraint and regulations. Deng also laid emphasis on light industry as the stepping stone for development of heavy industries. Deng initiated the de-collectivization in which the communes were dissolved while farmers were allowed to produce for the international market. He also introduced the *Chengbao* system or contracting system in which state assets were given to private operators, who gave the state the needed money for expenses and share generated profit with the state. It must also be pointed out that it was under the leadership of Deng that the One Child Policy was introduced in 1979 following the massively increasing population of China.

But following Xiaoping's economic reforms and openness to the West, liberal forces began to manifest and flourish in China. Ultimately this led to the spontaneous protest in Tiananmen Square in 1989. Reactively, the Chinese authorities sent out tanks and soldiers to suppress the demonstration. This led to thousands of deaths by student protesters while other onlookers were indiscriminately fired at with others ran over by tanks. This image made China to become a pariah state as the scenes were continuously shown on the British Broadcasting Corporation (BBC) and Cable News Network (CNN).

After the 1989 protest and attendant massacre, Xiaoping retired from public view and power was passed unto the third generation of leaders led by Jiang Zemin. Jiang continued with his predecessor's policy and succeeded in encouraging some foreign investors to return to China after the 1989 saga. It was under his leadership that two foreign colonies were returned to China: Hong Kong by Britain in 1997 and Macau by Portugal in 1999. Both Hong Kong and Macau continues to run their own government retaining independence in their economic, judicial and social systems. In 2001, China joined the World Trade Organisation (WTO).

The fourth generation of leaders surfaced in 2002 and they were led by Hu Jintao. China is currently in this era. In this era, Chinese businesses have continued to expand beyond its borders into other countries and continents including Africa. In 2008, it held a world acclaimed Olympic Games which showcased not only its economic advancement but future potentials. Thus, in the last 20 years China has emerged as the fasted growing economy which has succeeded in lifting about 250 million[9] people from poverty within 1978 and 1998, that is, 20 years (BBC, 1999a and 1999b). China's steel production rose from 140 million tons in 2000 to 416 million tons in 2006 while car production moved from 139,800 in 1975 to 1.1 million in 1992 to 9.35 million in 2008. In spite of the global recession, Chinese growth rate was put at 9 percent. To offset the current global economic crisis, China had announced a financial stimulus package of around US$586billion spread over two years.

The growth in Chinese economy to some is not a mistake rather it is consequent upon years of planning and implementation of certain policies. Prior to the 1979, China had massively built on what Amartya Sen (1999b: 20-25) termed the "Eastern Strategy." By the Eastern Strategy, Sen argues that managers of the Chinese state had been conscious of the need to invest in its human capital in the areas of education and health. For Sen, the Eastern Strategy is different from professed or actual efforts of managers of states to invest in human capital development in the sense that it was not only viewed as a means to development, but most importantly, it was embraced early in the life of the Chinese state as it is visible in most Confucian state of the East. Consequently, as early as 10 years ago, Sen points out that "China is quite close

---

[9] Some argue that the figure is more than 400 million people (Gaye, 2008: 16).

to universal literacy" (Ibid: 25). From 20 percent in 1949, literacy level increased to 96 percent as at 2005 (BBC, 2009b).

China's investment drive is encouraged by the central government. It is this state capitalism that makes the Chinese thrust unique and sometimes difficult to explain. China's Industrial and Commercial Bank of China (ICBC) has many clients among those companies that are into export and those that operate in foreign countries. Resultantly, life expectancy in China has moved from 39.3 and 42.3 for male and female between 1950-1955 to 71.3 and 74.8 respectively in 2005-2010 (BBC, 2009b). This is in spite of the fact that the country has above 1.3 billion people.[10] In addition, massive economic growth of about 10 percent per annum from 1980s till date and the pace of industrialisation has made some experts like World Bank economist and former US Treasury Secretary, Lawrence Summers, to argue [since 1999] that China "will overtake the US and Japan early in the next century to become the world's biggest economy" (BBC, 1999a). But in spite of the glamour of growth in the international media and among development agencies, China also faces its own challenges among which are disparities and gaps among regions, rural poverty, corruption, challenges of nation building as can be seen in Tibet and other restive regions, human right abuses, unemployment and widening wealth gap.

3.2. Chinese Internationa

Chinese *Internationa* is the logical implication of Chinese *Domestica*. Chinese capital and firms, increasingly, are finding their way into the economies of a growing number of countries. This movement, which some have termed 'state capitalism,' has led to massive investment in failing and even succeeding sectors of other economies by Chinese firms. Chinese firms have continued to out-compete some of their competitors in the United States and Europe leading "many US and European technology companies [to] have either been investing heavily in China or found themselves being bought by Chinese companies" (BBC, 2005).

Of the latter group, a case in point is the giant IBM PC computer business which was bought by Chinese computer maker, Lenovo (Ibid). As at 2005, an Organisation for Economic Cooperation and Development (OECD) Study claims that China has surpassed the US as the largest exporter of hi-tech goods like computers, mobile phones and digital cameras (Ibid). Geely Automobile by Geely Motors Holding Group in China is invading countries that were hitherto dominated by makers such as Toyota, Ford, etc. Similarly, Chinese sovereign-wealth bonds played a role in sustaining American firms that were affected by the credit crunch. Resultantly, it is predicted that by end of 2010 China would

[10] It is being argued that the one-child policy in China for the past 20 years prevented the birth of about 250 million births (BBC, 2009b).

have overtaken the United States and France as Africa's biggest trading partner (BBC, 2007).

It is also instructive to note that China is holding its savings in American dollars, meaning that its policies could but of course have an implication for the American economy. It also becomes easy to understand why in spite of the reality and challenge of development and poverty in Africa, China still manages to get more international aid for AIDS and malaria (Moore and Hutchison, 2010). Even if China had only 38 deaths from malaria last year, it got malaria grants totalling US$149 (Ibid). Chinese *internationa* is indeed best captured by the tonnes of Chinese goods and multinationals finding their ways into every country (Larcon, 2009).

3.3. Chinese Africana

Chinese *Africana* shows that China's growth has had an impact on its relations with Africa. The various attempts at analysing the pattern of Sino-Africa relations, whether justified or criticised, have clearly indicated a similarity to the earlier relationship between Africa and the West [and, or, North] whether in the pre-colonial, colonial or post-colonial era. The Sino-African trade pattern is such that raw materials such as crude oil, cotton, copper, timber, iron-ore, gold, bauxite, uranium, aluminium, manganese, etc leaves Africa for China while finished products like cheap electronics, textile products, expertise in construction and related activities, as well as funds [aids, credit and loans] come into Africa from China. Thus, the primary producer role of Africa has once again been reiterated as petroleum, metals, and agricultural raw materials make up 85 percent of Africa's export to China (Broadman, 2007: 12). But though this simplistic representation of the pattern remains valid, the nature of relations is more complex and debateable as the philosophical perspective of the reviewer tends to determine 'objective' analysis of the nature and pattern of Sino-African relations: whether exploitative, competitive or collaborative.

For instance, Wenping pointed out that "it is common for Western media and scholars to attribute the development of the China-Africa relationship mainly to the Chinese demand for resources, in particular energy resources." (Wenping, 2007: 24). She maintains that this explanation neglects a number of facts as "China has only become an energy importer since 1993 yet the Sino-African relations have been developing steadily since the establishment of the People's Republic of China (P.R.C.) in 1949" (Ibid). She adds that China's interaction with Africa, both past and present, is not only limited to those countries rich in resources but rather "most of the African countries that benefit from China's policy efforts, including debt reduction, low or zero-tariff trade agreements and aid are among the least developed in Africa and are not rich in natural resources" (Ibid). She posits that the need to ensure support for the unification of Taiwan, collectively fight global terrorism and the spread of deadly diseases, small arms smuggling and drug trafficking, transnational security, are all issues in Sino-African relations (Ibid: 24-25). She buttressed her argument by the Chinese Eight Point Proposal which includes:

- To double the 2006 level of assistance by 2009;
- To provide US$5 million in preferential loans and credit for the next three years;
- To provide US$5 million to support Chinese companies invest in Africa;
- Construct a conference hall for the African Union (AU);
- To cancel the debt of heavily indebted poor countries;
- To increase zero tariff from 190 to 440 from the least developed countries;
- To set up additional Sino-Africa trade zones;
- Send Chinese experts to train Africans in agriculture, education, health, science and technology.

Conversely, other view maintains that China's invasion of Africa is similar to those of the earlier Europeans and Americans where quest for resources[11] is chief labelling the invasion as a 'scramble,' 'safari' or even 're-colonisation' (Blair, 2007; Lee, 2006; Nwoke, 2007; Oshodi, 2010). This view posits that "the recent critical accounts of the aggressive expansion of Chinese interests into African countries and societies and their collaboration with local autocratic elites and despots have a hypocritical taste or at least bear traces of amnesia" (Melber, 2007: 6). This view maintains that "the Chinese penetration only presents the ugly face of predatory capitalism, which for far too long has already abused the dependency of the majority on the continent" (Ibid). Scholars and analysts of this perspective maintains that "the Chinese emerging track record is not an indicator of a new trajectory, which would benefit the majority of the African people" (Ibid) while also adding that "the Chinese foreign policy gospel of non-interference is an attractive tune for the autocratic leaders and oligarchies still in power, be it in Angola, the People's Republic of Congo, the Sudan, Zimbabwe or similar societies still run to a large extent like private property of cliques" (Ibid: 9).

On the question of corporate social responsibility, Martyn Davies of the Centre for Chinese Studies at Stellenbosch University points out that "Chinese firms have a reputation of not building local capacities or engaging with local communities, and that there are often significant negative environmental impacts" (Christianson, 2006: 50). In addition, allegations are also made of the unscrupulous Chinese businessmen who engage in the sales of substandard products with the Counterfeit, Adulterated or Substandard (CAS) drugs having

---

[11] Of particular interest to the West is China's growing expansion into Africa's oil markets. It should be pointed out that although oil is a major and obvious source of Chinese interest in Africa, it is far from being the only one. China is actively seeking resources of every kind; copper, bauxite, uranium, aluminium, manganese, iron ore etc. These are all raw resources meant to meet the increasing industrialisation of China. In addition, Chinese textiles and clothing companies are investing heavily in Africa due to its cotton fields (Taylor, 2007: 10).

the most negative impact[12]. Similarly, this perspective tend to caution that "African leaders may do the continent great harm if they accept China's warm statements without paying adequate attention to the hard economic issues" (Christianson, 2006: 46).

Apart from China's economic interest in Africa, there is also the political aspect where China embraces partnership with all African countries, except for the handful which maintain diplomatic relations with Taiwan. Others claim China's interest in Africa is to achieve three objectives: consolidating secure energy and mineral supplies; to curtail Taiwan's influence on the continent; and to augment Beijing's burgeoning authority (King, 2006: 8). Along the aforementioned line, Ian Taylor (2007: 11) argues that China's major interest is in the oil sector. For him, Chinese "oil diplomacy" has two goals: the short term and long term. The short-term goal is to secure oil supplies to help feed growing domestic demand (back in China); while the long-term goal is to position China as a global player in the international oil market. Asked how this is being achieved, Taylor asserts that "energetically pursuing these aims whilst playing on African leaders' historic suspicion of Western intentions is how Beijing generally engages in its oil diplomacy on the continent" (Ibid).

Meanwhile, Chinese *Africana* is not a fiction but has meant an increasing presence of China in Africa. China in 2007 took over 20 percent stakes in Standard Bank, Africa's largest financial services company, after paying US$5.2 billion buy-in (Nevin, 2007: 34). As at 2006, China's Foreign Direct Investment (FDI) was estimated at US$1,18 billion (Broadman, 2007: 12). Similarly, China's trade with Africa has increased from US$4.5 billion in 2001 to US$29.6 in 2004 to US$39.7 billion in 2005 to US$50 billion in 2006 to US$100 in 2009 (BBC, 2009c; Taylor, 2007: 10). While China Civil Engineering Construction Company (CCECC) continues to compete with established construction firms like Julius Burger and win multimillion dollars road construction contracts, Huawei and TCL are Chinese telecommunications colossus continuously expanding into Africa. Today, it is not news to see more than 800 Chinese firms and more than 800,000 Chinese, mostly state-sponsored, mopping up Zambia's copper industry; buying into South African coal and gold; dominating Nigeria's computer villages; flourishing in Kenya's mobile phone; striving to dominate Zimbabwe's tobacco industry; operating in Botswana's hotel business; and giving all it takes to increase its oil and gas deals in Sudan, Gabon, Nigeria, Algeria, Angola, and Egypt. In fact, against the background of the latter group of African countries, the trip of Chinese Foreign Affairs minister, Li Zhaoxing, in 2006 to West Africa [Nigeria, Cape Verde,

---

[12] The head of Chinese Food and Drugs Administration, Mr. Zheng Xiaoyu, was executed in 2005 for his involvement in the manufacturing and sales of dangerous drugs. It is alleged that ethnic Chinese gangs, whether in mainland China, Malaysia or Burma, are responsible for the vast majority of counterfeit drugs in circulation (Adam, 2007: 11).

Liberia, Mali, and Senegal] was mainly centred on energy security for China (BBC, 2006).

In addition, the 2009 FOCAC held at Sharm el-Shiekh in Egypt and attended by over 100 officials from about 50 African states, had Chinese Premier, Wen Jiabao, promise that US$10 billion concessional loan will be made available to Africa over the next three years (BBC, 2009a). Premier Wen also added that China is planning to create environment programmes for Africa including 100 clean energy projects (Ibid). It must be remembered that in the previous FOCAC held in Beijing in 2006, China had promised to give Africa US$5 billion of assistance and also signed an agreement to forgive the debt of 30 African countries. With this, unquestionably Sino-African relations is strategic and critical as they (China and Africa) represent one-third of global humanity (BBC, 2003). But even if Sino-African relations is expanding it does not in realistic terms necessarily mean that ECOWAS members will effectively benefit from the relations? How should Chinese *West Africana* be engaged? What are the prospects and challenges of Sino-ECOWAS relations ?

3.4. Chinese West Africana: Towards a Developmental Engagement

The Chinese Option from the ECOWAS perspective is captured as Chinese *West Africana.* Chinese *West Africana* is hinged on realities and potentialities of China's presence in West Africa. It presupposes the individual and collective engagement of ECOWAS countries (such has Benin, Burkina Faso, Cape Verde, Cote D'Ivoire, Liberia, Mali, Niger, Nigeria, Togo, Gambia, Ghana, Guinea, Guinea-Bissau, Senegal, and Sierra Leone) and China. Presently, China is in most if not all of ECOWAS as can be seen in the massive importation of Chinese fabrics, cheap phones, laptops, automobiles, etc. But yet ECOWAS does not have a specific engagement strategy. Thus, ECOWAS can productively interact with China in three major ways: Strategic Confrontation between China and the Early Players (SCCEP); Science and Technology Forum (STF); and operationalisation of FOCAC.

First, ECOWAS have potentials of leveraging on SCCEP. A serious early plan must be made for the certain and emerging Strategic Confrontation between China and the Early Players (SCCEP). SCCEP will involve China against Early Players like the United States, Japan, France, and Britain who had had strategic relations with West Africa on the bases of primary resources. As of today, not only has China dislodged some of these early players but it is also heading to become Africa's biggest trading partner in few years if it continues with its trade increases (e.g. from US$4.5 billion in 2001 to US$50 billion in 2006, to about US$100 billion in 2009). ECOWAS governments and leaders must strategise to benefit from both the Washington Consensus and the Beijing Consensus, while making its own route to development by relating with China to encourage the early players to compete for attention and vice versa. This should not be left to forces of demand and supply but strategic partnership.

Concessions could be made to competitors if they agree to invest in, for instance, refinery construction or agro-industries.

A clear case of the capacity of SCCEP is obtainable in the Nigerian scenario. China unquestionably needs oil to grease its fast growing industries and Nigeria has oil. In Nigeria, Royal Dutch Shell, Chevron, and ExxonMobil are, increasingly, being literarily pushed by just one of the three Chinese state-owned oil corporations (China National Offshore Oil Corporation [CNOOC]) to renegotiate oil deals against the background of an impending invasion of the Chinese oil giant (Bello, Anaro, Uroko, and Micheal-Omeiza, 2009: 1 and 4). It could be wondered what will happen if the other two Chinese oil corporations join the competition for Nigeria's oil! Meanwhile, Royal Dutch Shell has said that it will "fight off Chinese over Nigeria's oil" (Alike and James, 2009: 1). Thus, just as there is a higher possibility of Nigeria making more money from its oil, other ECOWAS members could similarly benefit from the implications of rising Chinese interest in their natural resources. Rather than side any of the contenders, oil rich states could leverage on the current scenario while maximally benefiting from their finite oil resources. SCCEP could also be a policy in the gradual but certain competition between CCECC and established international construction firms.

This policy could be adopted even for agricultural produces. Sino-West African relations provide the latter with the opportunity to not only improve her agriculture but also export same in its raw and processed forms to China. With a landmass of about 9.5 billion sq kilometres, China is not just a country that has to address the needs of its about 1.3 billion inhabitants, it is also conscious of the fact that it has only 7 percent world's arable land and fresh water, 3 percent of its forests, and just 2 percent of its oil (Gaye, 2008: 18). On the other hand, ECOWAS unquestionably have comparative advantage in agriculture and as such there is no justification for the importation of food stuffs like rice, and other grains from elsewhere. The point therefore is to leverage on its fertile land to produce some of the key crops for China as can be viewed in the Cassava Initiative of former President Olusegun Obasanjo of Nigeria.

The Obasanjo administration in Nigeria had inaugurated a committee on August 7, 2002, with the mandate of the presidency, to generate US$5 billion per annum from cassava products export. The idea was to make use of not only the cassava tubers, but also its stem and leaf. Following the gradual implementation of the policy, it was discovered that with the cassava-based ethanol production, the initiative is capable of generating up to US$6.1 billion by 2012 from export to other countries chief of which is China. The impact of the Cassava Initiative was massive and impressive though it was met with a lot of challenges. It must however be pointed out that the Presidential Initiative on Cassava by the administration [which aims to increase the usefulness of cassava such as making its use compulsory in bakery, and thereby increasing the revenue and standard of living of cassava farmers while putting the crop in better stead for export] is a clear case of economic regulation rather than deregulation. Ironically, some African states still vigorously pursue a policy of *rolling back the hands of the state* in the face of failures and increasing poverty. From the Cassava Initiative, it might be concluded that rather than liberalise the agricultural sector or expect that the economic liberalisation of other sectors will impact [i.e. pull or push] on it, conscious effort should be made to introduce far-reaching legislations that will pull the sector, which has the ultimate capacity to ensure backward and forward linkages to other sectors. This type of initiative could be applied throughout the region provided there is regional coherence. It is along this thinking that, as early as 1977, Segun Famoriyo and Duro Adegeye had advised on the need for "The Harmonisation of Agricultural Policies in the ECOWAS Countries" (Famoriyo and Adegeye, 1977: 367-398). This could be easily integrated with SCCEP.

Second, there is the need for Science and Technology Forum (STF). STF need to be established to tap the required technological and scientific knowledge from China. ECOWAS needs a Science and Technology Forum (STF) in which case there will not only be partnership among member states' scientists, but also between them and their Chinese counterparts. When established, the gauge of STF should be in terms of their ability to solve the pertinent and peculiar challenges facing the region in the areas of energy and power, health and agriculture. Under this arrangement, STF should be held not less than biannually with emphasis placed on practical inventions and not a forum for mere theoretical intellectualism. STF will not only be an opportunity to exchange ideas with Chinese scientists but also it will serve as a means of transferring technology to the region. It must be said that rather than investing in technology that may not be of paramount interest to the toiling masses of ECOWAS countries, the Forum should have mandates covering agriculture, steel-based industrialisation, infrastructure, power and energy which are central to development.

Third, there is the need to operationalise FOCAC. FOCAC provides ECOWAS countries just like other African countries an opportunity to assess Chinese support in terms of funding and aid without being subjected to conditionalities. In other words, through Beijing Consensus, ECOWAS members can access much needed funds from the Chinese without stringent reform conditions such as devaluation or re-valuation, removal of state subsidy, liberalisation or privatisation or deregulation among others as postulated by the Western states and International Financial Institutions (IFIs) like the International Monetary Funds (IMF) and the World Bank. It is perhaps along this thinking that President Abdullahi Wade of Senegal spoke thus :

> I have found that a contract that would take five years to discuss, negotiate and sign with the World Bank takes three months when we have dealt with Chinese authorities. I am a firm believer in good governance and the rule of law. But when bureaucracy and senseless red tape impede our ability to act and when poverty persists while international functionaries drag their feet,

African leaders have an obligation to opt for swifter solutions. I achieved more in my one hour meeting with President Hu Jintao in an executive suite at my hotel in Berlin during the recent G8 meeting in Heiligendamm than I did during the entire, orchestrated meeting of world leaders at the summit where African leaders were told little more than that G8 nations would respect existing commitments (Wade, 2008: 20).

But in spite of this understanding, a good number of ECOWAS member governments do not have an engagement plan aside from bilateral and multilateral agreements with China. Thus, there is the need for pro-industrialisation engagement while also understanding that China does not hold a magic wand to the development of the continent. As such, member states must interact with China not just in terms of the FOCAC and it attendant donations and promises, rather engagements must be towards industrialising the region. ECOWAS must collectively engage China in such a way that its over 1 billion population is also open to member states. FOCAC agreements, discussions and promises should therefore be localised particularly to attend to agriculture, energy and power, infrastructure and science and technology.

ECOWAS should not, and cannot, afford to rely on funding from China. This is because, presently, the chunk of trade between Africa and China has been a reinforcement of the earlier dependent relations where African states exported raw materials and primary goods to Europe and America while expected aids and finished goods from their foreign 'partners.' Ironically, in spite of China's prophecy of mutual beneficially relations, the same pattern of trade still subsist. To this end, ECOWAS members must ensure that Chinese firms are encouraged to invest in critical sectors like power generation and human capital development in the area of science and technology, and not merely the export of raw materials. The current engagement of the Nigerian National Petroleum Corporation (NNPC) and China on building three refineries by 2020 in exchange for oil considerations is a welcomed development in this light. This will go a long way to redirect the country's foreign exchange currently used in purchasing refined crude for the international market while also having a spill over effect on ECOWAS members that also ship their petroleum products from elsewhere. Thus, beyond FOCAC as a yardstick, ECOWAS should engage China on issues of paramount need such as infrastructure development especially power generation, infrastructure, agriculture and science and technology.

Conclusion: Some Policy Measures

The development challenges facing West Africa are not insurmountable, they are solvable. With the multiplicity of natural resources, water, fertile land and potentially qualitative population, the central challenge has been in terms of '**getting it right**.' However, bearing in mind the failure of years of development paradigms determined and designed by the West, ECOWAS ruling elites therefore, in their relations with China, finds themselves in a historical position to take decisions that will continue to impact the polity and the lives of their toiling masses. Most importantly, though there are three perspectives [optimists, cautious group and the pessimists] on the possibility or capability of current ECOWAS elites to handle the multi-dimensional regional challenges, it seems that the pessimists are already having a filled day with the cases of state/ governance failures, corruption, and violent conflicts among societies that were only segmented by colonialism, water shortage even where the continent is surrounded by water, famine in the midst of fertile land, and dependence on others for aid and funding years after independence among others. Even though its style of engagement may not be in tandem with those of the West, China is in Africa mainly because Africa has the requirements it needs to move it to the next stage of its development which will, if successful, launch it ahead of the United States as the largest economy in the world. It is within this thinking that the Beijing Consensus must be located and engaged as such.

Based on this understanding, this paper makes the following recommendations in terms of partnership, regional and national policies. The partnership here speaks to the realisation by ECOWAS to seriously engage other states other than the West in their quest for development. Thus, member states, individually and collectively, need a radical shift which will fundamentally rupture the existing relational configuration to the extent that interactions with either the West or China will have to be determined by actual potentials for development. Regionally, ECOWAS must assert itself as a regional organisation that has its own plan that will be keyed into broader NEPAD. While having *its own plan*, the main policy thrust at this level is to ensure that ECOWAS have a collective policy that will enable a clearer Chinese policy particularly in terms of agriculture, power, infrastructure and science and technology. Also, there is the need for an integrated anti-corruption mechanism.

Even if the Chinese treatment of corrupt officials is termed inhuman or dehumanising, it must also be recognised that corruption must be viewed as a crime against humanity. This is underscored by the very fact that millions of toiling Africans do not have access to healthcare, education, power and food among others, mainly because some few individuals are privileged to have access to their nation's treasury. Some ECOWAS member states are known with cases of corruption that have ended either with a plea bargain, reduced sentences, or outright forgiveness. Even after imprisonment, some corrupt political and bureaucratic elites have returned home only to freely enjoy their loot. To this extent an integrated independent anti-corruption agency that will be regional in dimension should be established. The regional body is to liaise with the international system to mitigate and recover looted and laundered public funds from overseas while making repatriation of corrupt officials who escape from the continent to enjoy their loots a clear commitment. The regional body can work through national anti-corruption bodies already existing within member states.

Periodic evaluation and monitoring of Chinese presence is also necessary at the regional level.

National policy will mean that member states individually initiate policies that will give bite to the aforementioned regional policy. An example is the case of Nigeria. The Nigerian National Petroleum Corporation (NNPC) approach to China's oil need is on the right track where China is considering building three refineries by 2020. Meanwhile, member states must also initiate an evaluation policy to ascertain the impact of Chinese presence on their economies in terms of Counterfeited, Adulterated and Substandard (CAS) drugs, over-dependence, labour relations, etc. This point is especially based on the fact that China has enough capacity to massively invade certain sectors of an economy and dislodge the indigenous and usually infant manufacturers. In spite of the sophistication of South Africa's textile industry, Chinese cheap fabric succeeded in creating about 25,000 unemployed South Africans in just two years of operation (Wenping, 2007: 26). If this can happen in South Africa, then, can't there be a linkage in the closing down of Nigerian textile industry? What are the chances that Ghana, Guinea, Cape Verde, Gambia or Togo, for instance, could survive what South Africa could not survive? Thus, instead of importing finished products like textile into West Africa, Chinese firms could be encouraged to set up production plants and employ locals. The case of Ogun state in Nigeria is therefore laudable where rather than continuous importation of made-in China clothes, an investment mission led by its governor, Gbenga Daniel, to China in 2009 ended with a visit in Shandong Province to Quindao Phoenix Printing and Dyeing Company.[13] There, the Chairman of the company, Dai Zhihua, during the visit of Daniel had shown interest in investing in *adire* making and promised to key into the Ogun-Shandong Park in Ogun State (Andrews, 2009: 10). Ironically in the same country, in spite of a state governments' policy of buying thousands of Chinese cars as means of transportation there was no visible benefit to the state government in terms of building a Chinese car servicing plants that will employ Nigerians or any serious policy to initiate such. This case is somewhat similar to the Geely Taxis in Senegal.

In synopsis, while China holds an option for West Africa's development, ECOWAS member states must be ready to strategically engage the Eastern Dragon in a manner that will benefit their toiling masses through SCCEEP, STF and operationalisation of FOCAC. It is within this understanding that Chinese *West Africana* should be engaged. If the current indication of the capacity of Chinese economy and rate of development is anything to go by, then it becomes necessary that ECOWAS begin to strategically place themselves as a major partner to this emerging global player.

---

[13] The company is the manufacturer of the popular Phoenix Hitarget Ankara range of wax products.

Bibliography

Adam, H. (2007). "Merhants of Death." *News Africa*, Vol. 1(76), August 31, pp. 10-14.

Adejumobi, S. (1995). "Structural Reform and its Impact on the Economy and Society," in Adejumobi, Said & Momoh, Abubakar (eds). The Political Economy of Nigeria Under Military Rule: 1984-1993, Harare: SAPES, pp. 163-193.

AFP (2005). "China Greets Zimbabwe with Open Arms." *Taipei Times*, July 28th, p. 5.

Agubuzu, L. (2004). From the OAU to AU: The Challenges of African Unity and Development in the Twenty-First Century. Lagos: Nigeria Institute of International Affairs (NIIA), pp. 24.

Agwu, F. A. (2004). "NEPAD and the G8: The Politics of Conditionalities," in NIIA, NEPAD for Journalists. Lagos: NIIA, pp. 17-40.

Ake, C. (1981). A Political Economy of Africa. New York: Longman, pp.196.

Akinboye, S. & Ottoh, F. (2005). A Systematic Approach to International Relations. Lagos: Concept Publications Limited, pp. 292.

Akinyemi, A. B., Falegan, S. B. & Aluko, I. A. (eds) (1977). Readings and Documents on ECOWAS. Lagos: NIIA, pp. 779.

Alden, C. & Davies, M. (2006). "A Profile of Chinese Multinationals in Africa." *South African Journal of International Affairs* 13(1), pp. 83-96.

Alike, E. & James, S. (2009). "Nigeria: Shell Vows to Fight Off Chinese Over Oil." *ThisDay*. October 30, pp. 1.

Andrews, J. (2009). "Chinese Technology for *Adire*." *ThisDay*. September 8, p. 10.

Asante, S.K.B. (1991). Africa Development: Adebayo Adedeji's Alternative Strategies, London et al: Han Zell Publishers, pp.232.

Babawale, T. (1995). "Nigeria's Foreign Policy," in Adejumobi, Said & Momoh, Abubakar (eds) The Political Economy of Nigeria Under Military Rule: 1984-1993, Harare: SAPES, pp. 111-132.

Barongo, Y. R. (1983). "Alternative Approaches to African Politics," in Barongo, Yolamu (ed.) Political Science in Africa: A Critical Review, London: Zed Press, pp. 138-150.

BBC (2009a). "China Pledges US$10 billion African Loans." Assessed at http://news.bbc.co.uk/2/hi/afri ca/8349020.stm.

BBC, (2009b). "China: 60 Years in Facts and Figures." Assessed at http://news.bbc.co.uk/2/hi/asia-pacific/8285357.stm.

BBC, (2009c). "China Praised for African Links." Assessed at http://news.bbc.co.uk/2/hi/Africa/8301826 .stm.

BBC, (2007). "China in Africa: Developing Ties." Assessed http://news.bbc.co.uk/2/hi/asia-pacific/6264 476.stm.

BBC, (2006). "Energy Deals Behind Chinese Visit." Assessed at http://news.bbc.co.uk/2/hi/business/4600 946.stm.

BBC, (2005). "China's Trade Surplus Hits US$ 90bn." Assessed at http://news.bbc.co.uk/2/hi/business/4 522498.stm.

BBC (2003). "China and Africa." Assessed at http://www.bbc.co.uk/worldservice/learningenglish/newsenglish/witn/031217_witn.shtml.

BBC (1999a). "China: 50 Years of Communism- The Economy's Long March." Assessed at http://news. bbc.co.uk/2/hi/specialreport/1999/09/99/china_50_years_of_communism/453330.stm

BBC, (1999b). "China Losing Fight to Eradicate Poverty." Assessed at http://news.bbc.co.uk/2/hi/asia-pacific/364804.stm.

Bello, O., Anaro, B., Uroko, C., & Micheal-Omeiza, S. (2009). "Analysts Raise Issues on China's Quest for Nigeria Oil." *Business Day*, September 30, pp. 1, 4.

Bigsten, A. (1999). "Looking for African Tigers," in Kayizzi-Mugerwa, Stephen (ed.) The African Economy: Policy, Institutions and the Future, London: Routledge, pp. 15-27.

Blair, D. (2007). "Why China is Trying to Colonise Africa," *The Telegraph*, August 31, Assessed at http: //www.telegraph.co.uk/comment/personal-view/3642345/Why-China-is-trying-to-colonise-Afric a.html.

Broadman, H. (2007). Africa's Silk Road: China and India's New Economic Frontier. Washington DC: World Bank, pp. 391.

Christianson, D. (2006). "Unpacking Africa's Great Asian Opportunity." *Business in Africa*, May, p. 42-48.

Drakakis-Smith, D. (1996) "Less Developed Economies and Dependence," in Daniel, Peter & Lever, William (eds), The Global Economy in Transition Edinburgh: Longman, pp.215-238.

Ekeh, P. P. (1983). Colonialism and Social Structure. Ibadan: Ibadan University Press, pp. 27.

Famoriyo, S. & Adegeye, D. (1977). "The Harmonisation of Agricultural Policies in the ECOWAS Countries," in Akinyemi, A. B., Falegan, S. B. & Aluko, I. A. (eds) Readings and Documents on ECOWAS. Lagos: NIIA, pp. 367-398.

Fawole, A. (1999) "Diplomatic Blunders: The Ogoni Crisis and Nigeria's External Relations." *The Nigerian Journal of Politics*, 1 (2) 16-36.

Garver, J. W. (1991). "Chinese Foreign Policy: The Diplomacy of Damage Control." *Current History*. Vol. 90 (557), pp. 242-246.

Gambari, I. A. (2004). "The New Partnership for African Development: Challenges and Progress in Organising International Support," NIIA Lecture Series No. 85, Lagos: NIIA, pp. 24.

Gaye, A. (2008). "China in Africa: Why the West is Worried." *New African*. March, p. 12-18.

Hofmann, K., Kretz, J., Roll, M., & Sperling, S. (2007). "Contrasting Perceptions: Chinese, African and European Perspectives on the China-Africa Summit." Assessed at http://library.fes.de/pdf-files/ipg/ipg-2007-2/07_hofmann_us.pdf

Kim, S. S. (1990). "Chinese Foreign Policy After Tiananmen." *Current History*. Vol. 89(548), 245-248 & 280-282.

King, K. (2006). "China's Partnership Discourse with Africa." A Paper Presented at the conference on *China in Africa in the 21st century: Preparing for the Forum on China-Africa Cooperation* Organised by the Royal African Society, the South African Institute of International Affairs, and the Secretariat of NEPAD (the New Partnership for Africa's Development), 16-17 October, Muldersdrift, South Africa, pp. 13.

Konings, P. (2007). "China and Africa in the Era of Neo-liberal Globalisation." *CODESRIA Bulletin*, 1 (2), pp. 17-22.

Laishley, R. (2009). "Africa Needs to 'Play Smart' in Trade With Asia." *The Punch*. September 25, p. 64.

Larcon, J. (ed.) (2009). Chinese Multinationals. Singapore: World Scientific, pp. 300.

Lee, M. (2006). "The 21st Century Scramble for Africa." *Journal of Contemporary African Studies*, Vol. 24(3), pp. 303-330.

Lumumba-Kasongo, T. (2007). "China-Africa Relations in the Post-Cold War Era: Dialectics of Rethinking South-South Dialogue." *CODESRIA Bulletin*, 1(2), pp. 8-16.

Mamdani, M. (2001). "Beyond Settler and Native as Political Identities: Overcoming the Political Legacy of Colonialism." *Comparative Studies in Society and History*. Vol. 43 (4), pp. 651-664.

Melber, H. (2007). "The (Not So) New Kid on The Block: China and The Scramble for Africa's Resources – An Introductory Review." *Current African Issues*, 33, pp. 6-9.

Melber, H. (2003). "South Africa and NePAD- Quo Vadis?" Paper presented to a *Seminar on NePAD* organised in Stockholm, Sweden on the 9th of October.

Melber, H. (2002). "The New Partnership for Africa's Development (NEPAD)- Old Wine in New Bottles." *Forum for Development Studies* Vol. 29(1), pp. 186-210.

Moore, M. & Hutchson, P. (2010). "China Takes More Aid Money for AIDS and Malaria Than African Countries." *Telegraph*. Assessed at http://www.telegraph.co.uk/news/worldnews/asia/china/7927 8 09/China-takes-more-aid-money-for-aids-and-malaria-than-African-countries.html

NEPAD, (2001). *NEPAD Document* (Abuja Paper), Abuja: NEPAD.

Nevin, T. (2007). "Standard Bank deal Points to New China-Africa Direction." *African Business*. December, pp. 34-35.

Nweke, C. N. (2007). "The Scramble for Africa: A Strategic Policy Framework." *Nigerian Journal of International Affairs*, Vol. 33(2), pp. 31-56.

Nzongola-Ntalaja, G. (1997). "The State and Democracy in Africa," in Nzongola-Ntalaja, George & Lee, Margret (eds). The State and Democracy in Africa. Harare: African Association of Political Science, pp. 9-24.

Olayode, K. (2006). "Globalisation, Sustainable Development and State Capacity in Africa." *Nigerian Journal of International Affairs*, 32(1).

Olushola, O. et al, (1991). Nigeria and the Organisation of Africa Unity: In Search of an African Reality, Lagos: Third Press Publishers, pp. 446.

Oshodi, A. T. (2010). "Colonialism or Post-colonial Recolonization: A Comparative Analysis of British Colonialism and China's Presence in Post-colonial Africa." A paper presented at the International Conference on *Colonial Africa and its Legacies: A Reappraisal*, Organised by the Department of History and Archaeology, Ibrahim Babangida University, Lapai, Niger State held between November 29th to December 1, pp. 22.

Oshodi, A. T. (2009). "NEPAD and Africa's Development: An Investigation of the Chinese Option." An Unpublished Research Work for Masters in Public and International Affairs (MPIA), University of Lagos, Faculty of Social Sciences, pp. 197.

Oshodi, T. (2006). "Oru: In Search of Better Life for African Refugees." *Vanguard*. December 20, pp. 40-41.

Rodney, W. (1976). How Europe Underdeveloped Africa. London: Bogle-L' Ouverture, pp. 316.

Ramo, J.C. (2005). The Beijing Consensus, London: Foreign Policy Centre, pp. 110.

Rostow, W. W. (1991). The Stages of Economic Growth: A Non-Communist Manifesto, (3rd edtn) Cambridge: Cambridge University Press, pp. 320.

Sautman, B. (2005-2006). "Friends and Interests: China's Distinctive Links with Africa." *Centre on China Transnational Relations Working Paper No. 12*.

Seers, D. (1969). "The Meaning of Development," a Paper presented at the Eleventh World Conference of the Society of International Development, New Delhi, India in 1969.

Sen, A. (2000). "A Decade of Human Development," *Journal of Human Development*, Vol. 1(1), pp. 17-23.

Sen, A. (1999a) Development as Freedom, New York: Knopf, pp. 384.

Sen, A. (1999b) "Beyond the Crisis: Development Strategies in Asia," in Pamela Noda, J. (ed), *Sustainable Development and Human Security: Second Intellectual Dialogue on Building Asia's Tomorrow*. Tokyo: Japan Centre for International Exchange, pp. 15-37.

Sen, A. (1985) Commodities and Capabilities, Amsterdam: Elsevier, pp. 130.
Sen, A. (1983). "Development, Which Way Now?" *The Economic Journal*, Vol. 93(372), pp. 745-762.
Shaw, T. M. (1991). "Reformism, Revisionism and Radicalism in Africa's Political Economy in the 1990s." *Journal of Modern African Studies*, Vol. 29(2), pp. 191-212.
Shaw, T. M. & Inegbedion E. (1994). "The Marginalization of Africa in the New World (Dis)Order," in Stubbs, Richard & Underhill, Geoffrey. (eds) Political Economy and the Changing Global Order, London: Macmillan Press, pp. 390-403.
Shinn, D. (2006). "Africa and China's Global Activism." Paper Presented at the National Defense University Pacific Symposium on *China's Global Activism: Implications for U.S. Security Interests National Defense University Fort Lesley J. McNair* June 20.
Tabaijuka, A. (2008). "African Cities Need Clarity of Thought." *African Business*. December. p. 22.
Taylor, I. (2007). "Unpacking China's Resource Diplomacy in Africa." *Centre on China Transnational Relations Working Paper No. 19*.
Todaro, M. & Smith, S. (2006). Economic Development, (9th edn). Essex: Pearson Education Limited, pp. 851.
UNDP (1995). "Defining and Measuring Human Development," in Ayres, Ron. (ed) Development Studies: An Introduction Through Selected Readings, Kent: Greenwich University Press, pp. 21-34.
Wade, A. (2008). "Time for the West to Practice What it Preaches." *New African*, March, p. 20.
Wenping, H. (2007). "The Balancing Act of China's Africa Policy." *China Security*, Vol. 3(3), pp. 23-40.

IV

Economie politique de la coopération économique et financière internationale*

N'galadjo Lambert Bamba **

Introduction

La formule de Ragnar Nurske (1953) selon laquelle « un pays est pauvre parce qu'il est pauvre » reflète l'idée commune : le développement est une question d'argent. L'épargne est insuffisante car le revenu est bas ; celui-ci est bas car l'accroissement de la production bute sur les imperfections du marché, sur le manque de capitaux, sur l'absence de stimulants pour l'investissement... Amorcer le développement, financer la transition, tel est alors le principal problème, jusqu'à ce que l'épargne intérieure atteigne un niveau suffisant et que la croissance s'autoentretienne.

A cet effet, Arthur W. Lewis (1954) rappelle justement que, pendant la phase de la transition (passage d'une économie traditionnelle à une économie moderne), "le problème central de la théorie économique est de comprendre le processus selon lequel une communauté qui auparavant économisait et investissait 4% à 5% de son revenu ou moins, se transforme en une économie où l'épargne volontaire est de l'ordre de 12% à 15% ou plus du revenu." Le développement devient alors promesse de financement. Le revenu augmentant, des ressources nouvelles seront affectées à l'investissement ; en outre, la production se diversifiant, l'économie acquiert une autonomie vis-à-vis de l'extérieur puisque la monnaie nationale, qu'elle provienne de l'épargne ou du crédit, s'échange contre un éventail de biens plus grand.

Schématiquement, c'est ainsi qu'était formulée la question du financement avant que ne surgissent les crises d'endettement. L'appui de l'aide extérieure était nécessaire à l'étape de la transition. L'Europe elle-même n'avait-elle pas

---

* Une première version de ce travail, qui a été mené dans le cadre du programme annuel de la CAPEC 2004, a été publiée sous le n° 102 de Politique Economique et Développement (PED), le support des Documents de Travail de la CAPEC.

** Maître de Conférences à l'UFR de Sciences Economiques et de Gestion, Chercheur Senior à la Cellule d'Analyse des Politiques Economiques du CIRES (CAPEC), Université de Cocody-Abidjan.

eu recours à l'aide Marshall pour réamorcer sa croissance après la guerre? N'entend-on pas le même discours pour les pays de l'Est aujourd'hui?

Mais, dès la fin des années soixante, des études soulignaient une corrélation négative entre flux financiers extérieurs et épargne intérieure dans les pays en développement (M. J. Fry, 1980; R. W. Goldsmith, 1969). L'essor de cette dernière semblait, en effet, entravé par de multiples facteurs, ce qui justifiait qu'on se préoccupât plus activement de sa promotion. Elle n'était pas toujours la variable qui croît automatiquement avec le revenu après une injection d'investissement, comme le supposent les modèles keynésiens (cf. Boissieu C. 1985), elle devait bien finir un jour par exister *ex ante*. Il en est résulté un vif débat entre keynésiens et néoclassiques comme celui de la poule et de l'œuf : entre l'épargne et l'investissement, qu'est-ce qui est premier dans le processus de croissance?

C'est dans cette palette de courants de pensée que se sont élaborées des théories du financement de la transition propres aux pays en développement. On peut en distinguer quatre, suivant leur filiation théorique : la première, celle d'Arthur W. Lewis (1954), emprunte l'approche de l'accumulation de l'économie politique classique ; la deuxième, celle de Paul Baran (1957), se rattache à la tradition léniniste d'un surplus mobilisé par l'Etat ; celle de Hollis Chenery (1966) renvoie à l'analyse keynésienne de la croissance, et celle de Ronald MacKinnon (1973) à la théorie monétariste. La controverse des années cinquante sur l'efficacité respective des politiques monétaires et budgétaires reflétait ce clivage.

Gurley et Shaw (1960), pour leur part, versaient au débat un traité qui montrait notamment comment le système financier améliorait l'affectation de l'épargne vers l'investissement… Dès lors, le marché financier est apparu de plus en plus, avec les analyses attentives dont il fera l'objet, un potentiel instrument de promotion de l'épargne, voire une institution non seulement capable de mobiliser l'épargne mais aussi de l'allouer efficacement au secteur productif (Fry, 1987, 1988; McKinnon, 1988; Pouemi, 1982; Stiglitz, 1989, 1991, Ghani, 1992; Banque Mondiale, 1989; etc.).

Telle se présente en substance, l'évolution des idées fortes concernant le financement de la coopération, que dis-je, de l'aide économique et financière au développement, depuis près d'un demi- siècle. Peut-on en faire un bilan? Certes que oui, mais à mon sens, ce qui importe, ce n'est pas tant les chiffres de cette aide, mais sa philosophie, sa logique, sa méthode. C'est à ce niveau qu'il y a de vraies leçons à tirer pour camper les perspectives.

Notre propos ici est de montrer que l'aide ou la coopération économique et financière en matière de développement n'a été jusqu'à ce jour qu'un marché, ***le marché du développement***. Sur ce marché, il se vend des projets de développement dont le but premier est d'assurer le bien-être des producteurs-vendeurs desdits projets et non celui des consommateurs-acheteurs, les sous-développés, pompeusement et pudiquement appelés les populations cibles ou bénéficiaires.

Quelle est la structure de ce marché? Comment fonctionne-t-il et avec quelle stratégie marketing? Quel en est le résultat : le développement ou le non-développement que certains assimilent à un refus de développement? Que pense l'intellectuel ou le savant de ce commerce sur la misère des peuples dont il se dit être le protecteur? Ce sont là les interrogations dont les réponses constituent à notre sens le vrai bilan de la coopération économique et financière. Aussi, des réponses que nous leur donnons, en guise de perspective, nous pourrons alors proposer notre perception d'une mutation profonde que vit le monde aujourd'hui, et que l'analyse économique, notamment la nouvelle vision qui résulte du renouvellement du corpus théorique de la croissance et du développement économique a bien perçue.

Notre proposition partira d'un réexamen de la prétendue antinomie qui existerait entre efficacité économique et progrès social dans une économie de marché. Nous montrerons alors que cette proposition est fausse et que ce qui est en cause, ce n'est pas le marché mais l'individualisme méthodologique comme mode de penser la société. Ce mode de pensée est alors à changer car il nous oblige à admettre que l'efficacité économique ignore les souffrances, que le marché est une démocratie égalitaire alors que c'est une démocratie censitaire avec ses propres vertus qu'il faut lui reconnaître. En conséquence, l'ancien paradigme du développement doit être changé en connaissance de cause. Cela est en cours et le nouveau paradigme s'appelle le capital social. Il y a alors des motifs d'espoir et des perspectives prometteuses pour les pauvres, les sous-développés, pourvu que l'on rompe définitivement avec le candisme du commerce d'illusion de l'ancien paradigme.

I. Le marché du développement économique: un commerce d'illusions !

Le sous-développement naît de la comparaison d'agrégats macroéconomiques (PIB, IDH), et d'une demande conséquente d'aide[1]. Cette demande d'aide implique inévitablement une coordination du développement sous des formes marchandes ou contractuelles. Par exemple, des lieux externes servent à la passation de contrats entre demandeurs de développement et offreurs effectifs; ces lieux peuvent être les anciennes métropoles : Paris, Londres, le siège des institutions (FMI, BIRD, PNUD, OCDE) et des clubs associés.

La prestation apportée a pris pendant longtemps la forme d'un service public que l'on offrait sans réelle contrepartie (un développement subventionné ou gratuit) au nom de la responsabilité historique, de la charité internationale et des

[1] Ainsi le sous-développement se confond avec des rapports macro-géographiques: Nord/Sud, Tiers-Monde, Pays Moins Avancés, etc. Cette évaluation relative a peu de sens sur le plan microéconomique: comment savoir que vous êtes plus sous-développé que moi ?

luttes d'influence. Ce service public était donc décrété. Si une demande était formulée, sa nature, sa structure, les types de projets et les montants associés étaient établis par les experts. Ces derniers étaient les seuls à établir les fondements rationnels de l'aide par projet. La conception du projet était donc "demand driven", conçue par le professionnel du développement, le projet prenant la forme d'une "fonction d'utilité intertemporelle" ou d'une programmation optimale, bref d'un chemin idéal, compte tenu des contraintes sur le "développement".

Ce service public du développement "décrété" était complété par un lieu, ou marché interne, sur lequel les experts nationaux (ou expatriés) pouvaient développer leur savoir et leurs pouvoirs: planification nationale, marché politique, débat budgétaire, etc. Au peu de démocratie politique correspondait une très faible concertation économique. L'Etat était chargé du développement par l'intermédiaire de ses cadres; peu de citoyens dans un tel exercice de pouvoir osant le contester.

La rentabilité de ces projets décrétés est apparue très illusoire et depuis 1990, les institutions ont poussé à l'élaboration de programmes avec les demandeurs de développement. L'idée que le développement n'était plus un service public suprême, mais un bien public marchand a fait son chemin.

L'anthropologie, en étudiant l'homme, rétablit sa rationalité, c'est-à-dire la complexité de ses comportements face à ses contraintes, à Paris, Washington, Abidjan ou ailleurs... Une anthropologie du développement économique étudie le comportement humain face aux contraintes du sous-développement (pandémies, famines, absence de droits, termes de l'échange défavorables), en particulier les réactions des demandeurs de développement (les pauvres ou sous-développés) et des offreurs de développement (les développeurs: experts internationaux, cadres politico-administratifs locaux) sur leurs lieux de coordination et le cycle des produits caractéristiques (aide d'urgence, projets, programmes, etc.).

Cependant, la demande de développement par les plus sous-développés apparaîtra, du point de vue de l'anthropologie, étonnamment développée. Dès lors, il naît un conflit entre le savant et l'expert développeur dont les conséquences sur l'efficacité de l'aide au développement sont notables: le développeur se développe et le sous-développé se sous-développe. Quel bonheur pour l'offreur de développement ainsi assuré d'un marché captif perpétuel ! Ce marché est stratifié et segmenté: il y a d'abord le marché externe avec ses segments (politique, économique, social, culturel, industriel, commercial, etc.) et ensuite, le marché interne avec les siens.

1.1. Un marché externe gigantesque

Le marché externe du développement est un marché à 150 milliards de dollars (1994), il est un des rares marchés où l'offre crée sa propre demande (phénomène dit loi de Say). En effet, les misères créent des emplois. Sur ce marché se succèdent les "produits" antipauvreté ou de développement. Les produits les plus connus sont des variantes de la stabilisation monétaire (FMI) et de l'ajustement structurel (Banque Mondiale). Il a ainsi existé de l'ajustement économique, social, politique, culturel... Certains de ces produits ont eu un cycle de vie très court (par ex. la Dimension sociale de l'ajustement structurel de 1987 à 1992).

Le critère d'efficacité économique sur ce marché est paradoxalement la logique du dollar marginal d'aide. Ainsi un tel dollar n'aura que peu d'effet sur les plus pauvres des pauvres au contraire des plus riches des pauvres, ceux qui sont immédiatement en dessous de la ligne de pauvreté. Mais est-il possible de tracer une ligne claire et relativement stable quand on veut mettre en œuvre une politique antipauvreté? Ce serait oublier les réactions des agents économiques qui créent ainsi un ensemble flou de recomposition permanente des "plus riches des pauvres" et des plus "pauvres des riches". Ceci implique de considérer les stratégies des agents (dans toute leur complexité) et leur capacité rationnelle à révéler leur demande de développement.

Mais sur ce marché, ce ne sont pas les agents (les sous-développés eux-mêmes) qui s'expriment mais leurs représentants (les gouvernants à travers leurs cadres dits experts locaux). Ceux-là ne sont pas mieux considérés. Ainsi les produits du développement ont été longtemps archaïques (les modèles de référence datent le plus souvent des années 1950) au nom d'une prétendue inertie des gouvernements[2]. Mais c'était oublier leur capacité d'anticipation, d'adaptation au marché et donc leur propension à capter des rentes. Face à un expert dont le critère d'efficacité, au-delà du dollar marginal d'aide, consiste à épuiser ses crédits, les gouvernements sont quelquefois (d'autant plus qu'ils sont pauvres) en situation d'arbitrer entre les offreurs. La rente du gouvernement, demandeur unique (monopsone) est alors normale. Dès lors un projet de développement est un support de crédits, un moyen extrabudgétaire de faire fonctionner les services administratifs. Peu importe l'utilité du projet, il doit permettre le maintien de l'expert d'un côté, du service administratif et de ses rentiers de l'autre côté. De ce côté, sont alors nés des marchés internes évolutifs du développement.

1.2. Des marchés internes évolutifs

Face à leurs contraintes, les agents économiques dits "sous-développés" ne sont pas passifs. Leur situation les pousse à réagir à leurs contraintes; l'observation des populations les plus misérables souligne la "richesse" de leurs pratiques sociales de crise.

---

[2] On pense ici aux modèles bien connus de P. Baran (1957), H. B. Chenery et A. S. Strout (1966), A. O. Hirschman (1958), R. Nurkse (1961), J. J. Polak (1957), Rosenstein-Rodan (1943), pour ne citer que ceux-là.

Il en est ainsi des contraintes de revenu. Celles-ci peuvent être aménagées au niveau de la communauté par une redistribution ciblée sinon, compte tenu des choix délicats (qui refuser?) très risquée (et donc rationnelle). La redistribution est un phénomène universel qui souligne à quel point tout individu est socialisé. Mais, dans une société complexe, la redistribution des biens peut obéir à des schémas ethnologiquement complexes. Une des stratégies de revenu les plus passionnantes est celle qui consiste, pour un groupe donné, à surmonter ses contraintes de revenu au moyen d'un marché interne dit "informel" où tous les producteurs sont consommateurs.

Ces marchés sont créés et gérés par les agents économiques eux- mêmes en dehors du contrôle de l'Etat. Leurs mécanismes sont complexes et passionnent les économistes: prix d'affection (trombinoscopiques), crédit personnalisé, processus immensément longs de transaction (le marchandage). Par rapport aux normes conventionnelles, ces marchés se rapprochent du schéma idéal de la concurrence pure et parfaite. N'est-ce pas pour cela que les négociations avec les bailleurs de fonds (FMI, Banque Mondiale, BAD, U.E, etc.) sont si longues!

Les stratégies de redistribution ciblée ou de transactions informelles sont des procédés de révélation des préférences mais il en existe d'autres. Si la démocratie est établie, le vote aussi imparfait soit-il (le vote selon des théorèmes économiques célèbres est soit irrationnel soit immoral), peut être un moyen de sanctionner le mauvais fonctionnement du marché intérieur. La migration (le vote par les pieds) est un bon test des préférences. L'exode rural révèle ainsi un mauvais fonctionnement du marché interne du développement. Mais les pratiques les plus traditionnelles : autoassurances (par des consultations ou/et sacrifices par exemple), la sorcellerie sont aussi de bons révélateurs des préférences. Le statut social, sans cesse redemandé, peut être remis en cause aux premières manifestations sociales (funérailles, mariages, cercles de buveurs).

La manifestation la plus intéressante (car source majeure d'inspiration actuellement pour les développeurs) a trait aux mutuelles et associations que recèlent les pays sous-développés. Quoi de plus naturel que de faire adhérer à un projet, un "club"; ce dernier finance, à son usage et en dehors de toute intervention extérieure, ses propres projets (au bénéfice exclusif de ses membres)? Ces clubs sont particulièrement visibles dans les mutuelles ou associations de ressortissants d'un village, renforcés par les cadres urbains qui, en Afrique de l'Ouest, gèrent les projets socioculturels. Non seulement le Club de développement est la solution moyenne entre le tout Etat (service public comme tribut obligatoire sur tous les contribuables) et la privatisation forcenée (bien public = bien financé privativement par les seuls utilisateurs) mais il favorise les petites réalisations: *Small is beautiful.*

On comprend alors la précipitation des offreurs de développement vers ce produit récurrent. L'Etat "sous-développé" ayant dévoilé sa rationalité dans sa recherche de rente, les clubs permettent de contourner le budget et plus généralement l'autorité publique. Ainsi est née la dimension culturelle de l'ajustement, le soutien à des associations d'intérêt général du Sud. Mais un club n'est pas forcément bienveillant, il peut être protecteur et invalidant... sinon totalitaire. Son inefficacité peut être redoublée par les types de projet qu'il met en œuvre. Les petits projets socioculturels contiennent de lourdes charges récurrentes et sont voués dans la plupart des cas à l'abandon. Enfin, l'ingérence de la Banque Mondiale, l'U.E., le PNUD, l'UNICEF, etc. dans des Fonds sociaux d'intervention (exemple le financement des ONG) au-dessus des souverainetés nationales pose un problème de droit. Jusqu'où le droit sur le développement est-il contradictoire au droit au développement? Un problème plus général se pose alors dans l'équilibre entre l'ingérence et la capacité à révéler les préférences.

1.3. Ingérence et révélation des préférences

La référence ultime de l'économiste est l'optimum, cette situation d'équilibre que les agents préfèrent à un moment donné à toutes les autres. S'ils la déclarent préférable à toutes les autres, cette situation n'est pas pour autant une "bonne" situation du point de vue des critères relatifs ou normatifs du développement.

Ainsi des agents économiques préfèrent rester dans une situation extrêmement pauvre plutôt que de migrer vers des zones plus prometteuses, en particulier vers les villes. Ils peuvent encore accepter des redistributions communautaires à leurs dépens, contrairement à tout égoïsme élémentaire. Ces situations d'optimum, quelquefois d'extrême pauvreté, posent les problèmes de droit sur le développement. Ainsi l'histoire du développement fourmille d'ingérences basées sur des clichés. Combien de propos sur la "paresse», les "mœurs faciles" etc., ont servi de justificatifs aux programmes "à haute intensité en travail" ou encore à la priorité absolue de l'échangeable, ciblant l'ajustement sur les catégories de la population les plus en difficulté...

Récemment encore des programmes de ce type ont été mis en œuvre dans des pays où prévalaient des équilibres de ce type. Ces atteintes à l'optimum ont déstabilisé durablement les équilibres sociopolitiques. Combien de stabilisations monétaires ou d'ajustements économiques ont en fait déstabilisé les pays cibles? La dimension politique de l'ajustement a rarement pris la forme d'une autocritique de la part des institutions de Bretton Woods mais a plutôt favorisé le droit sur le développement, imposant une conditionnalité politique aux faveurs financières.

Le droit au développement, pour l'économiste, s'exprime en première instance par le respect des préférences révélées au nom de l'universalité des agents économiques. Mais la préférence s'exprime sur des alternatives qui impliquent de l'information et du savoir. Or le sous-développement contient par définition des asymétries; demander du développement mais pour quel type de bien-être? L'amélioration du standard de vie mais standard de quoi se demande

Amartya Sen (1991), l'un des principaux économistes du développement[3]. Ce problème de l'asymétrie d'information se pose aisément dans les domaines prioritaires du développement, la santé par exemple ou l'éducation. Comment éviter la connaissance supérieure du médecin ou de l'enseignant? Peut-on s'imaginer que le patient ou l'élève puissent révéler leurs préférences par rapport à des domaines qu'ils ne connaissent pas?

L'expert en développement n'est pas pour autant un médecin ou un enseignant. Il a pour mission d'améliorer le bien-être. Admettons que le bien-être ait trait à la vie de tous les jours, au mode de relation sociale, ou au maximum de plaisir? Est-ce un problème si technique qu'il nécessite que l'expert décrète le cheminement intertemporel qui mène à l'optimum? Le rôle de cet offreur de développement sur l'un des deux marchés (interne ou externe) est donc crucial. Il peut accentuer la différence afin de mieux imposer, la conditionnalité aidant, son cheminement intertemporel. Il peut révéler (cf. actuellement l'approche nationale des programmes de type DSRP) les préférences en dévoilant l'éventail des possibilités du développement. Cette dernière attitude favorise les effets de transfert (comme en psychanalyse) d'autant plus qu'il détient l'incitation, à savoir les crédits conditionnels.

1.4. Incitation et développement

Pour les économistes, le développement traduit une situation classique d'asymétrie. Fort de son modèle de société et du cheminement intertemporel qui y mène, l'expert est en situation asymétrique face à ses partenaires. Il est payé parce qu'il détient les clés du développement face à des sous-développés qui ne les connaissent pas. Mieux, face aux "intérêts locaux", il est un gage d'objectivité: d'où la pratique encore courante du dualisme administratif, associant les experts et les "homologues".

Mais, il est rare qu'il connaisse la société qui est en face de lui. Trop d'impératifs de rentabilité le font séjourner brièvement dans un quartier "réservé" et accélèrent sa rotation entre pays demandeurs. Dès lors, l'expert sur le marché externe est un agent à problèmes face à son principal interlocuteur, la "partie nationale". Il n'est pas forcément apte à résoudre le problème car il n'en maîtrise pas tous les paramètres... par exemple il ne connaît pas la langue du pays et les erreurs anthropologiques de ses arguments statistiques. Il existe donc un risque pour la partie nationale de méconnaissance des capacités effectives de l'expert, risque renforcé s'il n'est pas apte à révéler quoi que ce soit sinon l'attrait d'une rente monétaire.

Mais, l'agent de l'institution internationale peut se tromper non seulement sur lui-même mais sur "l'assurance" de développement qu'il incarne, sur la prestation elle-même. Cette situation de hasard moral est courante dans les

---

[3] Qui a été président de l'American Economic Association et Prix Nobel d'Economie en 1998.

projets de développement[4]. C'est ainsi que, trop souvent la technologie du développement est conçue comme la possibilité de redonner une vie à des produits en fin de cycle dans des économies développées. Les vieux habits des développés pourraient encore aller aux "sous-développés", selon le vieil adage qu'il ne faut jamais jeter les vieilles techniques qui ont fait leur preuve; d'autant plus que l'expert n'a pas le temps de suivre les progrès technologiques. *Technologie adaptée, technologie sous-développée !*

La plupart des grands programmes et des techniques correspondantes connaissent ce problème d'obsolescence. Les modèles économiques inhérents à l'ajustement et à la stabilisation monétaire sont vieux, les technologies anciennes. Les anticipations des responsables des Etats pauvres n'en seront que plus rapides; anticipations adaptatives sur l'inefficacité des projets de développement, anticipations rationnelles sur les crédits et le besoin de survivre de l'expert. *Obsolescence des modèles mais turnover de plus en plus rapide des formes de développement: économiques, financières, sociales, culturelles, etc., sans que l'efficacité soit améliorée.*

L'incitation au développement reste alors un problème entier: l'expert reste pris dans ses impératifs: consommer tous ses crédits et faire en sorte que son dollar marginal d'aide soit efficace. Comment l'inciter à être efficace? L'expert doit être sûr que son partenaire sera incité à le suivre dans ses motivations. D'où le recours à un relais local, l'intellectuel, le savant, non pas pour proposer une alternative (TINA[5]), mais pour adapter le produit au goût et aux couleurs locales pour en assurer sa crédibilité (ce n'est que du marketing!). C'est ainsi qu'est né un gigantesque marché de la consultance. Les termes de référence imposent à l'expert les résultats qu'il doit obtenir, à partir des hypothèses à tester. Sont alors apparus des experts en tout genre, de conception/adaptation, de suivi-évaluation de projets, etc. Ces nouveaux marchés occupent les intellectuels des pays sous-développés à tel point qu'ils ne sont plus la conscience de leur peuple.

1.5. Le savant face au développement

L'intellectuel ne peut qu'aider à comprendre. Pour cela, il dispose de son esprit critique. Il est détenteur des grands principes. Il rappelle l'universalité de la condition humaine, l'aptitude de chaque homme à adhérer à une morale universelle, mais il est conscient de l'extraordinaire capacité humaine à altérer, internaliser et adapter.

---

[4] Les situations de hasard moral ou aléa moral ont été beaucoup analysées dans le cadre de l'économie financière notamment le marché du crédit. Ainsi, Stiglitz et Weiss (1981), Stiglitz (1989, 1991) montrent comment, en présence de ce phénomène, le financier d'un crédit finit-il par choisir les mauvais projets au détriment des bons (les projets rentables), phénomène dit de la "sélection adverse".

[5] There Is No Alternative (TINA), réplique bien connue des experts développeurs de tous pays aujourd'hui.

L'expert ne comprend pas, il explique car il doit préalablement justifier son statut. L'universalité ne l'intéresse pas car il est d'une nature supérieure; l'altérité non plus car elle lui ferait perdre en efficacité tant il faudrait relativiser ses modèles. Par nature, il décrète des projets, en se situant au-dessus de la condition des sous-développés; sa pensée est symétrique à celle du savant; il constate l'altérité des populations sous-développées et pense que ce sous-développement est universel. Le savant part de l'universalité humaine et comprend l'altérité de leurs pratiques face aux contraintes du sous-développement.

On devine que l'intellectuel qui s'implique dans la politique du développement perd ses principes; il renforce la supériorité de l'expertise par sa présence, il cherche non plus des impératifs universels mais des critères d'efficacité. Son ingérence sera facilitée par ses titres scientifiques dans des pays à forte demande de savoir. Il provoquera une frustration supplémentaire en transformant sa compréhension en explication, en osant proposer au-delà de son doute, des solutions. En définitive, l'expert gère ses droits sur le développement, le savant s'intéresse au droit au développement: l'un parle quantité, l'autre qualité.

Qu'est ce qu'un sous-développé? Comment considérer le sous-développement? La question revient à se poser "qu'est-ce qu'un homme sous-développé". Elle naît soit d'un constat macro-économique (est sous-développé le ressortissant d'une unité nationale sous-développée) soit d'un ciblage microéconomique (le pauvre). Un sous-développé est-il un homme relativisé? Est-il encore un homme doué de rationalité, au sens où il faut prêter attention à ses préférences? L'asymétrie d'information qui le caractérise est-elle si forte qu'il faille s'ingérer et décréter ce qui est bon pour lui? A quoi tient cette asymétrie d'information? Le sous-développement est-il une maladie qui autoriserait le pouvoir d'un "médecin"? Ou encore est-il tellement ignare qu'il autoriserait le pouvoir du technicien de son propre bonheur ou d'un "instituteur" lui inculquant les bienfaits de la civilisation?

S'il n'est ni malade, ni totalement ignare par rapport à lui-même, par rapport à son bonheur, sa façon de le réaliser, en quoi un "père des peuples (une ancienne métropole, une assemblée de technocrates, une avant-garde intellectuelle) sera autorisé à le faire changer d'avis? Pourquoi une telle déchéance de ses droits civiques?

L'exclusion du développement est à ce prix: considérer que le sous-développé, parce qu'il appartient à un ensemble macro-économique sous-développé ne fait pas partie d'un monde universel et, en conséquence, ne pas lui accorder le droit à la rationalité. Le sous-développement n'implique-t-il pas, sur le plan professionnel, un déni de parité? Autant de préalables qui permettent de passer de l'implication à l'ingérence. Je m'implique dans leurs droits à disposer du développement, mais qu'ils ne s'impliquent pas dans les nôtres!

II. Vers un nouveau paradigme du développement

N'est-il pas scandaleux que les misères du monde soient créatrices de marché? D'où l'intérêt de le constater positivement. Cette approche théorique ne signifie pas qu'il faille instaurer le marché sur les misères du monde; la démarche compréhensive consiste à tirer toutes les implications théoriques de l'existence de marchés du développement.

La mondialisation de l'économie, entraînée par le libéralisme, produit à la fois une croissance des richesses et un écart grandissant entre les pays riches et les pays pauvres, en même temps qu'une inégalité à l'intérieur de tous les pays et l'exclusion d'une fraction des populations. Si ces symptômes incontestables expliquent, comme l'a exprimé le sommet de Copenhague, la nécessité de réorienter les politiques nationale et internationale vers des objectifs de lutte contre la pauvreté et l'exclusion, il reste à en définir les normes et les moyens. A cet effet, certains affirment que l'économie de marché, le libéralisme voire le capitalisme, sont définitivement incompatibles avec les tentatives d'améliorer la condition des pauvres et de vraiment favoriser, pour tous un développement humain. Cette assertion n'est pas fondée.

Nos échecs et notre apparente impuissance à éradiquer la pauvreté proviennent de nos façons de penser, de nos mentalités, façonnées par plus de deux siècles ''d'individualisme méthodologique''. Cette doctrine, à l'origine libératrice, née avec la révolution industrielle et le salariat a créé le paradigme dominant, à partir duquel, nous nous représentons l'homme et la société (Dumont L., 1977). Ses succès sont incontestables. En sont issus, la démocratie politique, les Droits de l'Homme et du citoyen, le marché concurrentiel libre et triomphant, à qui nous devons la prodigieuse croissance économique des pays développés. Au point qu'aujourd'hui l'Humanité a vaincu la rareté matérielle. Elle est capable de produire de tout en trop et la famine ou le dénuement qui, il y a moins de cinquante ans étaient encore, souvent, considérés par les hommes comme une fatalité, ne sont plus acceptables et sont même de moins en moins tolérés. Les pauvres des pays sous-développés le savent aussi. Collectivement notre planète pourrait ne pas manquer du nécessaire.

Si l'extrême pauvreté perdure, c'est que la distribution des ressources est défectueuse et que nous sommes tous responsables de ces tares. Elle continuera à perdurer si nous ne changeons pas de mentalités, si nous ne modifions pas le paradigme fondé sur l'individualisme méthodologique. En effet, la machine, le capital matériel et le travail primaire associé, celui de l'ouvrier, facteurs de production principaux de l'économie industrielle s'effacent devant le nouveau facteur prioritaire de production qu'on appelle le « capital humain ». Le capital humain c'est l'ensemble des compétences humaines, le savoir, la créativité, l'inventivité, l'intelligence qui assurent le développement d'une économie informationnelle, immatérielle, relationnelle. La source de l'enrichissement c'est l'homme lui même et le « développement humain » devient une priorité pour tous, le gage de l'efficacité économique. Il est au cœur du processus de croissance. Cela suffit et justifie la nécessité d'une nouvelle représentation de la société et de l'économie.

2.1. L'individualisme méthodologique: un paradigme à changer

Dans la représentation traditionnelle et dominante que l'on se fait de la société et de l'économie, on considère qu'elle est la juxtaposition d'individus autonomes et séparés, chacun d'eux connaissant ses préférences personnelles, indépendamment de celles des autres et cherchant à maximiser ses propres satisfactions en tenant compte de ses contraintes, particulièrement celles déterminées par ses revenus monétaires (Dumont L., 1983). La réunion en société s'obtient uniquement à travers les échanges de biens et services, médiatisés par la monnaie et rendus possibles par le marché libre et concurrentiel. C'est cette expérience de pensée, que l'on appelle « l'individualisme méthodologique », et qui a permis de théoriser le fonctionnement de l'économie.

Elle suffit, en se déroulant dans un marché libre, à garantir l'équilibre général des offres et des demandes, conformément au maximum de satisfaction de chacun des individus, grâce à la détermination, pour chaque bien et service, d'un prix unique mesurant la valeur d'échange des biens. Les prix du marché informent exactement des préférences individuelles dans leur nature et leur intensité, puisque si tel objet me passionne, je serai prêt à payer cher pour l'obtenir. L'état de la société résultant du libre marché est donc satisfaisant, il est efficace: il est en équilibre, toutes les offres et toutes les demandes sont également comblées et chaque participant a obtenu le maximum de satisfaction que lui autorise sa contrainte de revenu.

Cependant, le système de prix, traduisant les préférences, varie selon la distribution des revenus des individus, c'est-à-dire selon l'inégale répartition des contraintes qui limitent la manifestation de leurs préférences. A chaque distribution des dotations originelles en monnaie, correspond un « état efficace », mais parmi tous les états possibles, rien dans l'expérience de pensée ne nous permet de dire qu'elle est, pour la société, donc pour la réunion de tous les individus, le meilleur état. On peut suspecter que, partant d'un état, puis en corrigeant l'inégalité, en transférant de l'argent du riche vers le pauvre, on améliore la situation. Ce n'est pas assuré.

Imaginons qu'avec plus de revenus, les pauvres puissent exprimer sur le marché une plus grande demande d'un bien qu'ils ne demandaient pas auparavant, il se pourrait, si l'offre est rare, que le prix de ce bien augmente tellement, que le supplément de revenus des pauvres, non seulement ne leur permette pas de l'obtenir autant qu'ils le voudraient, mais que d'autres ne puissent aussi plus l'acheter. Rien ne garantit que cette redistribution des revenus accroisse la satisfaction de tous et particulièrement des plus pauvres. Ainsi l'efficacité économique ne signifie pas nécessairement meilleur bien-être en tant que réduction des souffrances. Au contraire, l'efficacité économique les ignore.

2.2. L'efficacité économique ignore les souffrances

La question qui importe à présent est la suivante : *quelle est la meilleure répartition originelle des revenus, qui conduit le marché à l'état le plus efficace pour la communauté, celui qui correspondrait à un maximum de satisfaction collectif?*

Partir d'individus autonomes et séparés, pour ensuite chercher à les agréger dans une société ne permet pas de résoudre ce problème du meilleur état collectif. Kenneth Arrow (1977) et son célèbre théorème de l'impossibilité a démontré que l'on n'y parviendra jamais, parce que les satisfactions individuelles d'individus autonomes séparés, parfaitement informés, supposent que chacun fixe ses choix de façon indépendante et que la résolution interdit d'introduire l'interdépendance des préférences. Or, établir une fonction de préférence collective impose, même a minima, un lien d'interdépendance des préférences : il faut en un mot pouvoir se comparer entre les membres du groupe pour parvenir à fixer le meilleur choix pour tout le groupe.

L'optimum absolu étant indéfinissable, les économistes se sont donné le critère de Pareto. C'est l'application de ce critère, « l'optimum de Pareto » qui, en toute circonstance théorique, nous permet de préférer collectivement une situation à une autre. Rappelons qu'il s'énonce ainsi : l*'optimum est atteint si l'on ne peut plus augmenter la satisfaction d'un individu, sans diminuer simultanément celle d'un autre. L'optimum est en quelque sorte atteint, lorsqu'on vient buter sur une frontière des satisfactions.* Un état A, sur cette frontière, sera évidemment préférable à un état B qui n'y est pas. Mais on ne saurait dire s'il est préférable à un autre état C, lui aussi placé, à un autre endroit, sur la frontière.

L'optimum de Pareto, complète l'individualisme méthodologique, pour aborder les problèmes du tout social. Il produit des conséquences décisives. En effet, les états optimums, placés sur la frontière, diffèrent parce qu'ils correspondent à des distributions de revenus différentes, donc à des répartitions des richesses plus ou moins inégales. A chaque distribution des revenus, le marché conduit naturellement à un optimum de Pareto. Il est efficace, mais ignore les souffrances éventuelles des pauvres et des exclus.

On sent bien que le critère de Pareto est insuffisant, qu'il faudrait lui ajouter des critères de justice, pour éventuellement réconcilier équité et efficacité. Mais, jusqu'alors le poids de la pensée individualiste conduit à rejeter ce problème, hors du champ de l'économie et à ne travailler à la recherche des optimums sociaux que « pour un état donné de répartition des revenus ». Dés lors la frontière du maximum de satisfactions possibles, apparaît comme infranchissable. Elle délimite une sorte de contrainte collective qui s'appliquerait à la société, comme chaque individu est soumis à sa contrainte de revenus monétaires.

D'autre part, le marché établit un équilibre, au demeurant satisfaisant, qu'il serait malvenu de détruire. Ainsi, insensiblement mais inévitablement, l'individualisme méthodologique, incapable d'appréhender la société directement comme une unité, mais seulement à travers l'addition de comportements individuels, veut chercher à préserver l'équilibre économique et social, dans un cadre de contraintes admises insurmontables. Seule la croissance économique peut distendre les contraintes. Mais cette croissance doit elle-même être soumise à l'exigence de l'équilibre, les mesures comptables des grandeurs macroéconomiques servant de repères. D'où la fameuse expression du « respect des grands équilibres ».

Comment alors, reconnaître et exprimer, les meilleurs choix collectifs, en l'absence d'une fonction de préférence sociale qui ne peut être établie, à l'instar de celle d'un individu autonome, supposé parfaitement informé de ses désirs personnels confrontés à ses contraintes de revenus monétaires? C'est là que se situent tout le drame et toute l'impuissance des offreurs de développement, experts nationaux et internationaux. Et, pour sortir de cette impasse, ils considèrent que la moins mauvaise des procédures est la démocratie où le vote des citoyens indique la préférence collective. Mais, ayant marchandisé le développement, ils oublient que la démocratie du marché est une démocratie censitaire qui n'est pas automatiquement compatible avec la démocratie politique.

2.3. Le marché : une démocratie censitaire

On démontre aisément, que le vote démocratique, un homme, une voix, ne conduit pas nécessairement à l'optimum de Pareto. Imaginons le cas le plus simple d'un référendum à deux options, oui et non, et seulement trois votants. A et B préfèrent et votent oui, mais sans enthousiasme, car le sujet les intéresse peu, et ils sont passablement indifférents au choix final. C est au contraire très impliqué par la décision et vote non. Le résultat démocratique est oui, au grand dam de C. C, anticipant ce résultat essaye de convaincre A et B de changer d'option, quitte à leur donner une compensation, par exemple 10 francs. Si A et B obtempèrent, c'est que la nouvelle configuration accroît leurs satisfactions. Ils votent non. Cette décision augmente la satisfaction de tous. Elle est meilleure au sens de Pareto. Pourquoi cette lacune? Parce que le vote égal, un homme, une voix ne tient pas compte de l'intensité des préférences !

Certes, un vrai référendum national, rend cette éventualité moins probable, à cause de la loi des grands nombres. Mais, nos démocraties sont davantage représentatives. On élit des députés, d'où sont issus les gouvernements et aux niveaux inférieurs des représentants communaux ou régionaux qui décident des choix collectifs. Or, les votes concernant moins de participants, deviennent alors sensibles à de telles interventions. Voilà pourquoi, dans nos sociétés dites démocratiques, les lobbies prolifèrent et ceci d'autant plus que les sociétés deviennent plus complexes, qu'elles doivent opérer de nombreux choix, sur des sujets qui laissent indifférents ou ignorants des majorités silencieuses, mais qui affectent considérablement les intérêts de groupes restreints, qui par tous les moyens tentent d'infléchir les choix collectifs dans le sens qui leur convient et qui maximisent leurs intenses préférences. C'est ainsi qu'il faut interpréter la floraison des ONG et autres associations de développement dans nos pays.

Le marché, du point de vue de l'analyse économique, apparaît ainsi comme une forme élaborée de « démocratie » bien plus efficace que le recours au vote. Il révèle mieux que tout autre procédé les préférences individuelles et collectives des individus. Il prend en compte, en effet, non seulement les préférences selon leur nature, mais aussi selon leur intensité. Si je désire intensément une chose, je suis prêt à la payer cher. Les prix et les quantités échangées nous informent ainsi des préférences collectives réelles.

Comment saurions-nous autrement si une société préfère l'opéra au football? Observons le résultat du marché et la réponse est incontestable. L'élite cultivée peut dire qu'il s'agit d'un choix vulgaire, elle pourrait même dans une dictature imposer au peuple d'aller à l'opéra, en interdisant le football, mais libérez les choix par le marché et la violence du diktat apparaîtra, répond Bresson Y. (2000a). Voilà pourquoi, partout le marché se développe et continuera à se développer, dès que l'organisation politique le lui permettra.

Mais, le marché n'est pas une démocratie égalitaire, c'est une « démocratie censitaire ». Ne peuvent exprimer leurs « votes », leurs choix et leurs préférences, que ceux qui en ont les moyens monétaires. En conséquence, si le marché libre est indispensable et doit justement être régulé pour garantir concurrence et libre accès, il ne peut être équitable, que si chacun dispose d'un minimum de revenus en monnaie, pour exprimer ses besoins et participer aux échanges (Fitzpatrick T., 1999, Van Parijs, 1991).

La démocratie politique et la démocratie économique traduite par le marché, ne vont de pair, que si, d'une façon ou d'une autre, les inégalités excessives sont corrigées et qu'une distribution équitable des ressources et dotations monétaires est assurée (Dupuy J. P., 1992; Rawl J., 1991). Voilà pourquoi au niveau international, comme dans la plupart des pays, des politiques correctrices de redistribution des revenus ont progressivement été instaurées. Mais conçues sous l'influence de l'individualisme méthodologique, elles manquent souvent leurs cibles et se révèlent peu efficaces. Ceci, partout, dans les pays riches où persistent, malgré leurs énormes richesses, pauvres et exclus, ainsi que dans les pays pauvres nonobstant l'aide internationale. L'individualisme fait prévaloir l'équilibre et la contrainte. Tous les systèmes de redistribution sont tributaires de cette logique doctrinale.

Ainsi, les organismes internationaux fixent un budget, image de la contrainte de revenus, et demandent que les États bénéficiaires respectent les équilibres, ce qui se traduit par les « ajustements structurels », garants théoriques d'une bonne gestion. La masse est répartie en programmes. Chacun d'eux est borné par un budget. A chaque niveau hiérarchique le même processus intervient. Il faut respecter les contraintes et préserver des équilibres comptables. De telle sorte qu'au bout du chemin, les individus que l'on désirait aider, à qui l'on voulait redonner une autonomie et une capacité à exprimer leurs choix personnels, n'ont plus, lorsque la dotation leur parvient effectivement, ce qui n'est pas toujours le cas, aucune possibilité d'initiative. A leur niveau, la cascade des contraintes s'est tellement resserrée qu'ils sont enfermés dans la dépendance et dans la soumission à des choix faits par d'autres à leur place.

De façon paradoxale, l'individualisme méthodologique finit par tuer l'autonomie des moins chanceux et moins pourvus, alors qu'il s'est constitué dans le but de libérer les personnes de la sujétion aux églises et aux rois. Encore, n'insistons pas trop sur le fait que chaque niveau hiérarchique de fixation budgétaire est un écran ou un filtre de répartition qui permet à celui qui est bien placé ou qui sait bien naviguer dans la complexité bureaucratique de réserver une part des dotations à un usage dont il est maître, même si ce n'est pas à son profit personnel (Bresson, 2000b; Mahieu, 1990). Au total, l'offre de développement n'est plus qu'un commerce d'illusions de bonheur et ses produits des chimères. Les multinationales productrices de ces illusions (FMI, Banque Mondiale, PNUD, ONUDI, UE, etc.) le savent tout comme les sous-développés (Etats pauvres et populations pauvres ou vulnérables, etc.). C'est pourquoi il est temps de sortir de l'hypocrisie et de jouer franc en remettant en cause le paradigme du développement devenu ancien et obsolescent.

Toutefois, contrairement à ce que beaucoup croient, ce n'est pas le marché et son fonctionnement concurrentiel qui est en cause, c'est l'usage qu'on en fait et le mode de pensée et d'organisation qui condamne nos tentatives de corriger ses défauts.

2.4. La remise en cause de l'ancien paradigme du développement économique

La conception actuelle dominante de nos systèmes est la contrepartie des formes d'organisation (Schumpeter A. J., 1935) nées avec le salariat industriel. On reconnaît dans la cascade de contraintes hiérarchisées, l'organisation pyramidale des entreprises industrielles, sur lesquelles se sont calquées les organisations étatiques.

Comme l'ouvrier sur la chaîne au bout de l'échelle, n'a plus aucune initiative, qu'il doit au contraire reproduire exactement les gestes que l'efficacité déterminée par ses supérieurs lui imposent, le pauvre à l'étage inférieur de la société doit, pour bénéficier de subsides, calquer son comportement et ses actes sur le modèle imposé par les dispensateurs de crédit, qui savent ce qui est bon pour lui et pour le développement. Ils le traitent, non en homme, mais en sujet dépendant et souvent lui ajoutent même la critique de cette dépendance dans laquelle ils l'ont enfermé.

Voilà, cependant, enfin, que la nouvelle économie et une autre modélisation de la croissance, vont nous obliger à changer de représentation, à réinsérer l'économique dans le social, et à faire du développement humain le facteur prioritaire.

Avec une humanité luttant sans cesse contre la rareté matérielle, toute la mesure de ses succès était fondée sur la « quantité ». Quantité de ressources alimentaires, quantité de biens, quantité de richesses monétaires. Les économistes ont traduit les moyens mis en œuvre, par une fonction de production, liant le travail et le capital matériel, au centre de modèles de croissance, eux-mêmes censés représenter les faits observés de la croissance économique. Ces modèles Harrod (1948), Domar (1947), Solow (1956), notamment, ont servi d'outils pour élaborer les politiques de développement. Ils étaient adaptés à une époque où il fallait produire en masse, en associant travail primaire et machines, selon un mode de production fordiste, à la chaîne. Mais que l'on produise ainsi, avec la même fonction de production, des jeans aux Etats-Unis ou en Thaïlande, on devait obtenir les mêmes résultats. Ces modèles ont donc prévu la « convergence des économies ». Avec des salaires plus bas et des techniques importées, les pays pauvres devaient croître plus vite que les pays riches et progressivement les rattraper.

Si on a cru un moment que quelques pays, particulièrement du sud-est Asiatique, s'étaient effectivement engagés dans cette voie, les faits aujourd'hui, non seulement contredisent cette prévision, mais encore font craindre que le fossé ne se creuse plus largement. Pourquoi cette erreur? Denison (1967) a d'abord montré que dans les pays développés, plus de la moitié de la croissance observée ne s'expliquait pas par la combinaison du capital matériel et du travail, et ceci même lorsqu'on y intégrait le progrès technique. Ne sachant trop d'où provenait ce facteur caché de la croissance, il l'appela le « progrès général des connaissances ».

Les nouveaux modèles de croissance (Barro, 1989; Romer, 1989; etc.) ont apporté plus de précision. Ce progrès général des connaissances est un bien collectif gratuit, les économistes disent une externalité positive, provenant de l'activité individuelle que chacun apporte à la communauté, sans s'en apercevoir. Lucas (1988) appelle cela un "capital matériel et humain social". Toutes les infrastructures, les connaissances, les techniques, les réseaux d'échanges et de communication, les habitudes de distribution, etc. tout ce que nos ancêtres et parents ont lentement accumulé, forme ce capital humain social.

Chacun selon ses dispositions, ses motivations, son efficacité, exploite ce fonds commun. Chacun, selon son propre capital humain et sa capacité à le faire fructifier, participe aux échanges et à la croissance économique. Ainsi, et simultanément, chacun sans le savoir, contribue à accroître encore le capital humain social. Ce facteur de production devient lui-même d'autant plus déterminant que la nouvelle économie est informationnelle et immatérielle, que ce n'est plus ni la terre et les ressources naturelles, ni la reproduction en quantités uniformes associant travail élémentaire et machines qui font la valeur d'échange. C'est tout ce que l'on ajoute d'esprit à la matière, la recherche, la créativité, le design, le marketing, la publicité, etc., le capital humain. Il existait déjà dans le savoir-faire de l'artisan mais il était caché dans l'objet. C'était, avec la rareté, la matérialité qui prévalait.

Le renversement d'aujourd'hui, la révolution au sens propre, c'est que l'objet n'est plus que le support de l'information ou du signe échangé, la valeur est dans le temps de l'homme et de son capital humain et non plus dans la matière. Voilà pourquoi on propose de donner gratuitement l'ordinateur, car tout le flux de richesses qu'il va engendrer réside dans son utilisation et non dans sa réalité matérielle. *Dés lors il ne faut plus considérer la société comme la juxtaposition d'individus séparés, mais comme une unité vivante et se représenter l'économie comme un « champ ». Comme il existe un « champ magnétique », il existe un champ économique.* Il en résulte aussi un nouveau paradigme du développement à découvrir pour bien l'exploiter et ne pas rater ce nouveau train du développement.

2.5. Le capital social : nouveau paradigme du développement économique

Chacun naît dans une société déjà faite, dans un champ économique propre, qui possède son capital humain social, qui donne également à chacun le même potentiel originel de participer aux échanges économiques. L'organisation économique et sociale permet, plus ou moins efficacement, à chacun d'exploiter ce potentiel, en élevant son capital humain personnel, et au marché de libérer les possibilités d'échanges. Il s'ensuit que le capital humain social s'accroît encore et donc avec lui, le potentiel futur, dans une sorte d'emballement circulaire. On comprend pourquoi la convergence des économies n'est pas assurée, au contraire.

Dans la phase de mutation que nous traversons, les pays riches qui ont un capital humain social relativement élevé, ont une croissance plus soutenue et augmentent encore leur capital humain social, tandis que les pays pauvres qui s'acharnent à combler des besoins matériels, délaissent le développement de leur capital humain. Heureusement que l'externalité positive qui joue dans un pays, joue aussi à l'échelle de l'humanité grâce à la mondialisation et au marché. C'est pourquoi il est permis d'envisager de compenser ces lacunes et promouvoir un développement humain accéléré pour les pays pauvres. C'est une nécessité et le plus grand défi pour l'humanité aujourd'hui.

Dans le paradigme de l'individualisme méthodologique, rien dans l'état efficace du marché, apportant un équilibre satisfaisant au maximum tous les participants, n'était susceptible de le modifier. Il n'y avait pas de moteur interne au changement. La croissance résultait d'un enchaînement stock/flux.

Si vous mangez beaucoup et stockez plus de calories que vous n'en dépensez dans la journée, vous grossissez. Il en était de même en économie. Vous disposez d'un stock de capital et d'un stock de travailleurs à la disposition des machines. Vous les associez dans une fonction de production. Elle vous apporte un stock de ressources que vous consommez ou conservez, c'est l'investissement, comme un flux, dans la période. L'équilibre satisfaisant que vous avez atteint vous poussait à ne rien modifier et à n'investir que pour maintenir le niveau de capital qui s'épuise dans le processus productif. Quelque chose clochait dans cette représentation.

Les économistes ont dû chercher ailleurs, la source d'une croissance que les faits interdisaient d'ignorer. Ils ont considéré que c'est l'accroissement naturel de la population qui, augmentant le stock de travail, devait obliger à accroître d'autant le stock de capital, en respectant les proportions constantes de la fonction de production. Voilà pourquoi, ces modèles de croissance sont qualifiés d'exogènes. Ils tirent leur impulsion d'un facteur extérieur à l'économie, à savoir la croissance de la population. Mais cette croissance équilibrée, devant ajuster l'augmentation des ressources à celle de la population correspondait à une croissance stationnaire laissant constantes les ressources par tête.

Ce résultat a été infirmé par les faits. Partout ou presque, sur une longue période, la croissance s'accompagnait d'une augmentation des ressources par tête; dans les pays qui connaissent une croissance continue, les citoyens sont, en moyenne, chaque année, chacun relativement plus riche. Les théoriciens ont tenté de résoudre cette lacune en ajoutant le progrès technique. Il améliore la qualité des facteurs de production, le capital et le travail, et donc à quantités constantes de ces facteurs, permet de produire plus de ressources. Si nous rappelons, ces éléments bien connus, c'est pour attirer l'attention, sur les bouleversements conceptuels qu'impliquent la mutation économique et le changement de paradigme. La qualité du travail humain, ou du savoir technologique incorporé dans les machines, ne sont plus un ajout exogène, comme une épice en cuisine, mais avec le capital humain, le facteur même de la croissance.

La croissance est endogène parce qu'elle est incluse dans le fonctionnement de l'économie. La croissance est impulsée par l'accroissement incessant du capital humain social, par l'amélioration des capitaux humains privés s'appuyant sur le capital humain social, et dont les utilisations et applications à travers le marché engendrent, comme une externalité positive, le capital social.

Dès lors, la norme n'est plus l'équilibre mais le mouvement permanent suscité par les différences, de savoir, d'informations, de revenus, de satisfactions... La société est d'abord une unité, un tout en création et en évolution incessante. Chaque homme, comme cellule de cet organisme complexe et vivant, est à la fois solidaire du corps social et acteur agissant de son évolution. « Les hommes font leur histoire mais ils ne le savent pas » disait Marx.

La révolution réside dans cette prise de conscience collective, que nous sommes inclus dans un tout, devenant une unité, que nous participons au mouvement et à la transformation du tout, en étant coagissants donc coresponsables. Nous ne devons plus nous considérer comme séparés, unis seulement par le marché comme le suggérait l'individualisme méthodologique, mais au contraire a priori unis et reliés nous autonomisant à travers nos activités et nos choix exprimés et révélés par le marché. Le renversement est total et prometteur de perspectives heureuses pour ceux qui en prendraient conscience les premiers. D'où notre conclusion.

Conclusion

La source du développement collectif réside dans le capital humain et matériel social, plus précisément dans le fonds de connaissances générales, de savoir, d'habitudes culturelles et comportementales, qui a construit un environnement matériel et décrypté un environnement naturel. Le capital humain privé, chaque homme de la société, exploite ce fonds différemment, plus ou moins efficacement et opportunément aux yeux des autres et apporte ses résultats sur le marché. S'ils sont valorisés par lui, parce que demandés, répondant à de nombreuses attentes, offerts à des prix acceptables, ces exploitations du capital social seront imitées, reproduites et développées.

Il n'y a pas de savoirs inutiles. Il y en a d'oubliés ou de délaissés momentanément par le marché. Pour qu'un fonds de connaissances générales puisse être abondamment et efficacement utilisé par des individus pour nourrir leur propre capital humain, il faut qu'ils puissent puiser en lui, le transformer, dialoguer d'intelligence individuelle à intelligence collective. Le développement humain exige de tenir les deux extrémités et de les relier. Il faut tout autant partir du savoir des pauvres, des exclus, des habitants des pays sous-développés, que des connaissances accumulées par les pays riches, connaissances réciproques non seulement technologiques, mais aussi culturelles, sociales voire spirituelles. Cette mise en liaison, en relation, enrichira les uns et les autres, contribuera au développement humain des pauvres et des riches.

Ce changement de regard et de mentalités est absolument décisif. Il nous permet d'abandonner l'idée fausse que les pauvres reçoivent des riches sans rien leur apporter en retour. L'aphorisme chinois qui dit : « si je te donne un oeuf et que tu me donnes un oeuf, nous avons chacun un oeuf; si je te donne une idée et que tu me donnes une idée, nous avons chacun deux idées », résume la mutation du passage de la rareté matérielle, à l'économie informationnelle, du capital technique au capital humain, du co-développement humain, favorisé par le partage.

On pourrait penser que cette analyse concerne exclusivement les pays riches et que les pays sous-développés subissent encore fortement les contraintes de la rareté matérielle. Il est vrai qu'ils semblent manquer de tout et surtout du nécessaire. Mais cette observation est encore le résultat d'une représentation cloisonnée des sociétés humaines, issue de l'individualisme méthodologique. A l'échelle de l'unité planétaire, nous avons assez de tout, avec même des surplus alimentaires que nous détruisons pour soutenir les prix. Il s'agit bien exclusivement maintenant d'un problème d'organisation, de gestion collective de l'abondance.

La mutation économique nous impose de reconnaître, que dans cette situation, c'est le partage qui devient le principal facteur de la croissance. Partage de l'information, partage des savoirs, partage du capital humain, partage des techniques, partage des ressources, enrichiront plus sûrement les riches et sortiront les pauvres de la misère. C'est ça la vraie coopération économique et financière. Elle est à portée de main avec toutes ses promesses réelles de bonheur dans le respect mutuel des coopérants et non de l'assujettissement voire la négation de l'Humanité du sous-développé que nous a tant projetée l'ancien paradigme.

Références bibliographiques

ARROW K. J., 1977 (February) ''Extended sympathy and the possibility of social choice'', *American economic association.*

BANQUE MONDIALE, 1989, *Système Financier et Développement,* Rapport sur le Développement dans le Monde, Washington.

BARAN P. (1957), "The political economy of growth", *Monthly Review Press*, New York; traduction française *L'économie politique de la croissance*, Maspéro, 1967.

BARRO R. J., 1989, ''Economic Growth in a Cross Section of countries'', *Harvard University Working Paper*N° 201.

BOISSIEU C. (de), 1985, ''Economie d'endettement, économie de marchés financiers et taux d'intérêt'', in A. Barrère, *Keynes aujourd'hui : théories et politiques,* Paris, *Economica*, pp. 337-358.

BRESSON Y., 2000, *Le Nouvel Esprit de l'Economie*, *Sefi Editions*, Paris

BRESSON Y., 2000, *Le revenu d'existence ou la métamorphose de l'être social*, Editions l'esprit frappeur.

CHENERY H. B. et STROUT A. S. (1966), "Foreign assistance and ecconomic development", *American Economic Review*, 56, sept., pp. 680-733, traduction française in H. B. Chehery (1981), *Changement des structures du développement*, Paris, Economica.

DENISON E. (1967), 'Why growth rates differs", *Brookings Papers*

DOMAR (1947), "Expansion et Emploi", *American Economic Review*, vol. 37, mars. Traduction française dans G. Abraham-Frois (1974), Problématique de la Croissance, *Economica*, Paris, pp. 3-26.

DUMONT L., 1983, Essais sur l'individualisme, *Le Seuil*, Paris.

DUMONT L., 1997, *Homo oequalis- genèse et épanouissement de l'idéologie économique*, *Gallimard*, Paris.

DUPUY J.-P., 1992, *Libéralisme et justice sociale*, *Pluriel, Hachette*, Paris.

FITZPATRICK T., 1999, *Freedom and security. An introduction to the basic income debate*, Mac Millan, London, & St Martin Press, New-York.

FRY M. J., 1980, ''Saving Investment, Growth and the Cost of Financial repression'', *World Development,* vol. 8, n°4, pp. 217-227.

FRY M. J., 1987, ''Money and Capital or Financial Deepening in economic development'', *Journal of Money Credit and Banking,* vol. 10 n°7, pp. 601-607.

FRY M. J., 1988, *Money, Interest and Banking in Economic Development,* Baltimore, The John Hopkins Press.

FRY M. J., 1997, ''In favor of Financial Liberalization'', *Economic Journal,* mai, pp. 754-770.

GHANI E., 1992, ''How Financial Markets affect Long Run Growth: A Cross Country Study'', *World Bank Working Papers WPS 834.*

GOLDSMITH R. W., 1969, *Financial Structure and Development,* New Haven, Yale University Press.

GUILLAUMONT J. S., 1998, *Monnaie et Finances, Paris, PUF, Thémis Economie.*

GURLEY G. J. & SHAW E. S., 1955, ''Financial Aspect of Economic Development, *American Economic Review* pp. 515 et Sv.

GURLEY G. J. & SHAW E. S., 1960, *Money in a Theory of Finance,* Washington, The Brooking's Institution.

HARROD (1948), *Towards a Dynamic Economics*, Mac Millan, p. 77-91. Traduction française dans G. Abraham-Frois (1974), Problématique de la Croissance, *Economica*, Paris, pp. 27-37.

HIRSCHMAN A. O. (1964, trad. fr.), *La Stratégie du Développement Economique*, Editions ouvrières, Paris, Edition originale 1958, New Haven Yale University Press.

LEWIS A. W., 1954, "Economic Development with Unlimited Supplies of Labor", *The Manchester School*, 22.

LUCAS R. (1988), "On The Mechanics of Economic Development", *Journal Of Monetary Economics*, n°22,pp. 3-42.

MAHIEU F. R. (1990), *Les Fondements de la crise économique en Afrique*, Paris, L'Harmattan.

McKINNON R. (1973), *Money and capital in economic development*, Washington, Brookings Institution.

McKINNON R., 1988, ''Financial Liberalization in Retrospect: Interest Rate Policies in LCD's'', in G. Ranis et T. P. Shultz (ed.), *The State Development Economics: Progress and Perspectives,* New York, Basil Blackwell Inc., pp.386-410.

NURKSE R. (1953), *Problems of Capital Formation in underdeveloped Countries*, Oxford University Press, New York.

NURKSE R. (1961), "Balanced and unbalanced growth", in G. Haberler et N. H. Stern (sous la direction de), *Equilibrium and growth in the world economy – Economic essays*, Cambridge, Mass: Havard University Press.

POLAK J. J. (1957), "Monetary Analysis of Income Formation and Payments Problems", *IMF Staff Papers*, November.

POUEMI T. J., 1982, *Monnaie, Servitudes et Libertés,* Paris, Editions Jeune Afrique.

RAWLS J., 1987, *Théorie de la justice*, Le Seuil, Paris.

ROMER P., 1989, ''Capital Accumulation in the Theory of Long Run Growth'', in R. J. Senbet, L. W. S.

ROSENSTEIN-RODAN P. N. (1943), "Problems of Industrialization of Eastern and Southeastern Europe", *Economic Journal*, juin-septembre.

SCHUMPETER J. A., 1935, *Théorie de l'Évolution Économique,* Dalloz, Paris.

SEN A. K. (1991, trad. Fr., 1993), *Ethique et Economie*, Paris, PUF.

SHAW E. S., 1973, Financial deepening in Economic development, New York, Oxford University Press.

SOLOW R. (1956), "Une Contribution à la théorie de la croissance économique", traduction française dans G. Abraham-Frois (1974), Problématique de la Croissance, *Economica*, Paris, pp. 39-67.

STIGLITZ J. E. & WEISS A., 1981, ''Credit Rationing in Markets with Imperfect Information'', *American Economic Review,* vol. 71, pp.393-410.

STIGLITZ J. E., 1989, ''Financial markets and Development'', *Oxford Review of Economic Policy*, n°5, p.55-68.

STIGLITZ J. E., 1991, ''Government, Financial Markets, and Economic Development, *NBER, Working Paper,* N°3669.

VAN PARIJS Ph., 1991, *Qu'est-ce qu'une société juste?* Le Seuil, Paris.

V

Évaluation des gains et pertes dans le secteur agricole des négociations de l'OMC : cas des pays membres de la CEDEAO

Kalilou Sylla *

Introduction

Le cycle de Doha lancé en 2001 lors de la conférence ministérielle de l'OMC a orienté les négociations sur la prise en compte du développement. Cette orientation a été souhaitée par l'ensemble des pays en développement notamment les africains. Malgré la promesse réaffirmée des pays développés lors de la conférence ministérielle de l'OMC en 2005 à Hong Kong de prendre en compte la dimension développement, le cycle de Doha est dans l'impasse.

Il se dessine très clairement que les pays développés sont en train de rechercher un consensus entre eux en vue de l'imposer à ceux moins développés. En effet, après les négociations bilatérales entre l'Union Européenne et les Etats-Unis, ces pays ont décidé ensemble de rencontrer deux leaders des pays en développement notamment le Brésil et l'Inde. Malgré la discrétion de ces rencontres, le jeu clair semble être l'ouverture du marché des produits non agricoles et des services des pays les moins développés en contrepartie de l'ouverture du marché agricole.

Toutes ces négociations ont mis en marge les pays africains notamment ceux de l'Afrique de l'Ouest. Or, l'enjeu des négociations actuelles à l'OMC est très important pour les pays de l'Afrique de l'Ouest qui sont pour la plupart agricoles et dont trois ont participé à l'initiative pour dénoncer les subventions dans le secteur cotonnier.

L'agriculture étant une priorité pour les pays de l'Afrique de l'Ouest avec 40% du PIB et occupant environ 60% de la population totale (ECOWAS, 2005), il conviendrait d'analyser l'impact des positions actuelles à l'OMC sur le prix des produits agricoles notamment ceux alimentaires, les gains et les pertes pour les principaux acteurs et une comparaison des gains et des pertes des principaux acteurs à l'état actuel des négociations.

---

* CEDEAO et UFRSEG/CIRES de l'Université d'Abidjan- Cocody.

Ces préoccupations sont au centre des négociations dans les pays de la CEDEAO où la balance alimentaire est à peine à l'équilibre et les importations alimentaires sont très fortes. Ces négociations peuvent donc constituer un facteur pénalisant pour le développement du secteur agricole si leur impact n'est pas bien connu et des mesures d'accompagnement appropriées prises.

L'intérêt de cette étude réside dans l'analyse des positions actuelles sur la table à l'OMC à l'effet d'indiquer leur impact sur les prix mondiaux, les produits agricoles notamment alimentaires, les pertes et les gains des producteurs et des consommateurs en Afrique de l'Ouest et une comparaison des gagnants et des perdants au niveau mondial.

Pour répondre à cette préoccupation, l'étude sera structurée autour : (i) d'une brève revue de la littérature, (ii) du cadre méthodologique et (iii) des résultats du modèle d'analyse.

I. Revue de la littérature

1.1. Les méthodes de modélisation des impacts des politiques commerciales

Dans les modèles utilisés dans les négociations internationales sur l'agriculture, on cherche essentiellement à évaluer les conséquences commerciales et les répercussions globales sur le revenu réel des pays. Les impacts sur le bien-être sont les résultats attendus des modèles, même il est souvent accordé une plus grande importance aux flux commerciaux, à l'offre et aux prix mondiaux (Bureau et al., 2004).

La modélisation des échanges internationaux s'appuie principalement sur les modèles d'équilibre des différents secteurs étudiés de l'économie. Selon que la modélisation considère ou pas, l'influence des différents liens entre secteurs de l'économie, elle peut se faire sous l'approche partielle ou générale. Toutefois, il existe d'autres méthodes de modélisation qui traduisent souvent l'évolution des marchés des produits en relation avec les politiques commerciales.

1.2. Les modèle d'équilibre général centré sur l'agriculture

Ces modèles intègrent les fonctions d'offre et de demande des différents secteurs de l'économie. Ils se prêtent donc plus favorablement aux impacts sur l'ensemble de l'économie. Pour autant, l'analyse de l'impact des politiques commerciales sur le secteur agricole utilise aussi ces modèles.

C'est le cas du modèle RUNS (Rural-Urbain/ Nord-Sud). Les travaux de l'évaluation des impacts de la libéralisation des échanges du cycle d'Uruguay, grâce à ce modèle développé par Goldin et al. (1992), ont servi à développer le modèle LINKAGE mis en place par la Banque Mondiale. Le modèle LINKAGE est dynamique récursif adoptant une structure d'échanges de type Armington et des structures de transformation qui déterminent des flux commerciaux bilatéraux, un processus de formation et d'allocation du capital entre secteurs d'activité, une distinction de plusieurs types de travail selon la qualification. Les droits de douane sont bilatéraux. Il présente également un ensemble vaste d'instruments de politiques ainsi que la prose en compte de toutes les taxes et subventions, mais aussi des marges de prix.

Il est fréquent de trouver des Modèles d'Equilibre Général Calculable (MEGC) supportés par des Matrices de Comptabilité Sociale (MCS)[1] comme le modèle du GTAP (Global Trade Analysis Project). A l'origine le GTAP était centré sur l'agriculture. De fait, dans la base de données, le secteur agricole reste très détaillé. Il est possible d'identifier 22 produits agricoles et agro-alimentaires sur les 57 produits que distingue la dernière base disponible. GTAP est désormais largement utilisé dans un cadre plus général. Le modèle GTAP de base est assez simple. Au niveau des échanges, il est adopté une structure de type Armington, supposant que les produits importés sont différents selon les pays d'origine.

Les modèles ci-dessus présentés sont très agrégés au niveau mondial puisqu'ils subdivisent le monde en grands groupes géographiques ou régionaux. Ces groupes régionaux étant considérés comme les agents de la matrice mondiale. Ils ne permettent donc pas d'apprécier les impacts circonscrits à certains pays.

Lorsque les MEGC sont spécifiques à certains pays, il est souvent difficile que les secteurs soient parfaitement désagrégés pour appréhender les impacts individuels à l'intérieur de chaque branche, à cause généralement des difficultés des données sur les liens intersectoriels et interbranches. Cependant, il existe quelques travaux sur la base de la MCS plus désagrégée. C'est le cas de l'analyse de la libéralisation partielle des échanges entre l'Union Européenne et le Maroc pour un ensemble de produits avec un accent mis sur la tomate et le blé tendre (Emlinger, 2003).

D'une façon générale, les MEGC paraissent appropriés pour mieux appréhender l'impact réel des politiques commerciales et répartir les effets sur la base des liens entre les différents secteurs de l'économie. Mais, lorsqu'ils sont plus désagrégés au niveau de chaque secteur, le manque de données et la complexité d'analyse font qu'on leur préfère les modèles d'équilibre partiel.

1.3. Modèles d'équilibre partiel

Dans les modèles d'équilibre partiel, les fonctions d'offre et de demande sont limitées au secteur étudié. Ils ne tiennent donc pas compte des marchés de facteurs de production notamment le travail, le capital, ainsi que des effets en

[1] Une MCS est un système comptable qui permet de décrire l'ensemble des transactions réalisées dans une économie au cours d'une période donnée. Les flux financiers entre les secteurs, les facteurs et les institutions sont représentés à partir de cette matrice permettant d'appréhender les effets induits, existant entre les différents agents de l'économie, ainsi que de simuler des chocs de revenus dans un secteur de l'économie en faisant varier les politiques commerciales.

retour sur les revenus, sur la demande et l'épargne. Eu égard à l'importance des distorsions examinées dans le cadre des négociations commerciales et de la complexité des interactions entre les différents secteurs de l'économie, un modèle d'équilibre partiel ne permettrait pas une évaluation aussi complète des effets des réformes des échanges commerciaux.

Les analyses en équilibre partiel découlent du modèle standard de la théorie du commerce international. Ce modèle considère deux produits finaux (d'exportation et d'importation); et au niveau de la demande une substitution parfaite d'une part entre les produits locaux et importés, et d'autre part entre la production destinée au marché intérieur et celle destinée à l'exportation. Dans ce modèle; l'on ne peut prendre en compte l'existence du produit final non échangeable, aucun prix international de ce dernier ne pouvant être déterminé (Njinkeu, 1997).

Le modèle SWOPIN repose sur l'utilisation de matrices d'élasticité et a permis d'obtenir le modèle ERS/Penn State qui vise à être la référence pour l'évaluation du cycle de négociations du millénaire, à la fin des années 90 (Bureau et al., op.cit.). Il est centré sur une représentation fine des instruments commerciaux utilisés dans l'agriculture, et en particulier les quotas tarifaires. Il intègre 35 produits agricoles, une quinzaine de régions, et donne la possibilité de modifier des variables telles que les droits de douane concernés par l'accord agricole de l'OMC, le soutien interne dans le cadre de la boîte bleue, les quotas, etc. C'est un modèle très peu diffusé, il est aujourd'hui principalement utilisé par l'USDA pour les analyses internes et un appui aux négociateurs américains.

Il y a aussi les modèles d'équilibre partiel multiproduit et multi-région. On peut citer le modèle d'équilibre partiel WTSM (World Trade Simulation Model) utilisé dans l'étude de De Rosa (2000). Ce modèle se focalise sur les barrières tarifaires et non tarifaires (fréquences des normes et réglementations sanitaires). Mais il ne prend pas en compte les subventions. Ce modèle est limité à 75 pays et 21 produits agricoles (intrants agricoles y compris).

D'autres modèles sont géographiquement plus étendus. C'est le cas du modèle statique comparatif ATPSM (Agricultural Trade Policy Simulation Model) développé par la CNUCED[2]. Il couvre 161 pays et 36 groupes de produits agricoles. Le modèle ATPSM de la CNUCED a été développé en collaboration avec la FAO. Il présente l'avantage de fournir une évaluation quasi complète de l'impact des politiques commerciales agricoles sur plusieurs pays, acteurs des échanges internationaux agricoles. Il est conçu en plus sur la base des principales préoccupations commerciales de l'OMC, c'est-à-dire les tarifs et les subventions. Cependant il ne prend pas en compte les autres barrières non tarifaires. L'intérêt premier de ATPSM est d'une part la couverture des Pays en développement, et l'attention portée à des matières premières souvent négligées par les autres modèles (produits tropicaux) et d'autre part c'est l'un des rares modèles en équilibre partiel à intégrer les accords préférentiels, dans une structure bilatérale

[2] Conférence des Nations Unies sur le Commerce et le Développement.

pour les échanges. A ce titre, il permet de prendre en compte les effets de modifications de préférences. Par exemple, les effets d'une libéralisation multilatérale du commerce sur les pays qui bénéficient d'accords leur permettant d'exporter à bon prix des biens agricoles vers l'UE (Bureau). Malgré son manque de sophistication (architecture simple) et ses hypothèses fortes sur la séparabilité des relations d'offre et de demande, ATPSM donne des éléments quantitatifs pour les négociations commerciales sur les droits de douane aux PED. L'Etude de Ralfs et al. (2004) sur la base de la simulation ATPSM montre que la plupart des bénéfices vont aux pays développés qui ont actuellement les plus hauts niveaux d'intervention. Les groupes des pays en développement bénéficient de la libéralisation mais les gains sont faibles et inégalement distribués. En fait, les importateurs nets alimentaires tendent à être les perdants à cause de la hausse des prix mondiaux. Par contre, à l'intérieur du groupe des Pays en développement, les producteurs bénéficient de la hausse des prix aux dépens des consommateurs.

1.4. Les autres modèles

Les modèles les plus couramment utilisés dans la mesure de l'impact des négociations commerciales répondent à plusieurs critères, entre autres l'excellence académique, la crédibilité des auteurs, la qualité des données et la visibilité des travaux (Bureau et Gohin, 2004). Bon nombre de modèles existent mais sont peu répandus soit parce qu'ils ne répondent aux critères énoncés, soit ils n'ont pas une forte spécificité agricole, ou sont anciens ou limités.

Le modèle de prévision alimentaire, World Food Model (WFM) de la FAO (Organisation des Nations Unies pour l'Agriculture et l'Alimentation), n'est pas utilisé spécifiquement pour simuler l'impact de la libéralisation des échanges sur les marchés mondiaux des produits agricoles. Cependant dans ce cadre de l'incidence du cycle d'Uruguay sur l'agriculture, la FAO (1995) a adapté son modèle de prévision en prenant compte les ajustements des politiques commerciales. Une estimation a été faite à l'an 2000 partant de la période de base 1987-1989, sur la croissance de la production, de la consommation, des importations et des exportations.

D'autres études font l'emploi intégré d'analyses de régression, de procédures d'optimisation linéale et d'analyse d'impacts avec des tableaux Entrées-Sorties dynamisés. C'est le cas du modèle d'équilibre pour la détermination des effets nationaux de la création d'une zone de libre-échange agricole euro-méditerranéenne (Rafael de Arce, 2003). La quantification des effets que cette libéralisation causerait sur les prix internationaux des produits agricoles affectés, sur la croissance économique et sur le marché du travail, dans une perspective globale comme sectorielle se base sur l'estimation de la variation nette dans les prix internationaux des produits agricoles d'intérêt, de l'estimation de l'effet que les variations antérieures des prix causeraient sur les importations des pays méditerranéens pour chaque catégorie de produits agricoles en provenance de l'UE.

D'une façon générale la principale préoccupation qui demeure en matière de modélisation des principales distorsions commerciales est le traitement d'une certaines catégories de soutien interne (subvention à la production). Il s'agit des effets couplés ou découplés des paiements directs sur la production. Des recherches sont encore menées pour déterminer quel type d'impact direct les paiements ont sur la production pour pouvoir les prendre en compte dans la modélisation.

II. La Méthodologie d'évaluation

La simulation utilise comme méthode une base de données secondaires de la CNUCED/FAO sur les échanges mondiaux et les politiques commerciales. L'outil pour la simulation est le modèle ATPSM version 2.2, spécifiquement conçu pour analyser les questions de négociations commerciales de l'OMC (Vanzetti, 2002).

2.1. La présentation générale du modèle ATPSM

C'est un modèle statique comparatif, d'équilibre partiel. Il vise à quantifier les effets économiques au niveau mondial, régional ou national des variations des politiques commerciales unilatérales ou multilatérales. Le modèle se focalise sur les politiques commerciales agricoles standard, telles que les mesures tarifaires et les subventions. Mais les autres formes d'interventions commerciales peuvent être simulées par le modèle si un équivalent tarifaire est évalué.

La présente version du modèle couvre 175 pays. Les échanges agricoles de chaque pays sont individuellement représentés. Dans la présente version du modèle, les politiques commerciales de 20 pays ne sont pas spécifiées. On a donc 141 politiques commerciales. Dans le modèle, les pays sont divisés en 3 catégories : pays développés, PED et PMA.

Le modèle 36 groupes de produits (Clarifier) sont spécifiés, divisés en 2 catégories, les aliments de base et autres produits. Les aliments de base comprennent la viande (le bovin, le mouton, le porc, et la volaille), les produits laitiers (le lait frais, le lait concentré, le beurre, et le fromage), les céréales (le blé, le riz, l'orge, le maïs, le sorgho), le sucre, les huiles végétales et de graines, les légumineuses et les racines et tubercules. Les autres produits comprennent les végétaux, les fruits (tropicaux et non tropicaux), les boissons tropicales (cacao, le thé, le café), le tabac et le coton. Plusieurs de ces produits sont sujets à des politiques de distorsions commerciales. Ceux avec particulièrement des hautes barrières (Clarifier) ayant substantiellement un impact de distorsion économique sont les aliments de base. Chaque produit est consigné dans le modèle selon le code du SITC (Sytem International Trade Commodity). Ainsi, un produit du code SITC peut correspondre à 2 ou plusieurs produits du SH ou du code de la FAO .

2.1.1 Objectif du modèle

Le principal but du modèle est de simuler et évaluer les diverses propositions de politiques agricoles de l'OMC. Les simulations peuvent se faire pour tous les pays et produits impliqués dans ces négociations ou plus spécifiquement pour certains produits et pays. Les politiques commerciales qui peuvent être simulées par le modèle sont :

- la réduction des tarifs au-dessus ou en dessous du contingent d'importation, soit par un certain pourcentage soit progressivement en utilisant la formule suisse ;[3]
- La réduction des équivalents tarifaires des soutiens aux producteurs et des subsides à l'exportation par un certain pourcentage ;
- la variation des quotas d'importation d'un certain pourcentage ;
- la spécification des préférences.

2.1.2 Les contingents tarifaires

Pour mesurer les rentes générées par le système de contingent tarifaire, il est nécessaire d'avoir les observations des quotas mondiaux des pays; des quotas bilatéraux, des tarifs contingentaires et les tarifs en dessous du contingent, les prix mondiaux et les importations. Les quotas mondiaux spécifiant le niveau total des importations au tarif le plus bas sont notifiés à l'OMC, mais la plupart des quotas bilatéraux ne le sont pas et ont dû être estimés. Le modèle utilise les flux commerciaux bilatéraux pour estimer la distribution des quotas.

2.1.3 Les subventions

ATPSM modélise explicitement les soutiens internes de la catégorie orange. Les données ont été incluses dans la base de données du modèle dans la forme d'équivalent *ad valorem*. Le soutien interne a été converti en tarif *ad valorem* équivalent en divisant le support unitaire par le prix du marché mondial. Les subventions à l'exportation et les quotas d'exportation sont intrinsèquement liés dans le modèle. Si les quotas d'exportation (exportations subventionnées) déterminent la taille des exportations, l'unité tarifaire des subventions à l'exportation est égale à la subvention divisée par le quota. Le tarif *ad valorem* équivalent est le ratio de l'unité tarifaire par le prix sur le marché mondial. Cependant, si les exportations excèdent les quotas, on suppose que les subsides s'étendent aux exportations totales. L'unité tarifaire est ensuite calculée comme la valeur totale de la subvention divisée par le volume des exportations.

---

[3] La formule suisse suppose une réduction plus importante des tarifs les plus élevés, utilisant la formule A/ (A+t) où A est le coefficient de réduction et t le tarif initial. Cette formule ramène le tarif initial à un taux maximum équivalent à A. C'est donc une formule dépendant du droit de douane contrairement à la formule de réduction linéaire du cycle d'Uruguay. En vertu de cette dernière formule, tous les tarifs sont réduits d'un même pourcentage.

2.1.4 Les accords préférentiels

Le modèle utilise 2 options préférentielles. Le premier élimine les tarifs contingentaires sur les importations qui sont initialement dans le contingent d'importation. Le second élimine tous les tarifs sur les importations initiales.

2.2. Les hypothèses et les limites du modèle ATPSM

2.2.1 L'hypothèse sur l'orientation des importations ou des exportations

Deux hypothèses s'affrontent pour déterminer la nature des exportations ou des importations :

- selon l'hypothèse standard le pourcentage de variation des exportations est égal au pourcentage de variation de l'offre sur la production. Les importations sont alors résiduelles. Les produits intérieurs sont supposés plus disponibles et de meilleure qualité que les produits importés;
- selon l'hypothèse d'Armington les consommateurs décident d'abord combien consommer et en second lieu combien de produits intérieurs ou importés acheter. Il existe alors une parfaite substitution entre ces produits et le prix est le critère de choix. Dans ce cas les exportations sont résiduelles.

Dans la présente version du modèle, la résolution est faite selon l'hypothèse d'Armington.

2.1.2 L'hypothèse sur les rentes des quotas

Le système de contingent tarifaire a la particularité de générer des rentes. Leur taille fait qu'ils sont des déterminants importants de bien-être. Généralement, la rente du quota est le produit du quota par la différence entre les prix domestiques et les prix mondiaux plus le tarif dans le contingent. Pour que les rentes soient déterminées, il faudrait que les taux au-dessus du contingent soient consolidés. Ainsi, on suppose que les importations excèdent le quota. Idéalement, le niveau d'atteinte du quota d'importation devrait déterminer le prix domestique. Si le quota n'est pas atteint les prix domestiques devraient être déterminés par les tarifs dans le contingent et les prix devraient être élevés seulement si le quota est atteint ou dépassé. Mais cela n'est pas constaté dans la pratique, et les tarifs sont élevés bien que les quotas ne soient pas atteints. L'hypothèse ici est que les tarifs sus contingentaires déterminent les prix sur le marché domestique. Ainsi la rente devient le produit du quota par la différence entre tarifs au-dessus du contingent et en dessous du contingent. Cette hypothèse restreint le modèle dans deux (2) sens. Premièrement il n'est pas possible de modéliser une augmentation du quota d'importation au-dessus du niveau initial des importations. Deuxièmement, les variations des revenus des quotas n'ont pas d'impact sur l'offre des exportateurs, parce que la marge des prix reçus par le fournisseur ne varie pas lorsque le quota change.

Pour savoir quel agent (importateur ou exportateur) capture actuellement les rentes créées il faut analyser les facteurs institutionnels et les structures des marchés. Les rentes peuvent revenir à un nombre d'agents incluant les producteurs exportateurs, les gouvernements exportateurs, les gouvernements importateurs, les consommateurs importateurs, les agents de distribution ou de transformation. Dans le modèle la rente peut être allouée par pays et par produit. Le taux de capture spécifie la part du fournisseur dans la rente.

2.1.3 Les limites

Il est supposé ici que les tarifs dans le contingent ne sont pas pertinents même dans les cas où les quotas ne sont pas atteints. Cela signifie que les tarifs élevés au-dessus des contingents ou les tarifs appliqués, sont pris comme déterminant les prix domestiques. Cette hypothèse surestime les bénéfices de la libéralisation, puisqu'il y aura des cas où les tarifs dans le contingent déterminent des prix domestiques.

Une seconde limite est la tenue des préférences tarifaires. Le modèle ne contient pas les tarifs bilatéraux. Les bénéfices de l'accès préférentiel sont érodés quand plus de libéralisation adviennent, et cela n'est pas capturé complètement par le modèle. L'érosion des revenus des quotas est prise en compte mais la création du commerce et les effets de diversification ne le sont pas.

En l'absence de la qualité des données, les quotas bilatéraux sont alloués par une procédure complexe basée sur les importations et les exportations de chaque pays. Les revenus des quotas sont proportionnels aux flux commerciaux. La qualité des données est particulièrement une limite du modèle à cause de l'inexistence de politiques commerciales pour certains pays. Dans ce cas l'inexistence de données au niveau bilatéral peut être une contrainte majeure au modèle.

2.3 Les données du modèle

Le modèle utilise une base de données sur les prix, les volumes, les tarifs et les subsides conçue par le CNUCED. Le modèle utilise l'année 2000 comme année de référence.

2.3.1 Les prix et les volumes

La spécification d'un produit agricole est plus détaillée dans la nomenclature de la FAO ou du SH que de celui du modèle (SITC). Les données sont donc agrégées en faisant correspondre les différentes lignes tarifaires du SITC à ceux de la FAO.

Les prix s'étendent de la période de 1990 à 1998. Ce sont les valeurs obtenues de plusieurs sources (FAO, IFS, CNUCED). Les volumes de la production et des échanges (importation et exportation) ont été obtenus des données de la FAO. Les volumes ont pour dernière année 1998. Pour stabiliser les données des variations annuelles de production, une moyenne annuelle sur la période de 1996 à 1998 a été estimée. La consommation est obtenue en déduisant des exportations les valeurs des importations et des productions. C'est une consommation apparente. Les flux commerciaux bilatéraux entre les pays sont consignés dans le modèle sur la base de l'année 1995.

2.3.2 Les tarifs et quotas tarifaires

Dans le modèle, toutes les barrières tarifaires à l'importation sont dérivées des informations de la base de données AMAD (Agricultural Market Analysis Distorsion). Pour plusieurs pays ces tarifs sont soit mixtes ou composés. Ainsi Tous les tarifs sont d'abord convertis en *ad valorem*. Les taux obtenus ont été agrégés par une moyenne simple pour faire correspondre les lignes SH aux différents niveaux du modèle. Le modèle utilise 2000 comme année de référence. Le modèle contient aussi les tarifs contingentaires et les quotas d'importation agrégés avec la même procédure.

2.3.3 Les subsides

Dans la base de données, 23 pays ont recours à des subventions aux exportations sur 13 produits au total. La majeure partie des produits jouissant de subventions à l'exportation sont le blé, les produits laitiers et le sucre. Sur 46 milliards de dollars US attribués aux produits dans la base de données, 4 milliards de dollars incombent à l'UE; la Suisse, la Norvège et les USA responsables principalement des quantités restantes.

L'UE (2,3 milliards $ US) et le Japon (1,9 milliard $ US) fournissent la plus grande partie du soutien domestique. Les USA représentent la majeure partie restante du soutien. Les produits bénéficiant de la plus grande tranche de ces soutiens sont les feuilles de tabac, le coton, le lait frais et le bœuf.

2.3.4 Les élasticités-prix

Les élasticités-prix ont été calculées en utilisant des élasticités directes et croisées de la demande domestique, des élasticités de la surface et de la production des produits agricoles fournies par la FAO. Pour les besoins du modèle, les élasticités de la surface et de la production sont utilisées pour estimer l'élasticité de l'offre. Etant donné que l'offre (S) est le produit de la surface (A) par le rendement (Y); et en supposant que les pertes et les consommations sont négligeables on définit l'élasticité de l'offre par: $e_s = e_a + e_y$.

III. L'analyse des résultats

3.1 Les scénarios de la libéralisation des échanges

Trois scénarios seront principalement analysés (voir tableau 1). Ces scénarii tiennent compte des propositions sur la table en ligne avec les modalités mises sur la table le 1er août 2006 par le président du comité sur l'agriculture à l'OMC. Le scénario 1 représente la position des pays de la CEDEAO et généralement celle des ACP qui consiste à éliminer totalement des subventions et des soutiens internes. Le scénario 2 consiste à réduire des soutiens internes en fonction des propositions sur la table (75% pour l'Europe, 64% pour les pays développés et 50% pour les pays en développement) et la suppression des subventions à l'exportation pour le coton. Le dernier scénario est le scénario 2 plus la suppression de toutes les subventions à l'exportation en plus du coton.

Tableau 1 : Scénarios de la simulation de la libéralisation des échanges

Scénario	Description
scénario (1)	Suppression de toutes les subventions à l'exportation et des soutiens internes.
Scénario (2)	réduction des soutiens internes en fonction des propositions sur la table (75% pour l'Europe, 64% pour les pays développés et 50% pour les pays en développement) et la suppression des subventions à l'exportation pour le coton.
Scénario (3)	Scénario 2 plus suppression de toutes les subventions à l'exportation.

***Source** : notre analyse*

3.2 Les variations des prix mondiaux

De façon générale, les prévisions en matière de libéralisation des échanges donnent une hausse des prix. Ce schéma se confirme après les simulations. Ceci s'expliquerait d'une part par la baisse des quantités offertes sur le marché international comme conséquence de la réduction des subventions; et d'autre part par la hausse de la demande découlant de la baisse des tarifs. La simulation donne 2 groupes de produits. Les produits dont les variations de prix sont de plus de 2% et ceux en deçà (voir tableau 2).

Tableau 1 : Variation (en %) des prix mondiaux à partir de la simulation ATPSM

Produits	Scénario 1	Scénario 2	Scénario 3
Produits laitiers	18,8	2,3	18,6
Blé	4,4	3,3	4,2
Sucre	2,9	1	2,7
Viande de poulet	2	1	2,6
Viande bovine	4	1,6	3,9
Lait	18,8	2	18,6
Huiles végétales	0,7	0,42	0,47
Cacao transformé	0,57	0,5	0,51
Riz	0,9	0,5	0,7
Autres fruits tropicaux	1,1	0,25	0,26
Fibres de coton	0,5	0,01	0,01
Bananes	2,6	2,1	2,4
Café vert	-0,109	-0,18	-0,18
Café transformé	0,19	0,14	0,14
Fèves de cacao	0,10	-0,002	-0,002

Note : les valeurs du cacao transformé, du tabac, de la viande et produits laitiers sont la moyenne des prix des produits qui les composent (annexe 2)

Source : Nos calculs sur la base de la Simulation ATPSM

Le groupe de produits dont la variation des prix est sensiblement de 2% et plus comprend les produits laitiers, le blé, la viande bovine, le sucre et la banane. Ce sont des produits généralement à forte distorsion commerciale. Certains de ces produits souvent considérés comme sensibles subissent des crêtes tarifaires. Pour ces produits, les effets de la réduction des tarifs et des distorsions se cumulent pour donner un haut niveau de variation des prix. Le niveau d'ambition supplémentaire en matière de suppression des subventions conduit à une hausse des prix (de plus de 2%). Cette situation est attribuable aux mesures de subventions d'exportation qui ont eu le plus d'influence sur la variation des prix, comparativement aux soutiens internes.

Les produits dont la variation de prix est de moins de 2%, sont les produits tropicaux moins sujets à des distorsions commerciales, principales causes des variations des prix. Par contre, ils peuvent subir des difficultés d'accès aux marchés dues aux mesures de protection. La faible variation des prix de ces produits est due au bas niveau de protection sur les marchés d'exportation. A l'intérieur de ce groupe, les variations des prix traduisent souvent l'existence de la progressivité des droits. Bien que l'impact des distorsions soit faible (moins de 2 % de variation supplémentaire des prix), les variations additionnelles observées sont importantes pour certains produits comme la fibre de coton. Pour ce produit l'impact de la suppression des distorsions est imputable essentiellement à la réduction des soutiens internes. Au niveau des principales importations alimentaires, c'est le lait qui subira la plus haute variation additionnelle des prix mondiaux après la résorption des mesures de distorsion.

On remarque que les variations des prix des principaux produits d'importation ont été plus importantes que celles des produits d'exportation. L'impact réel de la libéralisation semble donc s'orienter plus vers la hausse du coût d'importation plus vers l'amélioration des revenus d'exportation.

3.3. L'impact net des négociations actuelles sur les pays membres de la CEDEAO

Globalement, la hausse des prix mondiaux induit une réduction des importations. Le lait, le blé, le sucre et le riz seront les plus touchés par cette libéralisation. Et, ces produits sont essentiels dans la consommation des ménages surtout urbains. Par contre, l'effet net sur les produits d'exportation n'est pas très important. On pourrait conclure que les négociations actuelles exacerbent la fonction d'importation au détriment de celle d'exportation. Il y a aussi un vrai débat sur la facture à payer pour le changement structurel induit par la libéralisation. Tout porte à croire, lorsqu'on s'appesantit sur les résultats, que les pays de la CEDEAO qui sont importateurs nets seront les plus grands perdants. Globalement, les gains sont pratiquement inexistants pour les plus iportantes exportations agricoles de la région que sont : le cacao, le café et le coton.

Graphique 1 : Impact net sur les produits agricoles de la CEDEAO de la négociation OMC

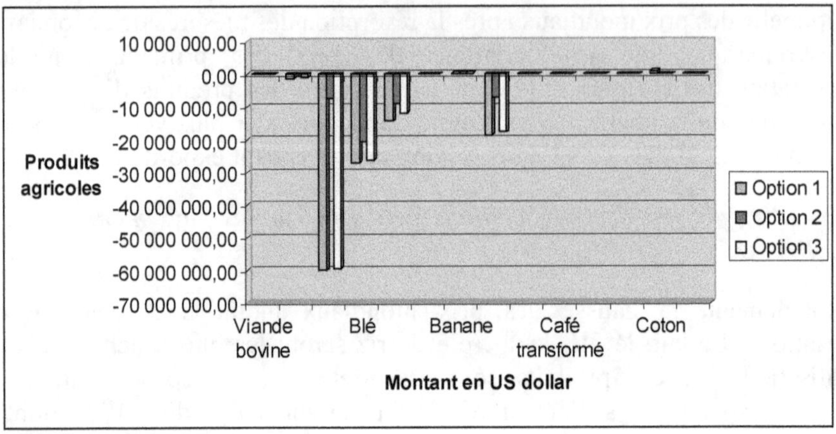

3.4. La comparaison des gains et pertes de la CEDEAO avec les autres régions du monde

Quelle que soit l'option, le grand gagnant en l'état actuel des jeux est l'Union Européenne (UE) suivie du Japon et des Etats-Unis (situés sur le graphique entre UE et le Japon). Les pays en développement sont les perdants du jeu multilatéral actuellement sur la table.

Graphique 2 : Comparaison des gains et pertes de la CEDEAO avec d'autres régions/pays

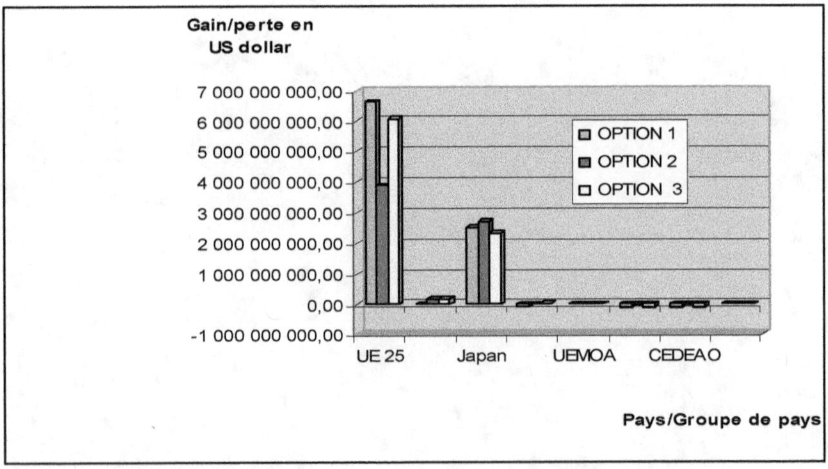

Source : Calcul de l'auteur à partir du modèle ATPSM

Mais en réalité, les gains /pertes sont différents selon les acteurs à l'intérieur de chaque groupe de pays ou de pays. Dans les pays moins développés ou en voie de développement, les producteurs sont les gagnants de l'ouverture commerciale. Cependant, les pertes au niveau des consommateurs et de l'Etat sont plus importantes annulant ainsi ces gains.

C'est le contraire au niveau des pays développés où les gains sont importants au niveau des consommateurs alors que les producteurs très protégés verront leur bien-être se détériorer.

On comprend bien la pression faite par les USA sur l'UE de faire des efforts plus importants sur les réductions des subventions car l'UE est la gagnante du jeu actuel.

Paradoxalement, la position actuelle des pays de la CEDEAO ancrée sur celle de l'Afrique qui consiste en la suppression totale de toutes les subventions n'est pas profitable pour le continent car les gains tirés des exportations ne compensent pas la facture des importations.

L'UE et le Japon les grands gagnants notamment de l'option 1 ne sont pas favorables à cette option dans les négociations car elle les rend vulnérables aux importations et aux pressions politiques exercées par leurs producteurs agricoles.

On pourrait se poser la question de savoir pourquoi la position actuelle défendue par les pays de la CEDEAO ne leur est pas favorable. L'une des explications de cette situation est liée à la contrainte de l'offre. L'offre africaine et sa réactivité à l'ouverture de nouveaux marchés sont tellement faibles que ces éléments doivent être adressés en priorité dans une politique agricole cohérente afin que le continent tire profit du jeu multilatéral. (Faire vérifier la correction par l'auteur.)

Conclusion

L'état actuel des négociations de l'OMC induira un changement structurel des politiques et du marché agricole. Ce changement induira la cherté des importations et une difficulté à exporter les produits agricoles notamment pour les pays de la CEDEAO. Les produits tels que le riz, le blé, le lait et le sucre doivent faire l'objet d'attention particulière dans la mesure où ils sont les principaux responsables des pertes des pays de la CEDEAO.

Par contre, le coton est le principal produit d'exportation qui induira un revenu important. Cependant, le gain obtenu avec le coton ne compensera pas les pertes liées aux produits d'importation. L'explication des pertes enregistrées réside dans les contraintes liées à l'offre.

En outre, l'étude montre, aussi, que les positions actuelles des pays dans les négociations de l'OMC ne sont pas toujours celles qui ont le plus de gain économique. Et, elle met en lumière la justification de la pression des autres pays développés sur l'UE car ce groupe de pays est le principal gagnant de l'état actuel des négociations quelle que soit l'option.

Pour tirer profit des négociations, les pays de la CEDEAO devraient bâtir leur position autour de leur politique agricole en privilégiant les aspects liés aux contraintes de l'offre. Par ailleurs, ils devraient aussi faire attention aux barrières non commerciales dans la mesure où l'ouverture du marché ne signifie un accès automatique. C'est l'une des limites de l'étude. A cet égard, les normes phytosanitaires devraient être revisitées dans les pays de la CEDEAO tout en étant ferme à l'OMC sur le fait que les pays ne devraient pas utiliser ces instruments à des fins de protection commerciale.

Enfin, les pays de la CEDEAO devraient considérer les produits comme le sucre, le lait, le blé et le riz comme les produits spéciaux et définir une stratégie pour mitiger les contraintes liées à l'offre notamment dans le cadre de l'aide pour le commerce.

Revue de bibliographie

Bureau J. C. et GOHIN A. (2004), « les modèles d'analyse économique et leur utilisation pour les négociations commerciales sur l'agriculture », *in Séminaire d'IFRI sur le commerce*, 1er mars 2004, Washington.

ECOWAS (2005). Ecowas agricultural policy : state of west africa agriculture. Document de travail. Abuja. Nigeria.

EMLINGER C., DOUKKALI R., JACQUET F., TYNER W. I. (2003). « La libéralisation partielle des échanges agricoles entre le Maroc et l'Union sur l'économie marocaine ». in *Conférence Femise 2003 forum euroméditerranéen des instituts économiques*

FAO (2005). The state of food and Agriculture. FAO.ROME

FAO (2003) World agriculture towards 2015/2030. An FAO perspective. Earthscan.

FAO (1995). Incidence du cycle d'Uruguay sur l'agriculture, Rome, 108 pages.

Goldin I. et Mensbrugghe V, D. (1992), Libéralisation des échanges: quels enjeux?, OCDE 1992, 43 pages.

Njinkeu D. (1997), « *Politiques commerciales : cadre d'analyse et simulation en équilibre général pour le Cameroun* ». **in** *Document de travail n°10*, Avril 1997. Réseau de recherche sur les politiques industrielles en Afrique (RPI).

Ralfs P. et Vanzetti D. (2004), Shifting sands: searching for a compromise in WTO negotiations on agriculture. UNCTAD, New York and Geneva 2004. 45 pages.

Vanzetti D et Graham B. (2002). "Simulating agricultural policy reform with ATPSM", *in* ***European Trade Study Group Fourth Annual Conference Kiel***, 13-15 September 2002.

ANNEXE : LA FORMULATION DU MODÈLE ATPSM

Les équations et paramètres du modèle

Dans le modèle les prix domestiques sont déterminés en fonction des prix mondiaux, des mesures de protection et des subsides. Toutes les mesures de protection sont exprimées en tarif *ad valorem* équivalent. Dans le modèle, un pays est souvent importateur et exportateur d'un bien agrégé. Pour s'accommoder de cette caractéristique de données commerciales, une taxe composite est estimée pour déterminer les prix à la production et à la consommation domestique.

La première étape consiste à calculer une taxe sur la production domestique consommée. Cette taxe est définie par $t_d = (M\, t_m + X\, t_x)/(M+X)$; avec t_m la taxe à l'importation, t_x l'équivalent tarif à l'exportation, M les importations, X les exportations. La taxe à la consommation est exprimée par la relation : $t_c = (M\, t_m + St_d)/D$ où D représente la demande domestique et où S la production domestique fournie au marché local.

Le tarif à la production s'exprime suivant la relation $t_s = (Xt_x + St_d)/S + t_p$, où t_p représente l'équivalent tarif du support domestique.

Les différentes équations qui guident la résolution du modèle sont :

$$1)\quad \hat{D}_{i,r} = \eta_{i,i,r}\left[\hat{P}_{wi} + \left(1+\hat{t}_{ci,r}\right)\right] + \sum_{\substack{j=1 \\ i\neq j}}^{J} \eta_{i,j,r}\left[\hat{P}_{wj} + \left(1+\hat{t}_{cj,r}\right)\right];$$

$$2)\quad \hat{S}_{i,r} = \varepsilon_{i,i,r}\left[\hat{P}_{wi} + \left(1+\hat{t}_{pi,r}\right)\right] + \sum_{\substack{j=1 \\ i\neq j}}^{J} \varepsilon_{i,j,r}\left[\hat{P}_{wj} + \left(1+\hat{t}_{pj,r}\right)\right];$$

$$3)\quad \Delta X_{i,r} = \Delta M_{i,r} - D_{i,r}\hat{D}_{i,r} + S_{i,r}\hat{S}_{i,r};$$

$$4)\quad \Delta M_{i,r} = \frac{A_{new}}{1+A_{new}} D_{i,r}\hat{D}_{i,r} - \left(\frac{A_{init}}{1+A_{init}} - \frac{A_{new}}{1+A_{new}}\right) D_{i,r}, \text{ where } A_y = \left(\frac{\alpha_m}{\alpha_d}\left(\frac{P_d}{P_m}\right)_y\right)^{\sigma};$$

La demande (D) d'un pays « r » considéré est déterminée par l'élasticité de la demande ($\eta_{i,i}$), et l'élasticité croisée de la demande ($n_{i,j}$). L'offre (S) est déterminée par l'élasticité de l'offre (ε_i) et l'élasticité croisée de l'offre (ε_{ij}). Le symbole (^) représente la variation relative et (Δ) les variations absolues. P_w correspond au prix mondial. Le γ détermine le ratio des exportations à la production. Les indices i et j sont les indices produits.

Le ratio (Pd/Pm)y = (Pw (1+ td)) / (Pw (1 + tm))y, où y= init indique les valeurs initiales et y = new indique les valeurs après les variations de politiques;

σ correspond à l'élasticité d'Armington entre importations et les biens produits localement.

On définit également A_y par :

$$\frac{M}{D-M}=\left(\frac{\alpha_m}{\alpha_d}\frac{P_d}{P_m}\right)^{\sigma}$$

Les résultats du modèle

Le modèle fournit 5 catégories d'effets économiques :

- les variations des volumes de production, de consommation, d'importation et d'exportation ;
- les variations des valeurs commerciales, d'exportation, d'importation, et des revenus nets commerciaux ;
- les variations des composantes du bien-être, surplus du consommateur, surplus du producteur, revenu net gouvernemental ;
- les variations des prix, mondiaux, aux consommateurs et aux producteurs ;
- les variations des rentes du système contingentaire.

Etant donné les réponses de ΔM, Δ X, ΔS, ΔD, et de ΔP_w, on définit le revenu net commercial :

$$\Delta R = (P_w + \Delta P_w)[(X+\Delta X)-(M+\Delta M)] - P_w(X-M).$$

Le bien-être de la société a 3 composantes, le revenu gouvernemental, le surplus du consommateur et du producteur. Le surplus du producteur intègre aussi les variations des rentes reçues à l'exportation. Il y a création de rente uniquement dans les pays qui appliquent un système de contingent tarifaire. Elle est définie par : $U = Q\ P_w\ (t_{m2} - t_{m1})$ où t_{m2} et t_{m1} sont respectivement les tarifs au-dessus et en dessous du contingent. Ainsi, dans le surplus du producteur, la rente reçue une est une proportion (c), appelée taux de capture, de la rente générée dans le pays importateur du bien exporté par le producteur :

$$\Delta PS = \Delta P_p\left[S + 0.5(\Delta S_d)\right] + c\Delta U;$$

Le surplus du consommateur lui est défini selon l'équation :

$$\Delta CS = -\Delta P_c\left[D + 0.5(\Delta D_d)\right]$$

Le bien-être général se traduit donc par: ΔNGR = ΔTR + ΔES + ΔDS + (1-c) ΔU où ΔTR représente la variation des revenus tarifaires, ΔDS la variation du soutien interne, ΔES la variation des subventions à l'exportation.

DEUXIÈME PARTIE

SURVEILLANCE MULTILATÉRALE ET CONVERGENCE ÉCONOMIQUE

VI

Une évaluation empirique des mécanismes budgétaires dans la CEDEAO : principaux résultats d'étape

Ary Tanimoune Nasser*

Introduction

La Communauté Economique des États de l'Afrique de l'Ouest (CEDEAO) a décidé de la mise en œuvre d'un dispositif de discipline budgétaire dans le but de favoriser l'intégration régionale statutaire.

De nombreuses analyses, théoriques plutôt qu'empiriques, établissent qu'un tel dispositif est la solution à la gestion rigoureuse, mais nécessaire, des finances publiques, surtout dans la perspective de l'adoption d'une monnaie commune (Wyplosz, 2002). En l'occurrence, l'encadrement des mécanismes budgétaires devrait permettre de circonscrire les interventions publiques discrétionnaires, souvent excessives, avec des effets potentiellement pervers sur l'économie (Alesina et Perotti, 1995). Un tel dispositif se justifie aussi par le souci d'assurer l'intégrité des politiques budgétaires : soit en réduisant la recherche d'une prime de réélection menant à des choix budgétaires sous-optimaux lorsque les gouvernements cherchent à se faire réélire (Cukierman et Meltzer, 1986), soit en encadrant la prime de risque pour l'endettement public. A ce sujet, suivant Alesina et Tabellini (1990), le recours à la dette publique comme variable d'ajustement mène à la constitution d'un niveau d'endettement socialement sous-optimal, surtout lorsque les choix de politiques budgétaires varient significativement d'un gouvernement à un autre. Par ailleurs, sans cadre budgétaire préétabli, Rogoff (1990) montre que les délais d'élaboration et de mise en œuvre des décisions de politique budgétaire peuvent en influencer l'efficacité en termes d'instrument de politique économique. Les évaluations de la portée des règles budgétaires confirment plutôt ces prédictions. En effet, Hemming et Kell (2001) soulignent clairement l'efficacité des encadrements budgétaires. Pour Kennedy et Robbins (2001), les règles de finances publiques semblent favoriser la stabilité macroéconomique, assurer la soutenabilité à long terme de la politique budgétaire et minimiser les externalités négatives liées aux

* École de Développement International et Mondialisation, Université d'Ottawa (Canada).

arrangements institutionnels dans le cadre des unions monétaires. Pour Villieu (2003), les ajustements budgétaires représentent l'un des mécanismes d'intégration, indispensable à la réalisation effective et optimale dans un espace économique et monétaire.

Le cadre de convergence économique et budgétaire de la CEDEAO, défini à l'image du Pacte de Convergence de l'Union Européenne et de celui de l'Union Economique et Monétaire Ouest Africaine (UEMOA), est entré en vigueur en 2001. Cependant, jusqu'à présent, il semble qu'aucune étude sur la nature des ajustements budgétaires dans la CEDEAO n'a été systématiquement menée. En effet, diverses études sur la CEDEAO se sont intéressées aux caractéristiques macroéconomiques des pays membres et aux conditions requises pour parvenir à une intégration plus aboutie. Par exemple, Atindéhou et al. (2005) ont exploré les corrélations empiriques entre le développement financier et la croissance économique. Ils déduisent que les autorités de la CEDEAO doivent insister sur le premier, qui impulsera à son tour le second. Gbetnkom (2006) s'est intéressé, quant à lui, à l'intégration des marchés dans la CEDEAO à partir d'un modèle de gravité. Il trouve que les échanges communautaires pourraient être développés pour une meilleure intégration. Parmi les analyses théoriques les plus récentes, Hefeker (2010) présente un modèle de coordination des politiques économiques dans lequel il souligne les natures attendues des ajustements budgétaires après la formation d'une union monétaire.

Ce chapitre propose une évaluation empirique inédite de l'ampleur et de la portée des mécanismes budgétaires dans la CEDEAO. Il ne s'agit pas de mener une évaluation de la réalisation des critères de convergence et des conditions pour y parvenir. On s'interroge sur les trois principales particularités des ajustements basées avec le critère clé budgétaire dans la zone : la composition budgétaire, les phases du cycle économique et l'existence du noyau de pays appartenant à l'UEMOA. La suite est organisée comme suit : la section II propose une brève présentation du cadre d'intégration budgétaire au sein de la CEDEAO. Dans la section III, la méthodologie et les spécifications adoptées sont exposées. Les résultats sont présentés dans la section IV. Enfin, en dernier lieu, on résume les implications de politiques économiques pour la CEDEAO et des pistes de réflexion sont esquissées.

Le cadre d'intégration budgétaire de la CEDEAO

Le cadre d'intégration budgétaire de la CEDEAO est un ensemble de normes budgétaires qui sert de repère pour une bonne gestion des finances publiques. A l'image des normes du Pacte de Croissance, de Convergence et de Stabilité de l'UEMOA, applicables au Bénin, Burkina Faso, Côte d'Ivoire, Guinée-Bissau, Mali, Niger, Sénégal et Togo, les règles de convergence économique de la CEDEAO sont aussi hiérarchisées en deux groupes. Les critères de premier rang, au nombre de quatre, sont : un déficit budgétaire, mesuré par le solde global hors dons rapporté au PIB, n'excédant pas à 4% ; un taux d'inflation inférieur à 5% ; des réserves brutes couvrant au moins trois mois d'importation et un concours de la banque centrale aux recettes publiques à hauteur de 10% des recettes fiscales de l'année précédente. A ces critères s'ajoutent six normes secondaires : une interdiction de constituer de nouveaux arriérés et apurement des arriérés existants ; des recettes fiscales, au moins égales à 20% du PIB ; une masse salariale maximale de 35% des recettes fiscales totales ; un investissement public au moins égal à 20% des recettes fiscales totales ; le maintien de la stabilité de change par chaque pays et le maintien des taux d'intérêt réels à des niveaux positifs.

Les réalisations macroéconomiques des pays de la CEDEAO sont assez différenciées[118]. Cependant, lorsqu'on observe les évolutions, en moyenne, du ratio du solde global hors dons au PIB, de l'encours de la dette rapportée au PIB et du taux de croissance dans la zone, il apparaît une tendance à la baisse pour les deux premières variables et une amélioration, plus ou moins relative, de la croissance économique. Ainsi, étant entendu que les règles budgétaires ont été édictées afin de parvenir à un policy-mix efficace et in fine de renforcer l'intégration économique des États membres, comme ce fut le cas dans les pays de l'UEMOA (Semedo et Villieu 1997, Ary Tanimoune et Plane, 2005), il convient alors d'en évaluer les mécanismes d'ajustement.

[118] Pour une présentation détaillée, il peut être consulté avec intérêt les rapports de convergence publiés par l'Agence Monétaire Ouest-Africaine.

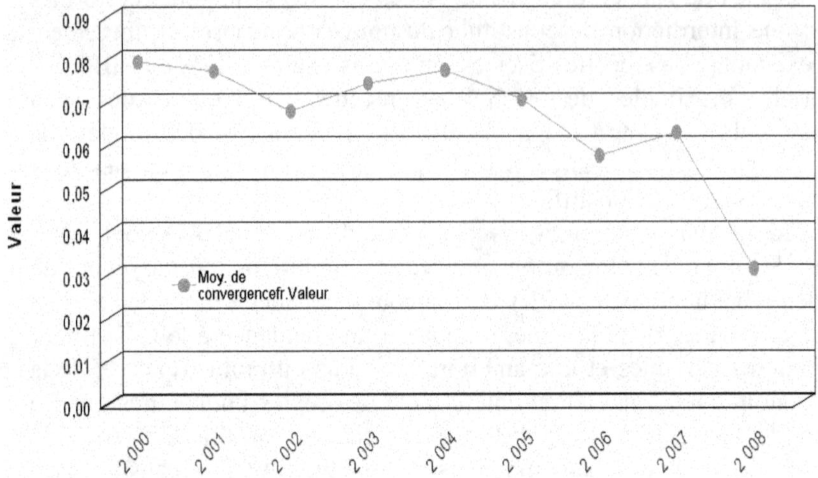

Graphique 1 : Solde global hors dons rapporté au PIB

Source *: Agence Monétaire Ouest-Africaine (http://www.amao-wama.org/)*

Graphique 2 : Encours de la dette rapporté au PIB

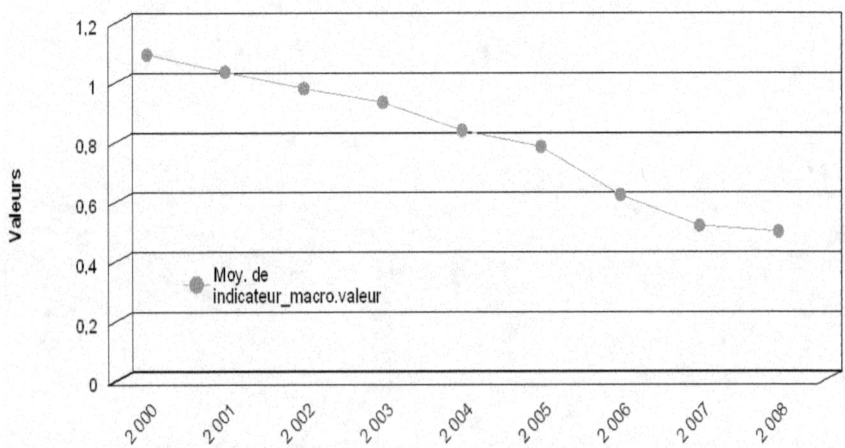

Source : *Agence Monétaire Ouest-Africaine (http://www.amao-wama.org/)*

Graphique 3 : Taux de croissance du PIB

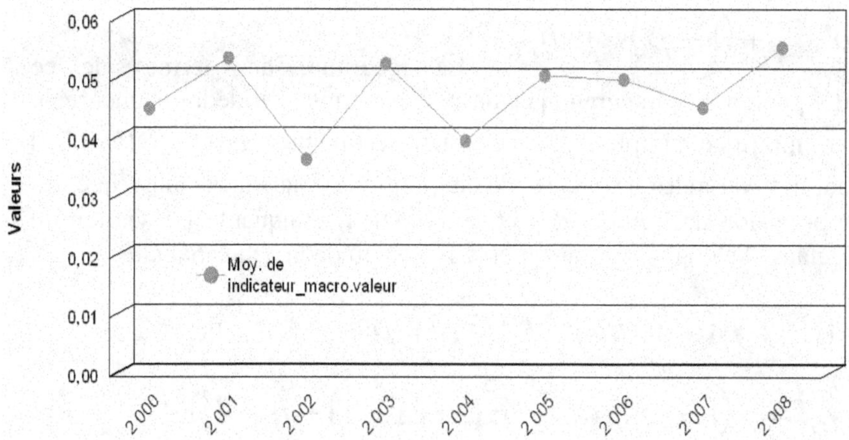

Source : *Agence Monétaire Ouest-Africaine (http://www.amao-wama.org/)*

Méthodologie d'estimation

La règle budgétaire empirique

La règle budgétaire empirique à laquelle nous avons recours est construite autour du niveau de l'endettement et des conditions de croissance économique de Ballabriga et Martinez-Mongay (2002)[119]. La formalisation de la règle budgétaire proposée par ces auteurs s'articule autour de deux principales composantes : le niveau souhaité du solde budgétaire (s_t^*, éq.[1]) et son niveau effectif (s_t éq.[2]). Plus précisément, s_t^* dépend de l'écart du stock de la dette par rapport à sa cible (d_{t-1}, d_t^*) et de l'output gap (x_t résultant d'un ensemble d'informations se rapportant à la politique budgétaire, Ω_t). Quant à la seconde composante, s_t , elle est représentée par un facteur d'inertie, dont le complément dépend du niveau souhaité du solde budgétaire, et η_t les chocs économiques exogènes de politique économique normalement distribués. Présentée sous la forme d'un système de deux équations, l'expression théorique de la règle s'écrit :

119 Ballabriga et Martinez-Mongay (2002) ont adopté le modèle initial de Clarida, Gali et Gertler (1998). Celui-ci a donné lieu a divers application ; voir notamment Pommier (2004) pour une analyse appliquée aux pays de l'union européenne et Ary Tanimoune (2010) pour les pays de le 'UEMOA.

$$\begin{cases} s_t^* = \alpha + \delta\left(d_{t-1} - d_t^*\right) + \gamma E\left(x_t / \Omega_t\right) & [1] \\ s_t = \rho\, s_{t-1} + (1-\rho) s_t^* + \eta_t & [2] \end{cases}$$

La réécriture des termes de ce système d'équation, en intégrant [1] dans [2], permet de déduire une règle budgétaire empirique simple [3], facilement estimable, avec ε_t (éq. [4]) représentant les variables exogènes de la politique budgétaire ainsi que les erreurs de prévision de l'output gap et $\tilde{\alpha}$ (éq. [5]) indiquant la déviation du solde budgétaire de long terme par rapport au niveau de la dette souhaitée.

$$s_t = (1-\rho)\cdot\left(\tilde{\alpha} + \delta\, d_{t-1} + \gamma\, x_t\right) + \rho\, s_{t-1} + \varepsilon_t \quad [3]$$

avec $$\begin{cases} \varepsilon_t = -(1-\rho)\gamma\left(x_t - E(x_t / \Omega_t)\right) + \eta_t & [4] \\ \tilde{\alpha} = \alpha - \delta\, d^* & [5] \end{cases}$$

Les coefficients à estimer sont : δ, lié au stock de la dette existante à la période antérieure ; γ, celui du cycle économique ; $\tilde{\alpha}$, la constante permettant de faire le lien avec le solde budgétaire souhaité et ρ, le facteur d'inertie (variant de 0 à 1) de la politique budgétaire.

L'équation [3] est non linéaire dans les coefficients et le terme d'erreur (ε_t) est corrélé avec l'une des variables explicatives, l'output gap (x_t), comme l'indique l'équation [5]. De ce fait, afin de conduire une estimation rigoureuse, il est impératif d'y établir une condition d'orthogonalité. La méthode des moments généralisés non linéaires (GMM-NL) et en outre (clarifier), elle permet d'avoir recours à un ensemble de variables instrumentales en lien avec l'élaboration des politiques budgétaires, semble bien adaptée (clarifier). La condition d'orthogonalité s'écrit alors : $E\left(\varepsilon_t\big|_{\rho,\tilde{\alpha},\delta,\gamma}; Z_t\right) = 0$, avec $Z_t \in \Omega_t$, l'ensemble des variables instrumentales.

Les spécifications des variables

Une spécification de base de la règle budgétaire empirique [3] a été retenue afin de mettre en évidence les mécanismes budgétaires dans la CEDEAO. La variable expliquée est le critère clé de convergence budgétaire de premier niveau dans la zone[120], c'est-à-dire le solde budgétaire global hors dons, en proportion du PIB nominal (SGHD, éq.[6]). Ce solde est égal à la différence entre les recettes totales hors dons et les dépenses totales nettes des prêts. Outre

[120] Le solde global hors dons est égal à la différence entre d'une part, les recettes totales hors dons (RTHD) et d'autre part les dépenses totales (DT) et les prêts nets (PN)

le SGHD décalé d'une période, les deux principales variables expliquées sont : le ratio de la dette totale au PIB décalé d'une période ($DETTE_{t-1}$) et l'output gap contemporain, OG_t^{λ}, calculé à l'aide du filtre de Hodrick-Prescott avec un coefficient de lissage $\lambda = 100$ [121]. La règle budgétaire de base est donc :

$$SGHD_t = (1-\rho)\cdot(\tilde{\alpha} + \delta\, DETTE_{t-1} + \gamma\, OG_t^{\lambda}) + \rho\, SGHD_{t-1} + \varepsilon_t \qquad [6]$$

Trois spécifications complémentaires ont été apportées à la règle de base. D'abord, elle a été complétée par l'évaluation de l'effet de composition du solde budgétaire (Alesina et Ardagna, 1998). Ce dernier est mis en évidence à l'aide de deux estimations, l'une relative aux recettes totales hors dons (RTHD, éq.[7]) et l'autre, relative aux dépenses totales (DT, éq.[8]) respectivement rapportées au PIB. La prise en compte de la composition du solde budgétaire global hors dons est de nature à indiquer à travers laquelle des composantes, recettes ou dépenses, ont lieu les ajustements budgétaires.

$$RTHD_t = (1-\rho)\cdot(\tilde{\alpha} + \delta\, DETTE_{t-1} + \gamma\, OG_t^{\lambda}) + \rho\, RTHD_{t-1} + \varepsilon_t \qquad [7]$$

$$DT_t = (1-\rho)\cdot(\tilde{\alpha} + \delta\, DETTE_{t-1} + \gamma\, OG_t^{\lambda}) + \rho\, DT_{t-1} + \varepsilon_t \qquad [8]$$

Ensuite, une deuxième série de spécifications est utilisée pour identifier la nature des ajustements budgétaires en fonction des phases du cycle économique, d'une part sur le solde budgétaire global hors dons et d'autre part sur les recettes totales hors dons et les dépenses totales. Pour ce faire, l'output gap est décomposé en deux variables correspondant chacune à la phase d'expansion et à la phase de contraction[122]. La nouvelle variable correspondant à la phase d'expansion $OG(+)_t^{\lambda}$ (respectivement à la phase de récession $OG(-)_t^{\lambda}$) est obtenue en multipliant la série de l'output gap par la variable muette qui prend la valeur 1 lorsque celui-ci est positif (respectivement négatif) et 0 le cas échéant. Suivant la même procédure, la variable d'endettement a aussi été décomposée, avec $DETTE_{t-1}[OG(+)_t^{\lambda}]$ correspondant à une phase d'expansion et $DETTE_{t-1}[OG(-)_t^{\lambda}]$ une phase de contraction économique.

---

[121] La méthode d'estimation du PIB potentiel est sujette à de nombreuses discussions. La Commission Européenne utilise le filtre de Hodrick-Prescott alors que l'OFCE recourt à la fonction de production. Nous retenons la valeur de 100 pour le seuil de lissage, suivant (Backus et Kehoe, 1992) et conformément aux résultats d'Ary Tanimoune et al. (2008).

[122] Voir Pommier (2004).

$$SGHD_t = (1-\rho)\cdot\left(\tilde{\alpha} + \delta_+ DETTE_{t-1}\left[OG(+)_t^{\lambda}\right] + \delta_- DETTE_{t-1}\left[OG(-)_t^{\lambda}\right] + \gamma_+ OG(+)_t^{\lambda} + \gamma_- OG(-)_t^{\lambda}\right) + \rho\, SGHD_{t-1} + \varepsilon_t \quad [9]$$

$$RTHD_t = (1-\rho)\cdot\left(\tilde{\alpha} + \delta_+ DETTE_{t-1}\left[OG(+)_t^{\lambda}\right] + \delta_- DETTE_{t-1}\left[OG(-)_t^{\lambda}\right] + \gamma_+ OG(+)_t^{\lambda} + \gamma_- OG(-)_t^{\lambda}\right) + \rho\, RTHD_{t-1} + \varepsilon_t \quad [10]$$

$$DT_t = (1-\rho)\cdot\left(\tilde{\alpha} + \delta_+ DETTE_{t-1}\left[OG(+)_t^{\lambda}\right] + \delta_- DETTE_{t-1}\left[OG(-)_t^{\lambda}\right] + \gamma_+ OG(+)_t^{\lambda} + \gamma_- OG(-)_t^{\lambda}\right) + \rho\, DT_{t-1} + \varepsilon_t \quad [11]$$

Enfin, la dernière série de spécifications mettent en évidence l'ampleur des ajustements budgétaires, selon que les pays appartiennent, ou non, à l'Union Économique et Monétaire Ouest-Africaine. A cet effet, les variables de l'output gap et de l'endettement ont été respectivement scindées en deux (d'une part, $OG[U(1)]_t^{\lambda}$ et $OG[U(0)]_t^{\lambda}$, et d'autre part $DETTE_{t-1}\left[U(1)_t^{\lambda}\right]$ et $DETTE_{t-1}\left[U(0)_t^{\lambda}\right]$), selon que les pays sont membres ou non de l'UEMOA.

$$SGHD_t = (1-\rho)\cdot\left(\tilde{\alpha} + \delta_1 DETTE_{t-1}\left[U(1)_t^{\lambda}\right] + \delta_0 DETTE_{t-1}\left[U(0)_t^{\lambda}\right] + \gamma_1 OG[U(1)]_t^{\lambda} + \gamma_- OG[U(0)]_t^{\lambda}\right) + \rho SGHD_{t-1} + \varepsilon_t \quad [12]$$

$$RTHD_t = (1-\rho)\cdot\left(\tilde{\alpha} + \delta_1 DETTE_{t-1}\left[U(1)_t^{\lambda}\right] + \delta_0 DETTE_{t-1}\left[U(0)_t^{\lambda}\right] + \gamma_1 OG[U(1)]_t^{\lambda} + \gamma_- OG[U(0)]_t^{\lambda}\right) + \rho RTHD_{t-1} + \varepsilon_t \quad [13]$$

$$DT_t = (1-\rho)\cdot\left(\tilde{\alpha} + \delta_1 DETTE_{t-1}\left[U(1)_t^{\lambda}\right] + \delta_0 DETTE_{t-1}\left[U(0)_t^{\lambda}\right] + \gamma_1 OG[U(1)]_t^{\lambda} + \gamma_- OG[U(0)]_t^{\lambda}\right) + \rho DT_{t-1} + \varepsilon_t \quad [14]$$

Les différents mécanismes budgétaires, allant de l'équation 6 à 14, ont été estimés à partir de données de panel à effets fixes pays, sur la période 1996-2008. Le panel est composé de treize (13) pays de la CEDEAO à l'exception du Liberia et du Cap-Vert, essentiellement pour des raisons de disponibilité et de cohérence de bases de données. Les données disponibles proviennent des bases de données en ligne de l'IMAO, de la *World Development Indicators* ainsi que des rapports de surveillance multilatérale la Commission de l'UEMOA et des annuaires statistiques de la BCEAO.

Les tests de racine unitaire sur données de panel (13 pays, 13 années) de Levin, Lin & Chu (2002) indiquent que les variables sont intégrées d'ordre 0, donc stationnaires en niveau. Les estimations ont été effectuées à l'aide des GMM non linéaires. Elles prennent en compte, suivant les mécanismes budgétaires estimés, un ensemble de variables instrumentales composées de variables endogènes, du taux d'inflation, du ratio des recettes fiscales, de la formation brute de capital fixe, des exportations, des importations rapportées au PIB, tous décalés de une à trois périodes comme il est de coutume dans de tels cas. Par ailleurs, un test de suridentification de Sargan, basé sur la J-stat, a été conduit pour chaque estimation. Ce test permet de s'assurer que les variables instrumentales, plus nombreuses que les coefficients estimés, n'affectent pas la robustesse des estimations. Rappelons que le Test, appliqué à des données de panel, suit une distribution de khi2 (p-k) avec p le rang du vecteur des instruments et p le nombre de coefficients estimés, sous l'hypothèse nulle que le choix des variables instrumentales est sans contrainte. Analytiquement, le non-rejet de H_0 signifierait que les informations tirées des variables instrumentales retenues semblent adaptées pour bien expliquer le mécanisme budgétaire estimé[123].

Résultats

Les résultats des estimations des différentes spécifications des ajustements budgétaires sont présentés, respectivement par rapport à la composition du solde global hors dons, ensuite par rapport aux phases du cycle économique et enfin, relativement à l'appartenance à l'UEMOA ou non.

Ajustement budgétaire de base et effets de composition

Le tableau 2 présente une synthèse de la première série des estimations des mécanismes budgétaires au niveau de la CEDEAO[124]. Les résultats ne sont pas contraints par la sur-identification des variables instrumentales et les coefficients estimés sont quasiment tous significatifs.

Par rapport à la règle budgétaire de base, calculée à partir du solde global hors dons (2e colonne, Tableau 2), il en ressort que la déviation du solde budgétaire de long terme par rapport au niveau de la dette souhaitée, c'est-à-dire le terme constant $\tilde{\alpha}$, est négatif et statistiquement significatif. Le signe de ce coefficient est similaire à celui obtenu par Ballabriga et Martinez-Mongay (2002) dans le cas des pays de l'Union Européenne et à celui obtenu par Ary Tanimoune (2010) pour l'UEOMA. Ainsi, on en déduit que dans la CEDEAO, un effort constant d'adaptation du solde global hors dons semble nécessaire pour que le solde budgétaire ne s'amplifie pas. Par ailleurs, le facteur d'inertie (ρ) est positif et statistiquement significatif. En cela, il suit une tendance similaire à celle de certains pays de l'Union Européenne (Pommier, 2004) et de l'UEOMA, bien que par rapport à ce dernier, il soit relativement peu élevé[125]. En somme, il semble que 1/3 des réalisations budgétaires de l'année précédente influe sur le solde budgétaire contemporain.

Les coefficients du stock de la dette totale et de l'output gap sont positifs et significatifs. En moyenne, il semble qu'une hausse de 1% du stock de la dette totale se serait traduite par un très faible accroissement du ratio de solde

---

[123] Les détails des calculs sont disponibles sur demande.

[124] Les effets fixes pays ne sont pas reproduits.

[125] En effet, le facteur d'inertie de l'UEOMA qui est de l'ordre de 71% (cf. Ary Tanimoune, 2010). Toutefois, il y a lieu de nuancer la comparaison directe de ces deux grandeurs, car dans le cas de l'UEOMA, les mécanismes budgétaires ont été évalués sur la base du solde primaire de base hors dons.

budgétaire global hors dons rapporté au PIB, c'est-à-dire de l'ordre de 0,06%[126]. Par contre, cette hausse apparaît très importante (+0,40%) lorsqu'elle résulte d'un accroissement de 1% du l'output gap. Ainsi, en déduit-on que le solde global hors dons dans la CEDEAO semble avoir été plus sensible à un choc de croissance qu'à un choc d'endettement.

Tableau 2 : Mécanismes budgétaires et composition du solde

	SGHD *MB1*	**RTHD** *MB2*	**DT** *MB3*
ρ (inertie)	0.37 *(0.02)**	0.28 *(0.04)**	0.50 *(0.00)**
$\overline{\alpha}$	-0.15 *(0.00)**	0.14 *(0.00)**	0.30 *(0.00)**
DETTE	0.06 *(0.02)**	0.02 *(0.2)*	-0.06 *(0.07)***
OG	0.63 *(0.01)**	0.25 *(0.06)***	-0.78 *(0.01)**
rang instr.	32	32	43
J-statistic	17.52 *(0.98)*	29.71 *(0.58)*	34.43 *(0.82)*

[1] la variable muette dev (représentant la rupture suite à la dévaluation est incluse comme explicative.
Il s'agit, sauf pour le facteur d'inertie, des effets marginaux bruts. Suivant l'éq. [3], il faut les pondérer par le terme $(1-\rho)$ afin d'obtenir les effets nets.
Entre parenthèses *p-value* ; *, **, *** : significativité à 1, 5 et 10%. Technique d'estimation : *Non Linear Panel Generalized Method of Moments* avec effets fixes pays, échantillon ajusté 1996-2008, 13 pays. Voir détails des calculs en annexe.

Les estimations des règles MB2 et MB3 (Tableau 1, colonnes 3 et 4) précisent les impacts marginaux de la croissance économique et de l'endettement sur les composantes du solde global hors dons. Les coefficients estimés de la déviation de long terme par rapport au niveau de la dette extérieure souhaitée ($\tilde{\alpha}$) et l'effet d'inertie (ρ) sont significatifs autant pour les recettes totales hors dons que pour les dépenses publiques totales. Aussi, sans surprise, on trouve que l'effet d'inertie est plus prononcé dans le cas des dépenses totales que pour les recettes totales hors dons. Par contre, alors que le coefficient du ratio de la dette totale apparaît avec un signe négatif et significatif

[126] Rappelons que suivant l'éq. [1], cet accroissement est obtenu en pondérant le coefficient δ par $(1-\rho)$.

dans le cas des dépenses publiques rapportées au PIB, il est positif mais non statistiquement significatif pour les recettes totales. Ainsi, en réaction à une augmentation moyenne du ratio de la dette totale, il semble que l'ajustement budgétaire se serait fait essentiellement à travers une (faible) réduction des dépenses publiques (-0,03%). Aussi, un accroissement de 1% de l'output gap aurait donné lieu à une baisse du ratio des dépenses publiques totales (-0,39%) et une hausse du ratio des recettes totales rapportées au PIB (+0,18).

Ainsi, en règle générale sur la période 1996-2008, on peut en déduire le critère budgétaire de référence pour la convergence dans la CEDEAO, le solde global hors dons, semble avoir été plus sensible à un choc de production qu'à un choc d'endettement. En outre, on relève aussi que ces deux types de chocs se seraient propagés de façon asymétrique par rapport aux composantes du solde budgétaire global hors dons. Au demeurant, l'ajustement par les dépenses publiques semble avoir été le plus important. Ces résultats suggèrent d'une part, que les autorités de la CEDEAO devraient être davantage attentives aux conditions de croissance économique et d'autre part, que le renforcement de la convergence budgétaire pourrait être envisagé à partir d'un meilleur encadrement des dépenses publiques.

Impacts suivant les phases du cycle économique

Les résultats des estimations économétriques mettant en évidence les impacts marginaux des chocs de production et d'endettement, suivant les phases d'expansion et de récession, sur les principales variables budgétaires sont présentés dans le tableau 2. Par ailleurs, nous avons mené un test de Wald d'égalité statistique des coefficients, suivant les phases du cycle, lorsque les coefficients sont significatifs.

D'abord, en phase de récession (output gap négatif), il semble que l'impact marginal d'un choc de production sur le solde global hors dons ait été un déficit de 0,13%. Cet impact marginal se serait traduit par une augmentation des dépenses publiques totales (0,04%) et par une baisse des recettes totales hors dons dans une proportion sensiblement équivalente. Ainsi, lorsque les capacités de production sont sous-employées dans la CEDEAO, l'effet de composition du solde global hors dons semble amplifier le déficit budgétaire. En outre, il semble que les chocs d'endettement aient été répercutés essentiellement sur les dépenses publiques, avec une contraction de 0,02% car l'impact marginal du ratio de la dette totale rapportée au PIB sur les recettes publiques totales est statistiquement non significatif. A ce niveau aussi, on observe un effet de composition amplificateur du choc d'endettement étant donné que 1% d'accroissement de la dette publique totale rapportée au PIB se traduit par une amélioration de 0,04% du solde global hors dons.

Ensuite, en phase d'expansion, le coefficient estimé de l'output gap et celui de la dette totale, respectivement négatif et positif, sont statistiquement significatifs dans l'estimation du SGHD. Cependant, il semble que les ajustements budgétaires auraient eu lieu essentiellement au niveau des recettes totales hors dons pour les chocs de production alors que ce sont essentiellement les dépenses publiques totales qui auraient été réduites en réaction à un accroissement de la dette totale.

Enfin, à la suite du test de Wald, on peut noter que les impacts marginaux du ratio de la dette totale sur les dépenses publiques totales ne sont pas statistiquement différents, que l'on soit en récession ou en expansion économique. Par contre, le choc de l'output gap sur les recettes totales hors dons est statistiquement différent selon les phases de cycle économique. Pour un choc de la production de 1%, quelle que soit la phase du cycle économique, il se serait produit une baisse des recettes totales hors dons. Et paradoxalement, cette baisse semble avoir été plus importante en phase d'expansion, -0,40% contre -0,04% en phase de récession. On peut penser que des phénomènes de relâchement fiscal (cf. Alesina et Perotti, 1995) ont eu lieu dans la CEDEAO, sur la période 1996-2008.

Tableau 3 : Mécanismes budgétaires et phases du cycle économique

	SGHD *MB 1bis*	**RTHD** *MB 2bis*	**DT** *MB 3bis*
ρ (inertie)	0.34 *(0.01)**	0.35 *(0.00)**	0.40 *(0.00)**
$\overline{\alpha}$	-0.10 *(0.00)**	0.18 *(0.00)**	0.27 *(0.00)**
DETTE(OG-)	0.06 *(0.01)**	0.01 *(0.61)*	-0.03 *(0.03)**
OG(-)	-0.19 *(0.00)**	-0.06 *(0.00)**	0.07 *(0.10)***
DETTE(OG+)	0.07 *(0.05)**	0.00 *(0.85)*	-0.04 *(0.05)**
OG(+)	-1.82 *(0.20)*	-0.71 *(0.04)**	0.39 *(0.33)*
rang instr.	38	38	35
J-statistic	23.30 *(0.98)*	27.32 *(0.90)*	19.42 *(0.98)*

[1] la variable muette dev (représentant la rupture suite à la dévaluation est incluse comme explicative.
Il s'agit, sauf pour le facteur d'inertie, des effets marginaux bruts. Suivant l'éq. [3], il faut les pondérer par le terme $(1-\rho)$ afin d'obtenir les effets nets.
Entre parenthèses *p-value* ; *, **, *** : significativité à 1, 5 et 10%. Technique d'estimation : *Non Linear Panel Generalized Method of Moments* avec effets fixes pays, échantillon ajusté 1996-2008, 13 pays. Voir détails des calculs en annexe.

Appartenance à l'UEMOA

La dernière série d'estimations porte sur les impacts marginaux des chocs de production et d'endettement, selon que les pays appartiennent ou non à l'UEMOA. Les résultats sont reportés dans le Tableau 4 ci-dessous.

Ainsi, il en ressort qu'un accroissement de l'output gap de 1% aurait eu pour impact marginal un accroissement du solde budgétaire global hors dons de 0,59% dans les pays de l'UEMOA contre 0,37% dans les autres pays. Plus précisément, ces ajustements budgétaires seraient essentiellement la résultante de la contraction des dépenses publiques dans les pays non-UEMOA, le coefficient estimé pour les recettes totales hors dons pour les pays de l'UEMOA étant statistiquement non significatif.

Quant à l'endettement, il semble qu'un choc à la hausse de 1% aurait entraîné une augmentation du SGHD de 0,07% dans les pays non-UEMOA alors que le même choc se serait traduit par une contraction budgétaire dans l'UEMOA. Dans le premier cas, l'ajustement se serait fait par une contraction des dépenses totales (-0,07%) et par un accroissement des recettes totales hors dons (0,02%). Dans le second cas, c'est-à-dire pour les pays de l'UEMOA, la contraction constatée serait essentiellement la conséquence d'une baisse des recettes totales ; l'impact marginal sur les dépenses totales est statistiquement non significatif.

Tableau 4 : Mécanismes budgétaires et espaces économiques constitués

	SGHD *MB 1ter*	**RTHD** *MB 2ter*	**DT** *MB 3ter*
ρ (inertie)	0.33 *(0.01)**	0.28 *(0.09)***	0.51 *(0.00)**
$\overline{\alpha}$	-0.12 *(0.00)**	0.21 *(0.00)**	0.29 *(0.00)**
DETTE(U)	-0.04 *(0.05)**	-0.13 *(0.00)**	-0.01 *(0.54)*
OG(U)	0.87 *(0.01)**	1.32 *(0.03)**	-1.03 *(0.02)**
DETTE(NU)	0.10 *(0.01)**	0.03 *(0.01)**	-0.08 *(0.08)***
OG(NU)	0.55 *(0.05)***	-0.01 *(0.90)*	-0.75 *(0.01)**
rang instr.	47	39	50
J-statistic	26.71 *(0.99)*	15.45 *(0.99)*	27.37 *(0.99)*

[1] la variable muette dev (représentant la rupture suite à la dévaluation est incluse comme explicative.

Il s'agit, sauf pour le facteur d'inertie, des effets marginaux bruts. Suivant l'éq. [3], il faut les pondérer par le terme $(1-\rho)$ afin d'obtenir les effets nets.

Entre parenthèses *p-value* ; *, **, *** : significativité à 1, 5 et 10%. Technique d'estimation : *Non Linear Panel Generalized Method of Moments* avec effets fixes pays, échantillon ajusté 1996-2008, 13 pays. Voir détails des calculs en annexe.

Discussion et pistes de réflexion

Au total, trois principales tendances ont été mises en évidence[127] par rapport aux mécanismes d'ajustements budgétaires observés dans la CEDEAO à partir du solde global hors dons, sur la période 1996-2008. D'abord, de façon générale, il semble exister un effet de composition du solde global hors dons par rapport à des chocs d'endettement ou de production. Cet effet serait asymétrique avec une variabilité induite plus importante pour les dépenses publiques totales. Ensuite, en phase d'expansion, il semble que la nature des ajustements budgétaires ait été distincte selon le type de choc. Face à un choc de production, les recettes publiques totales (rapportées au PIB) semblent avoir été paradoxalement revues à la baisse alors que face à un choc d'endettement, comme on peut s'y attendre, ce sont les dépenses publiques (rapportées au PIB) qui semblent avoir été réduites. En phase de récession, les recettes totales ont été la principale variable d'ajustement, autant face à un choc de production que

[127] Voir synthèse, Tableau 4 en annexe.

d'endettement. Enfin, les résultats laissent penser que l'appartenance de certains pays à l'UEMOA est susceptible de changer la nature des ajustements, surtout lorsque la CEDEAO expérimente un choc d'endettement. En effet, alors que les pays de l'UEMOA se sont ajustés en baissant leurs recettes totales, les autres pays ont augmenté les leurs. Pour ces pays non- membres de la zone Franc, en cas de choc de production, l'ajustement budgétaire passerait essentiellement par une contraction des dépenses publiques rapportées au PIB.

Ces tendances laissent supposer que la marge de manœuvre pour la conduite des politiques budgétaires à l'échelle de la CEDEAO demeure relativement importante. D'une part, les résultats ont montré que les mécanismes budgétaires semblent asymétriques selon que les économies de la zone subissent un choc de production ou un choc d'endettement, avec une tendance au relâchement fiscal en phase d'expansion. D'autre part, les chocs de production et d'endettement, sur la période 1996-2008, n'ont pas permis d'établir que le noyau formé par les pays appartenant à l'UEMOA a été déterminant dans la nature des ajustements budgétaires à l'échelle de la CEDEAO. Dans les deux cas, la poursuite du processus de convergence économique paraît indispensable car les effets pervers des ajustements asymétriques sont de nature à annihiler l'important effort d'harmonisation des politiques économiques entrepris dans la Communauté Économique et Monétaire. En tout état de cause, la CEDEAO devrait envisager des analyses complémentaires pour cerner davantage les mécanismes budgétaires, notamment l'importance relative des éventuels stabilisateurs dans la zone, en prenant en compte les évolutions structurelles des variables budgétaires dans chaque pays.

Bibliographie

Alesina A. et Perotti R. (1995), « Political Economy of Budget Deficits », *IMF Staff Papers*, Vol. 42(1), 1-31.

Alesina A. et S. Ardagna (1998), « Tales of fiscal adjusments », *Economic Policy*, 13, 27, 489-545.

Alesina A. et Tabellini G. (1990), « A Positive Theory of Fiscal Deficits and Government Debt », *Review of* Economic Studies 57(3), 403-414.

Ary Tanimoune N. (2010), « Convergences économique et budgétaire dans l'UEMOA : une analyse empirique du critère budgétaire » Revue Africaine d'Intégration, (accepté, juin 2010).

Ary Tanimoune N. et P. Plane (2005), « Performance et convergence des politiques économiques en zone franc », *Revue Française d'Economie*, 20, 235-268.

Ary Tanimoune N., J-L. Combes et Plane P. (2008), « Les effets non linéaires de la politique budgétaire : le cas de l'Union Économique et Monétaire Ouest-Africaine », *Économie et Prévision*, 186(5), 145-162

Atindéhou R B., Gueyie J P et Amenounve, E K (2005), « Financial intermediation and economic growth: evidence from Western Africa », *Applied Financial Economics*, 15:11, 777 – 790

Backus D. et P. Kehoe, 1992, « International evidence on the historical properties of business cycles », *American Economic Review*, 82, 4, 864-888.

Ballabriga F. et Martinez-Mongay C. (2002), « Has Emu Shift Policy ? », *Economic Paper*, n°166.

Bouthevillain C. et alii (2001), « *Cyclically adjusted budget balances: an alternative approach* », September, ECB Working Paper, N°77.

Clarida R., Gali J. et Gertler M. (1998), «Monetary policy rules in practice : some international evidence», *European Economic Review*, vol. 42, 1033-1067.

Cukierman, A. et A. H. Meltzer (1986), « A Positive Theory of Discretionary Policy, the Cost of Democratic Government and the Benefits of a Constitution », *Economic Inquiry*, Vol.24(3), 367-88.

Gbetnkom D (2006), « On the Empirics of Market Integration in ECOWAS », *Journal of Economic Policy Reform*, 9:4, 289 – 303

Guillaumont P., S. Guillaumont et Plane P. (1988), « Participating in African Monetary Unions: An Alternative Evaluation », *World Development*, May, vol.16, n°5, 569-576.

Hagen Von, J. et Harden I. (1995), « Budget processes and commitment to fiscal discipline », *European Economic Review*, vol. 39, issues 3-4.

Hefeker C (2010), « Fiscal Reform and Monetary Union in West Africa », *Journal of International Development,* 22, 86–102 (Published online 4 November 2008)

Hemming R. et Kell M. (2001), « Promoting fiscal responsibility: transparency, rules and independent fiscal authorities », *in* Banca d'Italia (dir. de la publ.), *Fiscal rules*, Proceedings of a Research Department Public Finance Workshop.

Kennedy S. et Robins J. (2001), « The Role of Fiscal Discipline in Determining Fiscal Performance », *Department of Finance Working Paper*, 2001-16, Canada

Noord van den, P (2000), « The size and role of automatic stabilisers in the 1990s and beyond », *OECD Economics Department Working Papers*, No. 230 (Paris: OECD).

Note *de synthèse de l'étude sur l'approfondissement des critères de convergence*, Commission de l'UEOMA, 1999

Pommier S. (2004), « Évolutions et asymétries des règles européennes de politique budgétaire et mise en œuvre du Pacte de stabilité », *Économie et Prévision,* n° 162 –2004/1, 95-109.

Rogoff K. (1990), « Equilibrium Political Budget Cycles », *American Economic Review*, Vol. 80-1, 21-36.

Semedo G. et P. Villieu 1997, *La zone franc – mécanismes et perspectives macroéconomiques*, Ellipses, Ed. Marketing SA.

Villieu P. (2003), « Pacte de stabilité, crédibilité du policy-mix et coordination des politiques budgétaires en union monétaire », *Revue Economique*, 54(1), janvier, 25-46.

Wyplosz C. (2002), « Fiscal Policy: Rules vs. Institutions? », Group of Economic Analysis of the European Commission, 16 avril 2002. HEI Working papers 03/2002.

VII

Mesure de la performance des économies des pays membres de la CEDEAO : une application du dea multiproduit

N'galadjo Lambert Bamba[*]
Kalilou Sylla[**]
Erick Gnacadja[***]

Introduction

Durant les deux dernières décennies, les politiques de développement mises en œuvre en Afrique avaient pour objectif principal de stimuler la croissance économique dont les bénéfices seraient favorables à la réduction de la pauvreté. L'accent a donc été mis sur la croissance pour mesurer la performance économique avec l'hypothèse implicite qu'elle serait propauvre.

Les années 1990 ont été marquées par l'éclosion des politiques de lutte contre la pauvreté sur le continent notamment en Afrique de l'Ouest. Cette préférence soudaine pour la lutte contre la pauvreté indiquait en réalité l'incapacité des pays à mettre en place une croissance propauvre.

Le taux de pauvreté devient alors le nouvel indicateur de performance des économies notamment en Afrique de l'Ouest. Ce nouvel indicateur provoque une controverse dans la mesure où il néglige l'aspect de la création de la richesse. Une nouvelle orientation est donnée aux politiques qui sont devenues plus sociales que créatrices de richesse. Le PNUD (1990) attire l'attention de la communauté des chercheurs en proposant l'indice sur le développement humain qui prend, en plus de la croissance, d'autres critères dans le calcul de la performance.

Dans cette nouvelle perspective pour l'analyse, Bourguignon (2004) relance un débat crucial en matière de développement notamment la prise en compte de la croissance et de l'inégalité dans l'évaluation de la performance économique des pays. Actuellement, il y a une divergence entre ceux qui privilégient la

[*] Commissaire de la CEDEAO en charge des politiques macroéconomiques et Professeur d'économie CIRES/UFRSEG.
[**] CEDEAO et CIRES/UFRSEG.
[***] Economiste.

pauvreté et une juste répartition des ressources d'une part et d'autre part la croissance économique.

La présente étude est une contribution d'une part à la construction d'un indice de performance prenant en compte la croissance et la pauvreté et d'autre part à la compréhension de l'évolution de cette performance dans une approche comparative entre les pays membres de la CEDEAO.

I. Revue de la littérature

La performance des économies a fait l'objet de beaucoup de travaux. Au départ, les économistes ont attribué la performance des économies à la croissance économique. Dans cette perspective Smith (1776), Ricardo (1817) et Malthus (1798) ont essayé d'expliquer la performance des économies dans un contexte de révolution industrielle à travers la croissance. A la suite de ces économistes, Harrod (1939) et Domar (1948) se sont penchés sur l'équilibre de la croissance et notamment l'existence du plein-emploi. Ils concluent à la difficulté d'atteindre l'équilibre notamment à cause de la rigidité du coefficient du capital. Solow (1956) reprend l'analyse en changeant la fonction de production et en rendant flexible le coefficient du capital. Ce changement induit des mécanismes autorégulateurs du marché pour atteindre la croissance équilibrée contrairement à l'analyse d'Harrod Domar.

Mais, l'analyse précédente néglige le rôle de la recherche, du capital humain et du progrès technique dans les facteurs explicatifs de la recherche, c'est la raison de l'émergence de la croissance endogène (Romer (1986), Barro et Sala-i-Martin (1995), Lucas (1988), Mankiw et al. (1992). Et récemment, les questions institutionnelles sont apparues pour expliquer la croissance avec des nuances liées à l'efficacité du gouvernement (Stiglitz, 1995 ; Haussman, 2002 ; Shleifer et al. 1999).

Il apparaît très clairement que la croissance économique a été utilisée comme la mesure de la performance de l'économie avec des facteurs explicatifs différents à travers le temps.

Une autre préoccupation est apparue concernant l'inégalité et la pauvreté. Cette autre préoccupation sera au cœur de la performance économique. L'indice de Gini (1912), et l'indice de Theil (1967) ont mis en lumière la répartition des revenus comme moyen d'évaluer la capacité d'une économie à atteindre l'équité sociale.

Plus tard la question de la pauvreté et de sa mesure font fait partie du débat de politique économique (Sen, 1976). Foster et al. (1984) proposent une méthodologie pour mesurer la pauvreté ainsi que la sévérité de celle-ci. Cette méthodologie a dominé le calcul ainsi que le ciblage des pauvres dans le monde. Le rapport de la Banque Mondiale (1990) a relancé le débat sur la pauvreté notamment après les premières générations des politiques d'ajustement structurel.

Les deux premières approches distinguent les questions de croissance des questions sociales. Sen (1976) essayera de concilier ces deux approches en développant une dimension multidimensionnelle de la pauvreté et de l'inégalité. L'indice du développement humain du PNUD (1987) a rendu célèbre cette nouvelle approche. Des méthodologies sont développées pour calculer et comparer la pauvreté et l'inégalité multidimensionnelles dans l'espace et le temps (Duclos et al., 2006 ; D'Ambrosio et al., 2004 ; Lugo, 2007 ; Bourguignon et al.2003)). Dans le même ordre d'idées, Coelli et al (2002) ont développé un indice prenant en compte la croissance et l'équité. Cette approche s'inscrit dans l'approche globale de l'inégalité multidimensionnelle. Elle permet de calculer un indicateur multidimensionnel à l'aide d'une fonction de production multiproduit avec les niveaux de croissance et d'inégalité comme outputs ainsi que les inputs qui sont les facteurs travail et capital.

II. Méthode utilisée

2.1. Présentation de la méthode

On prend le cas de plusieurs pays et chaque pays est caractérisé par X_i comme vecteur d'inputs et Y_i comme vecteur d'outputs.

Alors : X (k x n) est la matrice des inputs et Y (m x n) est la matrice des outputs, k et m représentent le nombre des inputs et des outputs respectivement. L'objectif étant de construire la frontière qui regroupe toutes les observations, on introduit les ratios « outputs/ inputs » dans la spécification et des pondérations sont attachées aux inputs et aux outputs.

Pour chaque pays, on a alors une mesure de tous les inputs par rapport aux outputs tels que uY_i / vX_i où u est un (m,1) vecteur de pondération des outputs et v est un (K,1) vecteur de pondération des inputs, de manière à résoudre le problème suivant :

$$\begin{cases} Max_{u,v}(uy_i / vx_i) \\ S/C : uy_i / vx_i \leq 1 \\ u;v \geq 0 \end{cases} \qquad i = 1, 2, 3, \ldots\ldots\ldots, n$$

u et v sont des scalaires associés à chaque pays tels que l'efficience du iéme pays soit maximisée, sous la contrainte que toutes les mesures d'efficacité soient ≤ 1.

Cependant, une contrainte supplémentaire doit être ajoutée car cette formulation permet l'existence de plusieurs solutions. En effet, si par exemple (u*, v*) est une solution, alors (μu*, μv*) l'est aussi. On aura alors une infinité de solutions.

On peut réécrire le programme précédent comme suit :

$$\begin{cases} Max_{u,v} uy_i \\ S/C \\ vx_i = 1 \\ uy_i - vx_i \leq 0 \\ u,v \geq 0 \end{cases}$$

La dualité de la programmation linéaire nous permet de dériver une forme équivalente de ce problème d'enveloppement sous l'hypothèse des rendements d'échelle constants:

$$\begin{cases} Min_{\theta,\lambda} \theta \\ S/C : -y_i + Y\lambda \geq 1 \\ \theta x_i - X\lambda \geq 0 \\ \lambda \geq 0 \end{cases}$$

où θ est un scalaire, λ est un (n.1) vecteur de constantes.

La valeur θ obtenue sera le score d'efficacité du i^{ème} pays. Selon la définition de Farell (1957), on obtient $\theta \leq 1$, la valeur unitaire indiquant le point d'efficience.

Le problème de résolution linéaire doit ainsi être résolu n fois, pour chaque pays de l'échantillon, afin d'obtenir une valeur θ pour chaque pays.

La résolution de ce programme aboutit à la construction d'une enveloppe ou d'une frontière Pareto optimale. Les pays sur la frontière sont les pays efficients et ceux qui sont en dehors sont considérés comme inefficients. Si ces derniers croissent plus vite que les pays leaders, ceci crée un phénomène de rattrapage qui donne lieu à une convergence.

2.2. L'approche de l'indice de productivité de Malmquist

L'indice de productivité de Malmquist est défini pour mesurer le changement de productivité dans un contexte de production de plusieurs outputs avec un processus de plusieurs inputs. Comme les scores d'efficience, il passe par le calcul des scores qui mesurent le changement de l'efficience technique, du progrès technique et de la croissance de la productivité des facteurs.

Développé par Sten Malmquist (1953) comme étant le ratio des fonctions de distances mesurées par des quantités d'inputs et d'outputs, cet indice est introduit par la suite par Caves, Christensen et Diewert (1982) qui ont cherché à mesurer la productivité totale des facteurs à partir d'une technologie à plusieurs inputs et outputs, il a été développé par Färe, Grosskopf, Norris et Zhang (1994). Ces derniers présentent la croissance de la productivité comme étant la moyenne géométrique des deux indices

1.2.1. Présentation de la méthode

On a la période temporelle t=1,..., T ; S_t la technologie de production qui permet la transformation des inputs X_t en outputs Y_t (la technologie consiste dans la combinaison des vecteurs inputs et outputs réalisables).

$$S_t = [(X_t, Y_t) : X_t peutprodui reY_t]$$

Selon Shephard (1970) ou encore Caves et al (1982), la fonction de distance basée sur l'output à l'instant t, est définie comme étant l'expansion maximum du vecteur output Y_t avec une quantité donnée d'inputs X_t.

$$D_t(X_t, Y_t) = Inf[\theta : (X_{t,} Y_t / \theta) \in S_t] = Sup[\theta : (X_t, \theta Y_t) \in S_t]$$

Selon Farell (1957), sous l'hypothèse des rendements d'échelle constants, cette efficience technique est interprétée comme le pourcentage d'augmentation de l'output pour une quantité donnée d'inputs.

L'indice de productivité de Malmquist basé sur les outputs (vérifier la correction) qui est défini comme une moyenne géométrique de deux indices est alors comme suit :

$$M_t(X_{t+1}, Y_{t+1}, X_t, Y_t) = \frac{D_{t+1}(X_{t+1}, Y_{t+1})}{D_t(X_t, Y_t)} * \left[\frac{D_t(X_{t+1}, Y_{t+1})}{D_{t+1}(X_{t+1}, Y_{t+1})} * \frac{D_t(X_t, Y_t)}{D_{t+1}(X_t, Y_t)}\right]^{1/2}$$

Il peut être décomposé en deux termes qui mesurent entre deux périodes l'un, le changement d'efficience représenté par un rapprochement ou un éloignement de la frontière de production, l'autre, le changement technologique représenté par un déplacement de la frontière de production à la période t+1.

$$Changement\_d'efficience\_technique = \frac{D_{t+1}(X_{t+1}, Y_{t+1})}{D_t(X_t, Y_t)}$$

$$Changement\_technologique = \left[\frac{D_t(X_{t+1}, Y_{t+1})}{D_{t+1}(X_{t+1}, Y_{t+1})} * \frac{D_t(X_t, Y_t)}{D_{t+1}(X_t, Y_t)} \right]^{1/2}$$

II.2 Modèle empirique et variables utilisées

Dans le cas de notre étude,

$$X = \{Capital; Travail\}$$
$$Y = \{Tauxdecroissance; Indiced'Egalité\}$$

L'analyse utilise les données de World Development Indicator. Ces différentes sources nous ont permis d'avoir les données sur la croissance du PIB réel par tête, le travail, le stock de capital, les indicateurs d'inégalité : les indices de GINI.

2.3. Les variables

Les variables utilisées sont :
a)*La croissance du PIB réel par tête* : elle est la croissance moyenne du PIB sur la période. La croissance moyenne est égale à la moyenne géométrique des taux de croissance annuelle de la période.
b)*Le travail* **:** le travail se réfère à la population économiquement active. Il est approché par la moyenne de la population active dans le pays sur la période. Les moyennes ont été calculées pour chacune des périodes.
c)*Le stock de capital* : le stock de capital est approché par la Formation Brute de Capital Fixe moyenne sur chaque période.
d)*Les données sur l'égalité* **:** Ce sont les compléments à 1 des indices de GINI sur chacune des périodes de l'étude. En se basant sur l'hypothèse que l'inégalité de GINI ne change pas fondamentalement sur une période de cinq (5) ans dans un pays, nous avons retenu les indices de GINI de la façon suivante:
opour les périodes ayant un seul indice, ce seul indice a été retenu pour toute la période.
oPour les périodes où l'on a plus d'une année de données sur l'indice de GINI, des moyennes ont été calculées sur la période.

En raison de la non-disponibilité sur les autres pays de la communauté, notamment les données relatives à l'indice de GINI, les pays couverts par l'étude ont été réduits au *Burkina Faso, à la Côte d'Ivoire, au Ghana, au Niger, au Nigeria et au Sénégal*. Pour les mêmes raisons et puisque les données comme l'indice de GINI ne peuvent être disponibles annuellement, la période d'étude est de 3 périodes quinquennales chacune –de 1990 à 2004.

Tableau1 : Présentation des données utilisées

	N	Minimum	Maximum	Moyenne	Ecart type
Taux de croissance	18	-1,02	5,36	3,19	1,98
Indices de GINI	18	0,46	0,63	0,56	0,05
Capital (Ln FCBCF)	18	6,52	7,56	6,81	0,36
Travail (Ln force de)	18	10,55	11,63	10,98	0,40
Valid N (listwise)	18				

2.4. Efficacité technique, efficacité technique pure et efficacité d'échelle

Le rendement d'échelle est une dimension importante de la mesure de l'efficacité économique. L'inefficacité peut être due en effet à l'exploitation insuffisante des économies d'échelle par un pays. Dans ce cas, l'inefficacité ne résulte pas d'une inefficacité technique pure, mais d'une inefficacité d'échelle.

Les scores d'efficience sous le modèle DEA (Banker, Charnes et Cooper 1984 ; Coelli 1996) permettent précisément de mettre en évidence les économies d'échelle et / ou les inefficacités liées à l'échelle de la production. Ils sont calculés sous deux hypothèses :

-le calcul sous l'hypothèse des rendements d'échelle constants (REC) ou le modèle Charnes Cooper et Rhodes (1978) et ;

-le modèle sous l'hypothèse des rendements d'échelle variables (REV) ou le modèle Banker, Charnes et Cooper (1984).

Selon Coelli et al. (1998), la différence entre l'indice d'efficacité technique obtenu par le biais du DEA du type REC et celui obtenu par la DEA du type REV constitue une bonne mesure de l'efficacité d'échelle. Pour obtenir une telle mesure, les auteurs suggèrent d'effectuer, sur la même base de données, un DEA du type REC et du type REV. Si pour un pays donné, il y a une différence entre les scores d'efficacité mesurés par ces deux types de DEA, ceci indique que le pays n'opère pas à une échelle optimale. L'inefficacité d'échelle est alors donnée par la différence entre l'inefficacité technique REC et l'inefficacité technique pure REV (Coelli, 1998, Amara et al. 2000, pp. 10-11).

IV. Résultats et discussions

4.1. Indice d'efficacité technique

Le tableau 2 suivant présente les indices d'efficacité technique des Etats membres de notre groupe de pays en rendement d'échelle constant (REC) et en rendement d'échelle variable (REV) et suivant les périodes.

Tableau 2 : Score d'efficience technique par pays et par période, Modèle à orientation output

Périodes / Pays	1990-1994			1995-1999			2000-2004		
	REC	*REV*	*Efficacité d'échelle*	*REC*	*REV*	*Efficacité d'échelle*	*REC*	*REV*	*Efficacité d'échelle*
Burkina Faso	0,815	1,000	0,815	0,971	0,998	0,973	1,000	1,000	1,000
Cote d'Ivoire	1,000	1,000	1,000	1,000	1,000	1,000	0,903	0,917	0,985
Ghana	1,000	1,000	1,000	0,960	0,990	0,970	0,981	0,984	0,997
Niger	1,000	1,000	1,000	0,829	0,830	0,999	0,946	1,000	0,946
Nigeria	0,845	0,887	0,953	0,744	0,800	0,930	1,000	1,000	1,000
Sénégal	0,765	1,000	0,765	1,000	1,000	1,000	0,995	1,000	0,995
Moyenne	0,904	0,981	0,922	0,917	0,936	0,979	0,971	0,984	0,987

Source *: Résultats du DEA*

Les indices de performance/efficacité varient en moyenne-pour tous les pays de l'échantillon- entre 90,4% et 97,1% en rendement d'échelle constant et entre 93,6% et 98,4% en rendement d'échelle variable.

La Côte d'Ivoire s'illustre comme le pays ayant l'indice d'efficacité égal à l'unité et donc le plus performant sur les périodes 1990-1994 et 1995-1999 relayé par le Burkina Faso et le Nigeria sur la période 2000-2004. Ce qui montre que la Côte d'Ivoire, s'est montrée le pays qui a le plus combiné les facteurs de production pour avoir aussi bien des résultats de croissance que d'augmentation de l'égalité et donc de réduction des inégalités sur la décennie 1990-1999. Le Burkina Faso et le Nigeria n'ont pu combiner les politiques économiques pour à la fois atteindre la croissance et la réduction des inégalités qu'au cours de la période 2000-2004. Ils sont alors devenus leaders du groupe sur cette période.

Le Ghana – comme le Niger- a été efficace seulement sur la période 1990-1994. Le Sénégal pour sa part, a été performant au cours du quinquennat 1995-1999.

Le Sénégal a été efficace au cours de la 2e période 1995-1999 aussi bien en REC qu'en REV mais sur les 2 autres périodes, il n'a été efficace qu'en REV. Ce qui prouve qu'il a eu sur ces périodes soit des problèmes de ressources, soit des problèmes d'allocation des ressources.

Une différence entre le REC et le REV nous permet en effet d'avoir une efficacité d'échelle. L'efficacité d'échelle identifie les pays qui ont un problème de ressources de ceux qui ont plutôt un problème d'allocation de ces ressources (Capital et Travail).

La moyenne d'efficacité d'échelle varie de 92,2% à 98,7% suivant les périodes de l'étude pour le groupe de pays de l'échantillon.

Si le Sénégal et le Burkina Faso se sont montré pour le 1er quinquennat de notre étude comme les pays ayant les efficacités d'échelle les plus faibles (0,765 et 0,815 respectivement), montrant ainsi que des faiblesses dans l'allocation des facteurs et leur utilisation et, les résultats se sont améliorés dans le temps. Le Niger, qui a su tout de même combiner les facteurs travail et capital pour atteindre une croissance et une réduction significative des inégalités au cours de la période 1994-1995 s'est laissé rattraper et même dépasser par d'autres économies.

Le tableau suivant montre les « peers » avec les indices d'efficacité des pays. Les « peers » sont les pays de l'échantillon qui peuvent servir d'exemples aux pays en matière de politique économique.

Tableau 3 : Peers et Score d'efficience technique par pays et par période

Pays	1990-1994				1995-1999		2000-2004	
	Peers			Indice d'efficacité	Peers	Indice d'efficacité	Peers	Indice d'efficacité
Burkina Faso	Ghana	Niger	Cote d'Ivoire	0,815	Cote d'Ivoire	0,971	Burkina Faso	1,000
Cote d'Ivoire	Cote d'Ivoire			1,000	Cote d'Ivoire	1,000	Burkina Faso	0,903
Ghana	Ghana			1,000	Sénégal	0,960	Burkina Faso	0,981
Niger	Niger			1,000	Sénégal	0,829	Burkina Faso	0,946
Nigeria	Niger	Ghana		0,845	Sénégal	0,744	Nigeria	1,000
Sénégal	Ghana	Niger	Cote d'Ivoire	0,765	Sénégal	1,000	Burkina Faso	0,995

Source *: Résultats du DEA*

Le Burkina Faso et le Sénégal avaient le Ghana, le Niger et la Côte d'Ivoire comme ''peers'' sur le quinquennat 1990-1994. En s'améliorant et en faisant mieux que ces exemples, il est devenu performant sur le quinquennat 2000-2004. Il en est de même pour le Nigeria qui avait le Niger et le Ghana comme exemples.

La Côte d'ivoire qui par contre n'a pas eu d'exemple dans le groupe en début de période -étant leader de la période- a conservé cette place dans le 2e quinquennat de l'étude avant d'avoir le Burkina Faso comme exemple.

Le Ghana et le Niger ont eux plus rapidement eu d'exemples alors qu'ils en étaient pour d'autres en début de période. Le Sénégal est devenu leur exemple en milieu de période avant de laisser la place au Burkina Faso. Ce dernier est en effet devenu l'exemple à suivre par tous les pays de l'échantillon –mis à part le Nigeria - en fin de période (2000-2004).

Pour sa part, le Nigeria, après avoir eu le Niger et le Ghana dans le 1er quinquennat, le Sénégal en milieu de période, a amélioré ses performances en combinant au mieux les facteurs travail et capital pour obtenir de meilleurs résultats en matière de croissance et de réduction des inégalités et redevient au sein de l'échantillon une économie performante.

Les résultats de l'orientation input ne sont pas nécessaires à présenter car ne changeront pas fondamentalement par rapport à ceux obtenus plus haut. En effet, si les orientations output ou input du modèle ne donnent des mesures équivalentes que si les unités de production opèrent sous rendement d'échelle constant, le choix de l'orientation n'a pas d'influence sur les rangs des scores (Coelli, 1996 ; Coelli et Perelman, 1996).

3.2.Résultats des indices de productivité

Les moyennes des mesures de la productivité totale sont présentées dans le tableau suivant :

Tableau 4 : Indices de productivité de Malmquist par période

	1995-1999	2000-2004	Moyenne sur toute la période
Productivité totale des facteurs	1,085	1,032	1,058
Changement technologique	1,070	0,970	1,019
Changement efficacité totale	1,042	1,040	1,039
Efficience technique pure	0,988	1,016	1,002
Changement efficacité d'échelle	1,027	1,047	1,037

Source *: Résultats du DEA*

L'examen de ce tableau montre que sur toute la période d'étude et pour tout le groupe de pays, la productivité totale des facteurs est positive. Une productivité totale supérieure à 1 montre une amélioration de la productivité totale des facteurs et une productivité totale inférieure à 1 représente une décroissance. En moyenne, la productivité totale des facteurs s'est accrue de 5,8% l'an dans l'ensemble des 6 pays qui constituent notre échantillon. Les quinquennats 1995-1999 et 2000-2004 en ont contribué de 8,5% et de 3,2% l'an respectivement.

Tableau5 : Indices de productivité de Malmquist par pays et ses décompositions

	Productivité totale facteurs	Changement technologique	Changement d'Efficacité	Efficacité technique pure	Changement efficacité d'échelle
Burkina Faso	1,149	1,037	1,108	1,000	1,108
Cote d'Ivoire	0,976	1,027	0,950	0,987	0,963
Ghana	1,001	1,011	0,990	0,994	0,996
Niger	0,994	1,022	0,972	1,000	0,972
Nigeria	1,074	0,987	1,088	1,030	1,056
Sénégal	1,173	1,029	1,140	1,000	1,140
Moyenne	1,058	1,019	1,039	1,002	1,037

Source *: Résultats du DEA*

La décomposition par pays montre que la productivité totale des facteurs a baissé dans certains pays

On note deux grands groupes :

- Un premier composé de pays qui avaient accru la productivité de leurs facteurs sur le 1er quinquennat, mais dont les résultats en matière de productivité des facteurs ont connu une baisse. Ce sont le Burkina Faso, la Côte d'Ivoire et le Sénégal et le Ghana. Si les trois autres pays de ce groupe ont pu compenser cette baisse par les résultats positifs obtenus à la première période, la Côte d'Ivoire n'a pas pu en raison de sa très faible productivité des facteurs de production (les conflits qui ont éclaté en 2002 en ont certainement participé)
- Le second groupe est celui des pays qui ont amélioré significativement leurs résultats du dernier quinquennat. Il s'agit du Niger et du Nigeria.

Par ailleurs, notre analyse décompose la productivité totale des facteurs en deux facteurs :

- Un premier qui est exogène au pays : c'est le changement technologique ;
- Un second qui est endogène au pays : c'est le changement d'efficacité.

De plus, le changement d'efficacité (le facteur interne) est décomposé en efficience technique pure et en efficacité d'échelle.

La moyenne annuelle du changement technologique a été de 1,9% au moment où le changement d'efficacité totale a été de 3,9% sur la période d'étude. Le changement technologique (3,7%) a largement contribué à cette croissance de l'efficacité totale

L'efficacité technique pure n'est que de 0,2% annuellement sur toute la période. Ceci montre que les facteurs exogènes ont plus influé (ont eu un résultat plus rapide sur la performance des économies de la sous-région) que les facteurs endogènes.

Le tableau 6 montre les productivités totales des facteurs et les changements technologiques et d'efficacité par pays.

Le Sénégal et le Burkina Faso ont largement contribué aux 5,8% de productivité annuelle des facteurs. En effet, ces deux pays ont les productivités totales des facteurs les plus élevés de l'échantillon avec respectivement 17,9% et 14,9%

La Côte d'Ivoire n'a pas su combiner les facteurs pour obtenir des résultats meilleurs. Elle a tiré vers le bas la productivité globale des facteurs du groupe de pays en connaissant une décroissance de 2,4% sur toute la période. Cette décroissance sur la période de l'étude est due à sa forte décroissance sur la période 2000-2004 (15,7%) alors qu'elle avait connu une croissance de 12,9% de la productivité totale des facteurs.

Tableau6 : Décomposition des indices de Malmquist par pays et suivant les périodes

	Productivité totale des facteurs			Changement technologique			Changement d'efficacité			Efficience technique pure			Changement d'échelle efficacité		
PAYS	1995-1999	2000-2004	Moyenne sur toute la période	1995-1999	2000-2004	Moyenne sur toute la période	1995-1999	2000-2004	Moyenne sur toute la période	1995-1999	2000-2004	Moyenne sur toute la période	1995-1999	2000-2004	Moyenne sur toute la période
Burkina Faso	1,335	0,989	**1,149**	1,121	0,960	**1,037**	1,191	1,031	**1,108**	0,998	1,002	**1,000**	1,193	1,029	**1,108**
Côte d'Ivoire	1,129	0,843	**0,976**	1,129	0,934	**1,027**	1,000	0,903	**0,950**	1,000	0,973	**0,986**	1,000	0,928	**0,963**
Ghana	1,007	0,995	**1,001**	1,049	0,974	**1,011**	0,960	1,022	**0,990**	0,960	1,029	**0,994**	1,000	0,993	**0,996**
Niger	0,861	1,147	**0,994**	1,039	1,005	**1,022**	0,829	1,141	**0,973**	0,998	1,002	**1,000**	0,831	1,139	**0,973**
Nigeria	0,870	1,325	**1,074**	0,988	0,986	**0,987**	0,881	1,343	**1,088**	0,970	1,093	**1,030**	0,908	1,229	**1,056**
Sénégal	1,437	0,958	**1,173**	1,100	0,962	**1,029**	1,307	0,995	**1,140**	1,000	1,000	**1,000**	1,307	0,995	**1,140**
Moyenne	**1,085**	**1,032**	**1,058**	**1,070**	**0,970**	**1,019**	**1,042**	**1,037**	**1,039**	**0,988**	**1,016**	**1,002**	**1,027**	**1,047**	**1,037**

Source *: Résultats du DEA*

Conclusion

Au terme de ce travail, il ressort que certains pays peuvent servir d'exemples à d'autres en matière de combinaison des facteurs de production pour aboutir à une meilleure performance économique. L'étude a identifié les pays leaders qui peuvent servir d'exemples à d'autres dans la réalisation de l'objectif de performance économique régionale. Ainsi donc, les politiques mises en œuvre dans les pays leaders peuvent servir aux autres pays.

Par ailleurs, sur toute la période allant de 1990 à 2004, on note une amélioration de la productivité des facteurs de 5,8%. Cette amélioration est plus due à des facteurs internes (1,9%) que des facteurs externes (3,9%). Par ailleurs, ce changement d'efficience technique est essentiellement dû à un changement d'échelle de production. Ce résultat montre que la région a besoin d'une politique technologique régionale pour rattraper le gap technologique qui est une des contraintes à la performance économique de l'Afrique de l'Ouest. A cet effet, la politique régionale de la technologie en cours d'élaboration devrait être une priorité.

Bibliographie

Aghion, P., Christopher H. et Vickers J. (1997), « Competition andGrowth with Step-by-Step Innovation: An Example », *European EconomicReview, Papers and Proceedings* : 771-782.

Aghion, P., Christopher H., Howitt P.et Vickers J. (2001), « Competition, Imitation and Growth with Step-by-Step Innovation. », *Review of Economic Studies*.

Aghion, P., Christopher H., Howitt P (1992), « A Model of Growth Through Creative

Destruction. », *Econometrica*, 60 : 323-51.

Aghion, P., Christopher H., Howitt P (1998), Endogenous Growth Theory, Cambridge :

MIT Press.

Aghion, P., et Trole J. (1997), « Formal and Real Authority in Organizations », *Journal of Political Economy*, 105 :1-29.

Alicia N. Rambaldi, D.S. Prasada R. and Dolan D. : Measuring Productivity Growth Performance using Meta-Frontiers with applications to Regional Productivity Growth analysis in a Global Context

Audibert, M., J. Mathonnat, N. Chen, A. Ma, A. Yin, Réformes économiques et activités des hôpitaux municipaux en zone rurale : une analyse dans la province de Shandong.

Banker, R.D., R.F. Charnes, & W.W. Cooper (1984) "Some Models for Estimating Technical and Scale Inefficiencies in Data Envelopment Analysis", *Management Science* vol. 30, pp. 1078–1092.

Bamba, N,L La pauvreté et les inégalités déterminent- elles la croissance économique ?

Bamba, N,L. « Répartition personnelle des revenus, pauvreté et croissance économique en Côte d'Ivoire », Afrique et développement, Vol.XXVI, Nos.3&4, 2001, pp.117-147

BANQUE AFRICAINE DE DEVELOPPEMENT (2007), Selected Statistics on African Countries, Volume XXVI, Tunis

Barro R. J., (2000), "Inequality, in a panel of Countries'' *Journal of Economic Growth*, March.

Barro R. J. et X. Sala-i-Martin (1990), "Economic Growth and Convergence Across the United States", *NBER Working Paper Series*, n°3419, août

BARRO, R. J. and Sala-i-Martin X. X. (1991), "Convergence across States and Regions", *Brookings Papers On Economic Activity*, no. 1 (1991): 107

Bourguignon, F. & Chakravarty, S. R. (1999)." A family of multidimensional poverty

Measures", in D.-J. Slottje (ed.), Essays in honor of Camilo Dagum, Physica Verlag, Heidelberg, pp. 331{44.

Bourguignon, F. & Chakravarty, S. R. (2003). “The measurement of multidimensional

Poverty”, *Journal of Economic Inequality* 1(1): 25{49.

BELAZREG W. : R&D, efficience technique et croissance de la productivité dans les pays émergents. Cas de la Chine, de la Corée du Sud, de la Malaisie, de Singapour, du Mexique et du Brésil.

CABALLERO, RICARDO et ADAM JAFFE (1993), « How High are the Giants' Shoulders? An Empirical Assesment of Knowledge Spillovers and Creative Destructionin a Model of Economic Growth », *NBER Macroeconomic Annual* :

Charnes, A., W. Cooper, & E., Rhodes (1978) "Measuring the efficiency of decision-making units," *European Journal of Operational Research* vol. 2, pp. 429–444.

Charnes A, Cooper WW, Lewin AY, Seiford LM (1994), Data Envelopment Analysis: Theory, Methodology and Application, Kluwer Academic Publishers, Boston, 513p.

Coelli T. J (1996). A guide to DEAP version 2.1: A Data Envelopment Analysis Computer Program, CEPA Working Paper , n° 8/96, Department of Econometrics, University of New England, Australia

Coelli T.J., Rao D.P., O'Donnell C.J., and. Battese G.E, An Introduction to Efficiency and Productivity Analysis, Springer, 2005

Coelli, T., D.S.P. Rao and G.E. Battese (1998) *Introduction to Efficiency and Productivity Analysis*, Kluwer Academic Publishers, Boston.

Domar I. (1948). Towards a Dynamic Economics. London: Macmillan.

Färe, R. and D. Primont (1995) Multi-output Production and Duality: Theory and Applications, Kluwer Academic Publishers, Boston.

Cogneau,D et Guénard, C: Les inégalités et la croissance : une relation introuvable ? Document de travail DIAL / Unité de Recherche CIPRE, Janvier 2002

ECOWAS COMMISSION (2008), Annual Report 2008, Abuja.

Farrell, M.J. (1957) “The Measurement of Productive Efficiency”, *Journal of the Royal Statistical Society,* Series A, General, 120, Part 3, 253-281.

Färe, R., S. Grosskopf, M. Norris and Z. Zhang (1994), "Productivity growth, technical progress, and efficiency change in industrialized countries", American Economic Review, 64 : 66-83

Gini, Corrado (1912). "Variabilità e mutabilità" Reprinted in Memorie di metodologica statistica (Ed. Pizetti E, Salvemini, T). Rome: Libreria Eredi Virgilio Veschi (1955).

Gini, Corrado (1921). "Measurement of Inequality of Incomes". *The Economic Journal* (Blackwell Publishing) **31** (121): 124–126. doi:10.2307/2223319. http://jstor.org/stable/2223319.

Guy B. Nkamleu, Kalilou Sylla and Abdoulaye ZONON, What Accounts for Growth in Africa Agriculture, American Journal of Agriculture and biological Science, 378-388, 2008.

Grifell-Tatjé, E. and C.A.K. Lovell (1995), "A Note on the Malmquist Productivity Index", Economics Letters, 47 : 169-175

Harrod R. (1939)"An Essay in Dynamic Theory," *Economic Journal* 49 (March 1939), 14–33

HAUSMANN, RICARDO et ANI RODRIK (2002), « Economic Development As Self-Discovery », mimeo Harvard University.

LUCAS, ROBERT E. (1988), « On the Mechanics of Economic Development »,*Journal of Monetary Economics*, 22(1) : 3-42.

Kalilou Sylla, Souleymane S. Diallo, Rodatine F. Monney, Aliou Diagne (2005) « Mesure de la performance productive des systèmes de production rizicoles en Côte d'Ivoire : Une application du DEA Multiproduit», *Agronomie Africaine*.

Kuznets, S. 1955, "Economic Growth and Income Inequality", *American Economic Review*, 45 (1) : 1-28

Maddison, A. (1995), Monitoring the World Economy, 1820-1992, OECD Development Centre, Paris

Malthus T.R (1798) An essay on the principle of population. London.

Patrick Guillaumont, Sylviane Guillaumont Jeanneney, Aristomène Varoudakis, Politique économique et perspectives de croissance dans les économies émergentes d'Afrique.

Rao, D.S.P. and T.J. Coelli (2002), "Economic Performance of Selected Asian Countries in an International Perspective: Economic Growth, Productivity and Inequality" in C. Huang, C.A.K. Lovell and T-T. Fu (eds.) Economic Efficiency and Productivity Growth in the Asia-Pacific Region II, Edward Elgar, Cheletenham.

Ricardo D. (1817). On the principles of political economy and taxation. London.

ROMER, PAUL M. (1986), « Increasing returns and Long Run Growth », *Journal ofPolitical Economy*, 94 (5) : 1 002-1 037.

ROMER, PAUL M. (1990), « Endogenous Technological Change », *Journal ofPolitical Economy*, 98(5) : 71-102

SEGERSTROM, PAUL, T. ANANT et ELIAS DINOPOULOS (1990), « A Schumpeterian

Model of the Product Life Cycle », *American Economic Review*, 80 : 1 077-1 092.

SHLEIFER, ANDREI et ROBERT VISHNY (1999), The Grabbing Hand, Harvard

University Press.

STIGLITZ, JOSEPH (1995), Wither Socialism, MIT Press.

Smith A. (1776). The wealth of nation. London

Solow, R., 1956, "A Contribution to the Theory of Economic Growth", *Quarterly Journal of Economics*, 70 : 65-94

PNUD, Rapport sur le développement dans le monde 2007, 2008, 2009

VIII

Crise du système financier : faut-il revenir à plus d'intervention de l'Etat ? Les enseignements de l'histoire

Siméon Koffi[*]

Résumé

Alors que l'on pensait révolue la pratique de sauvetage bancaire "à coup de milliards publics", puisqu'après la crise des années 90, la plupart des Etats se sont engagés à abandonner la politique de renflouement des banques en difficulté, la récente crise financière a montré le contraire. En effet, alors qu'il s'agissait dorénavant de résoudre les situations de faillite au coût le plus bas possible, le traitement de la crise financière des années 2008-2009 a été finalement marqué par un engagement exceptionnel des Pouvoirs publics, notamment aux Etats-Unis et en Europe pour venir en aide aux Etablissements en difficulté. Ainsi se demande-t-on si un désengagement de l'Etat du système financier est-il possible ? La question est d'autant plus cruciale que la stabilité du système financier apparaît comme un « bien public » essentiel dont l'avenir et la cohésion de la nation tout entière en dépendent. A cet égard, les plans de sauvetage bancaire de l'Etat semblent trouver leur justification puisqu'ils procurent une assurance collective contre le risque systémique et, au-delà, l'aggravation des difficultés économiques. Cependant, la limite d'une telle pratique est qu'elle recèle une ambiguïté consubstantielle puisqu'elle est, à la fois, une violation du fonctionnement normal de l'économie de marché et une des conditions de la pérennité de cette dernière.

Introduction

La répétition des crises financières, leur coût considérable et leurs effets néfastes sur le plan économique et social, expliquent assez souvent les interventions directes des pouvoirs publics dans le jeu du marché. Dans les économies modernes, comme l'a montré la récente crise financière, l'Etat est généralement contraint d'intervenir pour éviter la faillite de certaines

[*] Commission de la CEDEAO

entreprises de grande taille, en raison des risques que cette situation pourrait faire peser sur l'ensemble du système économique et financier. Ainsi, au cours des années 80, au moins vingt (20) compagnies parmi les cent (100) premières mondiales n'auraient pas survécu, si elles n'avaient pas été ''sauvées'' par leurs gouvernements respectifs (Manahem, 2001). Plus récemment, certaines grandes banques américaines et européennes ont vu leur survie grâce à l'intervention de l'Etat.

L'une des principales raisons de cette intervention publique est que la stabilité du système doit être considérée comme un « bien public », d'autant plus essentiel que l'avenir et la cohésion de la nation tout entière en dépendent. Les plans de sauvetage bancaire de l'Etat procurent ainsi une assurance collective contre le risque systémique et, au-delà, l'aggravation des difficultés économiques. Cependant, une telle pratique recèle une ambiguïté consubstantielle puisqu'elle est, à la fois, une violation du fonctionnement normal de l'économie de marché et une des conditions de la pérennité de cette dernière.

Cette ambivalence continue d'alimenter le débat sur le rôle de l'Etat dont l'intervention optimale exige de limiter l'aléa moral inhérent à ce type d'action. En effet, cette assurance contre le risque qu'elle semble fournir aux acteurs du marché n'encourage-t-elle pas des comportements qui rendent la concrétisation de ce risque plus probable ?

Une telle problématique est significative dans le contexte de l'Union Economique et Monétaire Ouest-Africaine (UEMOA), où, en général, un nombre réduit d'entreprises sont véritablement au cœur du système économique et financier (du point de vue de la création de richesses et d'emplois) et dont les conséquences de la faillite sur la stabilité du système pourraient être importantes. Cette forte concentration des activités du secteur privé moderne et les leçons tirées des crises financières donnent-elles un sens à un retour de l'interventionnisme étatique au sein de l'UEMOA ?

Bien que les faits montrent que l'action de l'Etat dans le milieu des affaires s'applique à toutes sortes d'entreprises (qu'elles soient financières ou non), il est important de rappeler que c'est la gestion de l'activité bancaire qui a favorisé l'émergence de cette pratique d'interventionnisme public, notamment avec le nombre croissant de faillites bancaires au cours de la décennie 1980. Ainsi, la présente communication sera axée sur l'action de l'Etat dans le système financier. Elle met l'accent sur : (1) l'évolution de l'intervention de l'Etat dans le système bancaire ; (2) les problèmes que pose une telle action, (3) les mesures en vue de rationaliser son application et (4) le lien entre la restructuration bancaire dans l'UEMOA et la politique de sauvetage bancaire par l'Etat.

I. L'intervention de l'Etat

La signification de l'intervention de l'Etat dans le système bancaire et son évolution ne peuvent être saisies qu'en les examinant dans le contexte historique et dans celui de la libéralisation financière des années 1980-1990. Bien qu'elle ait permis de sauver beaucoup de banques durant cette période, les avis restent partagés sur le bilan d'une telle pratique. Les nombreuses faillites bancaires des deux dernières décennies montrent les difficultés de son applicabilité dans le nouvel environnement financier international, marqué par une déréglementation accrue des marchés.

Origine de la politique de sauvetage bancaire de l'Etat

Les faillites bancaires du début des années 1930 ont favorisé la mise en place, en 1934, de la législation sur la garantie des dépôts aux Etats-Unis. En 1950, un amendement de cette loi fédérale introduit l' « essentiality doctrine » qui stipule qu' « à sa seule discrétion, le gouvernement peut venir à la rescousse d'une banque en difficulté lorsque la poursuite de ses opérations est essentielle pour fournir un service bancaire adéquat à la communauté » (Samuelson et Kross, 1983). Toutefois, les principaux termes de cet amendement, à savoir, « essentiel », « adéquat », ou « communauté » n'ont jamais été définis, entraînant ainsi une application subjective de cette loi. A cet égard, avec la dégradation de la situation des banques au cours des décennies ultérieures, l' « essentiality doctrine » a donné la latitude au gouvernement américain de renflouer des banques en difficulté ou en situation de faillite, pourvu qu'il le juge nécessaire.

Depuis lors, dans de nombreux pays, notamment aux Etats-Unis et au Japon, la politique de régulation des autorités monétaires a été traditionnellement en faveur des banques dont la faillite est supposée constituer une menace pour le système tout entier.

Bien qu'institutionnalisée aux Etats-Unis, la politique de sauvetage de l'Etat a été le plus souvent appliquée au Japon, parfois même de façon immodérée, à tel point que certains analystes parlaient plutôt de politique de " no failure (aucun échec) " (Spiegel et Yamori, 2001). L'exemple de la banque Heiwa Sogo est assez révélateur de ces abus. En effet, pour éviter sa faillite en 1985, le Ministère des finances a arrangé une fusion avec la banque Sumitomo, soutenue par la Banque du Japon (donc l'Etat) et d'autres banques, à concurrence de 2 milliards de dollars américains (Spiegel et Yamori, 2001).

1.1. Les récents développements de la politique de sauvetage bancaire

La libéralisation financière a eu, sans aucun doute, une incidence non négligeable sur les développements récents de la politique de sauvetage de l'Etat. En effet, la déréglementation a accentué les faillites bancaires. Entre

1945 et 1980, il y avait en moyenne moins de 10 faillites de banques commerciales par an aux Etats-Unis. A la fin des années 80, elles étaient plus de 200 par an (Mishkin, 2001). L'obligation de faire face à cette nouvelle réalité (dans un contexte irréversible de démantèlement des anciens systèmes de régulation) a amené les gouvernements à mettre en œuvre alternativement et parfois simultanément, deux politiques contradictoires : l'une visant à se désengager du système financier en encourageant les privatisations, l'autonomie de décision et l'innovation financière, l'autre consistant à s'y impliquer davantage en dépensant des sommes considérables pour redresser des entreprises en difficulté. Mais dans des conditions où les profits prennent de plus en plus la forme de gains provenant des transactions financières, et où les flux d'argent sont plus importants, les " sauvetages " des banques en difficulté requièrent une mobilisation plus importante de ressources.

Cette nécessité d'un afflux de fonds toujours croissant constitue sans doute l'une des raisons qui ont amené, au cours des années 90, la plupart des Etats qui l'appliquaient à déclarer officiellement l'abandon de leur politique de sauvetage aux entreprises, bien que les systèmes de régulation prévoient toujours la possibilité d'exception pour les établissements dont la faillite aurait de sérieux effets pervers sur l'économie et la stabilité financière. Autrement dit, contrairement à la pratique en vigueur au cours des années 70, la faillite d'un établissement, même de grande taille, n'est pas une condition suffisante pour une intervention publique. Pour qu'il en soit ainsi, il faut que la menace systémique, due à la faillite de l'institution, soit connue et prouvée par certaines organisations assermentées notamment, la banque centrale, le Trésor public et souvent certaines structures de garantie des dépôts et même les associations de l'industrie bancaire tout entière.

Les turbulences financières des années 1990, notamment au Japon et en Asie du sud-est, ont partiellement motivé une telle évolution. La règle est dorénavant la résolution des situations de faillite au coût le plus bas possible, contrairement à la politique de renflouement opérée dans le passé. C'est le nouveau rôle assigné, aux Etats-Unis, à la " Federal Deposit Insurance Corporation " après sa réforme en 1991. Dans la même logique, le gouvernement japonais a abandonné sa politique de « no failure ».

Au total, la pratique de sauvetage des banques est de plus en plus modérée et devient une situation d'exception. La crise financière des années 90 a mis en évidence, surtout en Asie, les limites de l'action des gouvernements pour sauver " à tout prix " les banques en difficulté. En effet, de telles actions nécessitent des flux énormes de capitaux, qu'ils ne peuvent pas toujours satisfaire.

II. Les problèmes posés par la politique de sauvetage de l'Etat

La pratique de sauvetage des banques en difficulté par l'Etat est assez controversée. Tandis que le soutien apporté à une grande banque insolvable peut être optimal ex-post, puisque sa faillite peut conduire à une instabilité de l'ensemble du système financier, il peut toutefois créer un problème d'aléa moral ex-ante.

2.1. Les limites de la politique de sauvetage bancaire

La politique de sauvetage peut amener certains établissements financiers à prendre consciemment des risques (par exemple des placements douteux) dans la mesure où ils peuvent en faire socialiser les pertes par les autorités publiques. Ainsi, au cours des années 80, cette politique a conduit certaines banques à poursuivre des stratégies d'investissement à risque sans une augmentation de leur capital. Compte tenu de leur importance relative dans le système, leur comportement à risque a fait peser, dans certains cas, une incertitude sur le système tout entier.

La mise en œuvre de la politique de sauvetage est censée être une réponse à l'instabilité inhérente au système bancaire. Mais, les problèmes d'aléa moral qui en résultent peuvent plutôt conduire à une instabilité de ce système. En effet, l'intervention de l'Etat affaiblit l'efficacité des pressions sur les banques pour qu'elles mènent de saines activités contribuant à empêcher les crises.

Par ailleurs, l'intervention publique apparaît comme une entrave aux règles de la concurrence. En effet, le sauvetage par l'Etat, qui est une politique discriminante en faveur des entreprises qui en bénéficient, peut être perçu comme une sorte de subvention à la prise de risque. Dans ce cas, il peut créer des distorsions sur les marchés.

2.2. Des limites à relativiser

L'argument selon lequel la politique de sauvetage crée un aléa moral ne saurait être écarté car il est inhérent à tous les types d'assurance. Toutefois, la protection qu'elle offre contre des risques imprévisibles ne l'emporte-t-elle pas sur les effets négatifs relatifs à la gestion des activités bancaires ? En effet, la suppression de cette pratique ne se justifierait que si l'aléa moral créé par la disponibilité des concours de l'Etat l'emporte sur l'action bénéfique permettant d'éviter la faillite de ces banques.

Certes le sauvetage des banques accroît le risque, mais il présente un avantage appréciable en période de crise de liquidité, puisque le gouvernement peut aider à compenser la défaillance des marchés, comme on a pu le voir lors de la crise récente. Si l'Etat peut aider à résoudre cette situation en fournissant de la liquidité, alors la banque et ses créanciers, et peut-être d'autres banques qui auraient été touchées par la contagion, en bénéficieront.

Par ailleurs, en cas de faillite bancaire, les déposants interpellent systématiquement l'Etat. Du reste, cette interpellation pourrait se comprendre[1], puisque c'est l'Etat qui délivre aux banques l'agrément leur permettant de

[1] Bien que la responsabilité des dirigeants et des actionnaires soit engagée au premier chef.

recevoir des fonds en dépôt[2]. Dans un tel contexte, les conséquences de la faillite d'une banque vont au-delà des aspects économiques et financiers, car elles ont également des implications sociales et politiques.

III. Les mesures en vue de limiter l'intervention de l'Etat

La politique de sauvetage bancaire de l'Etat peut être perçue comme une exception dans un monde où la facilitation des capacités d'autorégulation du marché est devenue la règle. A défaut d'y mettre fin, il convient de limiter véritablement sa pratique. De ce point de vue, la réglementation et la surveillance restent les véritables moyens pour y parvenir et elles peuvent permettre de circonscrire les crises financières.

3.1. La mise en place de règles institutionnelles

La mise en place d'une organisation institutionnelle satisfaisante pour circonscrire les risques que peuvent créer des banques en difficulté ou mettre fin aux activités des banques insolvables au moment opportun (Hetzel, 1991) est indispensable pour assurer une optimalité des interventions publiques (Boyer et al., 2004). Ainsi, *les filets de sécurité pour le système financier de type garantie sur les dépôts peuvent être une alternative efficace à la politique de sauvetage bancaire*. Un filet de sécurité bien conçu contribue au bien-être social. S'il n'en existe pas, des mécanismes improvisés apparaissent fréquemment au rythme de l'apparition des problèmes, et se traduisent par un transfert massif de risques à l'Etat. Un tel transfert tend à s'accompagner d'un coût social important puisqu'il peut subvenir des problèmes d'aléa moral qui se traduisent par de fortes distorsions sur les marchés financiers. La présence de filets de sécurité contribuerait également à un approfondissement durable du secteur financier en favorisant l'autodiscipline par les marchés. Ainsi, la garantie des dépôts remplit une double fonction : protéger les déposants en cas de faillite bancaire, et éviter les conséquences qu'auraient sur l'économie des retraits massifs consécutifs à une situation de panique.

Mais ce mécanisme de garantie devrait avoir *une portée limitée et explicite,* ce qui contribuerait sensiblement à renforcer la discipline de marché en facilitant une cessation rapide des opérations sans aggraver l'aléa moral, sous réserve que les moyens financiers disponibles et les mécanismes de contrôle soient appropriés.

Les recherches empiriques (Roth, 1994 ; Penas et Unal, 2000) ont montré que la couverture devrait être relativement faible. La Banque mondiale a constaté que dans les pays où le niveau des garanties est élevé, le système

---

[2] Dans l'UEMOA, cet agrément est délivré par le Ministre des Finances, après avis conforme de la Commission Bancaire de l'UEMOA.

bancaire est beaucoup plus fragile que dans ceux où le niveau des garanties est faible.

Ces études proposent donc que la garantie soit surtout accordée aux petits épargnants, qui généralement n'exercent pas un contrôle systématique sur l'activité du système bancaire. Par ailleurs, la protection des petits déposants permet d'atténuer les implications sociales et politiques d'une faillite bancaire. En outre, il est montré que la non-couverture des grands déposants par ce système de garantie les amènerait à avoir un comportement de prudence afin d'assurer la discipline sur le marché. En effet, ils seront d'autant plus motivés pour contrôler l'activité de leur banque et la contraindre à respecter cette discipline qu'aucun système de couverture collective ne les protège contre les risques. De leur côté, les dirigeants des banques seront incités à faire preuve d'une plus grande prudence s'ils ne sont pas assurés du soutien des autorités en cas de crise.

Le Fonds de garantie des dépôts vise à assurer une sécurité financière. Il intervient, en liaison avec l'autorité de régulation, en amont et en aval des crises. Dans le premier cas, lorsque la situation d'un établissement de crédit justifie la crainte, à terme, d'un sinistre ou d'une indisponibilité des dépôts et des fonds remboursables, le Fonds de garantie apporte un soutien financier à l'établissement. Il subordonne souvent son intervention à des conditions comme la cession totale ou partielle de l'établissement ou de son fonds de commerce. Dans le second cas, dès que l'autorité de régulation constate qu'une banque n'est plus en mesure, immédiatement ou à terme rapproché, de restituer les fonds reçus du public, le Fonds de garantie est alors tenu d'indemniser les déposants. Ainsi, le financement du mécanisme de garantie au moyen de primes versées par le secteur bancaire, et dont le montant varie en fonction du risque présenté par chaque banque, récompense les banques gérées de façon prudente.

3.2. Le renforcement du dispositif de contrôle prudentiel

Afin d'assurer l'efficacité du système de garantie, il importe également que les mécanismes de contrôle, administrés par les autorités publiques, soient efficaces. Il est donc indispensable d'assurer la qualité de la gestion prudentielle à travers des méthodes beaucoup plus élaborées d'évaluation et de calibrage du risque selon le type de crédit et d'actif financier. Les autorités de régulation doivent veiller rigoureusement à la situation financière des établissements financiers. De ce point de vue, certaines réglementations ont établi une catégorisation des banques en fonction de critères jugés pertinents dans l'évaluation du risque. Cette catégorisation (une sorte de « scoring ») est associée à une liste de restrictions imposées aux banques ayant les scores les plus mauvais (les banques à risque).

Dans la législation américaine par exemple, ce système géré par la « Federal Deposit Insurance Corporation » établit cinq catégories de banques selon le capital (Hetzel, 1991) : « bien capitalisée, adéquatement capitalisée, sous-capitalisée, significativement sous-capitalisée, et critiquement sous-capitalisée ». Ainsi, dans cette dernière catégorie, sont logées toutes les banques dont le ratio capital sur total des actifs est inférieur ou égal à 2%. La loi prévoit la fermeture d'une telle banque dans les 90 jours suivant le franchissement de ce seuil critique.

En outre, les catégories " sous- capitalisée " et " significativement sous-capitalisée " font l'objet de restrictions spécifiques. Ces dernières, modulables en fonction de l'environnement économique et financier dans lequel les banques opèrent, sont de plusieurs ordres :

- les autorités peuvent restreindre les actifs que les établissements bancaires sont habilités à détenir et les activités qu'ils peuvent exercer ; ainsi, les banques concernées ne peuvent détenir certains titres, qui sont considérés comme trop risqués, ni exercer certaines activités susceptibles d'augmenter la prise de risque ;
- la diversification des actifs bancaires est encouragée afin de réduire le risque sur le bilan global par le biais par exemple de restrictions sur les montants qu'elles peuvent prêter à un seul et même client ;
- les établissements financiers doivent détenir un montant minimum de fonds propres qui dépend souvent du risque de leurs activités. L'exemple le mieux connu de ce type de réglementation est le ratio Cooke institué par l'accord de Bâle. Lorsqu'il est imposé à un établissement financier de détenir des fonds propres importants, il a plus à perdre en cas de faillite, et il tend à se cantonner à des activités moins risquées ;
- les établissements financiers sont tenus de suivre des normes comptables et de communiquer aux autorités toutes sortes d'informations sur les risques qu'ils encourent et sur la qualité de leur portefeuille d'actifs.

Ces normes microprudentielles pourraient être complétées par un dispositif macroprudentiel, notamment le développement d'outils permettant d'analyser la résistance du système financier à certaines défaillances ou à l'occurrence d'un choc macroéconomique majeur. Néanmoins, ces réglementations ne suffisent pas à elles seules à limiter le risque bancaire et à garantir la bonne santé des établissements financiers, parce que ces derniers peuvent ne pas s'y conformer ou tenter d'y échapper. Les autorités doivent donc exercer une surveillance dictée par la prudence, afin de s'assurer du respect des réglementations limitant la prise de risques.

IV. La situation dans l'UEMOA

L'examen de la problématique relative à la politique de sauvetage bancaire par l'Etat dans le contexte de l'UEMOA peut être rapporté, d'une part, au traitement de la crise bancaire des années 80-90 et d'autre part, à la configuration actuelle du paysage bancaire, marquée par le caractère oligopolistique du système bancaire.

4.1. Le traitement de la crise bancaire de la décennie 80-90

L'UEMOA n'a pas été épargnée par le vaste mouvement de faillite et de restructuration bancaire des années 1980-1990. A la fin des années 80, plusieurs banques, dans l'ensemble de l'Union, étaient en difficulté. Même si la situation a été différente d'un pays à l'autre, il y a eu une constante dans le traitement de la crise : l'apurement des engagements des banques en faillite, notamment vis-à-vis des déposants. A cet égard, le soutien des gouvernements et de la Banque Centrale a été significatif. Ainsi, lors de leur dissolution ou restructuration, ces banques ont bénéficié d'une consolidation de leur solde débiteur dans les livres de la Banque Centrale (cf. tableau ci-après). Par ailleurs, dans certains cas, les gouvernements ont décidé du remboursement intégral des avoirs des déposants privés.

Tableau : Situation des soldes consolidés (en milliards de FCFA)

Banques	*Montant consolidé*	*Période*	
		Ouverture	**Fermeture**
BENIN			
- Banque Béninoise pour le Développement	21,12	1966	1990
- Caisse Nationale de Crédit Agricole	20,42	1976	1987
BURKINA			
- Banque Nationale pour le Développement du Burkina(*)	9,00	1974	
CÔTE D'IVOIRE			
- Banque Ivoirienne de Construction et de Travaux Publics	47,80	1976	1988
- Banque Nationale pour l'Epargne et le Crédit	-	1975	1988
- Banque Ivoirienne pour le Développement Industriel	9,10	1966	1989
- Crédit de la Côte d'Ivoire	4,00	1955	1989
- Banque Nationale de Développement Agricole	47,60	1968	1991
- BIAO-CI(*)	11,60	1966	
NIGER			
- Caisse Nationale de Crédit Agricole	4,00	1968	1988
- Banque de Développement de la République du Niger	21,90	1966	1990
SENEGAL			
- Banque Sénégalo-Koweïtienne	8,90	1974	1990
- Banque Nationale de Développement du Sénégal	52,20	1965	1990
- Union Sénégalaise de Banques	21,00	1965	1989
- BIAO-Sénégal(*)	4,80	1965	
TOGO			
- Banque Togolaise de Développement(*)	4,40	1967	
- Caisse Nationale de Crédit Agricole(*)	2,00	1967	
Total	**289,84**		

Source *: BCEAO. (*) Créances gelées*

En faisant une extension aux établissements financiers, à la Bourse des valeurs mobilières et au secteur de la microfinance, il ressort que le système financier a bénéficié d'un appui substantiel des autorités de régulation, notamment la Banque Centrale, au cours de la décennie 90.

Cette intervention publique s'inscrit dans un vaste programme de restructuration bancaire, qui a en général consisté à apurer les engagements des établissements en faillite. Toutefois, ce soutien diffère d'au moins deux aspects importants de la pratique courante de sauvetage bancaire par l'Etat telle qu'observée ailleurs. Premièrement, cette dernière vise à sauver " à tout prix " certaines entreprises de la cessation définitive de leurs activités. La gestion de l'après-faillite ne relève donc pas toujours de la politique de sauvetage. Deuxièmement, l'intervention dans un tel contexte se justifie, lorsque l'entreprise est désignée a priori comme étant importante pour le système, ce qui explique le caractère sélectif d'une telle pratique.

Toutefois, la problématique de sauvetage bancaire ne peut être complètement écartée dans la logique de la régulation du système bancaire de l'UEMOA. Même si cette dernière n'a pas été opérée comme ce qui est observé par exemple aux Etats-Unis et au Japon, le caractère oligopolistique de ce système l'est en revanche, et les conséquences de la faillite d'une des banques leaders ne sont certainement pas ignorées. Au cours des années 90, la concentration de l'activité bancaire est ainsi définie[3]. Au Bénin, 3 banques (CLB, Ecobank-B et BOA-B) mobilisaient 75,6% des dépôts et assuraient 78,6% des emplois. Au Burkina, la BICIA-B, la BMBIAO-B, BALIB représentaient 81,5% de l'ensemble des emplois et 85,2% des dépôts du système bancaire. En Côte d'Ivoire, 5 banques (SGBCI, BICICI, SIB, BIAO-CI, Citibank-NA) distribuaient 75,3% des emplois de la clientèle et collectaient 67,8% des dépôts. Au Mali, 4 banques (BMCD, BMBIAO, BOA-M, BCS) représentaient 56,7% des emplois et 59,1% des ressources. Au Niger, 3 banques (BMBIAO-N , BOA-N, BCN) assuraient respectivement 56,7% et 69,2% des emplois et des dépôts du système bancaire. Au Sénégal, 65,6% de la distribution des emplois et 67, 6% de la collecte des dépôts étaient couverts par 4 banques (BICIS, SGBS, CLS, Citibank-S). Au Togo, 82,8% des emplois et 84,1% des dépôts étaient le fait de 4 banques (BTCI, UTB, BMBIAO-T, SIAB).

Les programmes de restructuration bancaire des années 90 ont certainement pris en compte cette réalité. Ainsi, nombre de grandes banques ont bénéficié de l'appui des pouvoirs publics afin d'éviter leur effondrement dans un environnement financier déprimé. Ce fut le cas par exemple des 4 grandes banques commerciales de la Côte d'Ivoire (BIAO-CI, BICICI, SGBCI, SIB) qui étaient confrontées à de graves difficultés de trésorerie, en liaison notamment avec la dégradation marquée de leur portefeuille.

4.2. La situation actuelle

La pratique de sauvetage n'est pas formelle dans les règles de l'UEMOA, qui s'articule autour de trois principaux axes : (1) les conditions d'exercice de la profession qui fixent le niveau de capital minimum et les exigences en matière

[3] Rapport de la Commission Bancaire de l'UMOA 1993-1994.

de fonds propres ; (2) la réglementation des opérations effectuées par les banques et établissements financiers qui met l'accent sur le respect d'un rapport entre les divers éléments de leurs ressources et emplois ou le respect de plafond ou minimum pour le montant de certains de leurs emplois ; (3) les normes de gestion qui concernent notamment les règles de couverture des risques, à travers le respect d'un rapport minimum dit " rapport fonds propres sur risques " dont le pourcentage à respecter est fixé à 8%.

Toutefois, la forte concentration de l'activité bancaire et les leçons tirées du passé, laissent présumer que les autorités publiques s'évertueront à éviter l'effondrement d'une banque leader, puisque les coûts économiques et sociaux d'une telle issue seraient importants. La configuration actuelle du paysage bancaire place un nombre réduit de banques en position dominante dans chaque pays. C'est le cas de la BOA, Ecobank et la BIBE au Bénin, la BIB et la BICIA-B au Burkina, la SGBCI, la BICICI, la BIAO-CI et la SIB en Côte d'Ivoire, la BDM, la BIM et la BNDA au Mali, la BIA et la SONIBANK au Niger, la SGBS, la CBAO, la BICIS, la BHS et la CNCAS au Sénégal et Ecobank, la BTCI et la BIA au Togo. Ainsi par exemple, ces cinq banques sénégalaises détiennent environ 84,6% de la clientèle et 79,6% des crédits octroyés au Sénégal. Cette forte concentration de l'activité bancaire donne, de fait, un caractère de « Too Big To Fail » à certaines banques de l'Union. Mais en n'exprimant pas explicitement ce comportement qui relève de son pouvoir discrétionnaire, l'Etat évite, tout au moins en partie, les problèmes connexes à la pratique courante de la politique de sauvetage des banques tels que l'aléa moral.

Conclusion et Recommandations

Les autorités publiques auront toujours un rôle fondamental à jouer dans le secteur financier, en particulier en raison de l'importance qu'y revêtent les questions d'information et les droits de propriété. Ainsi, entre autres interventions, la politique de sauvetage bancaire constitue un concours substantiel de l'Etat aux grandes entreprises en difficulté déclarée, compte tenu du risque présumé que leur faillite fait peser sur le système tout entier.

Toutefois, cette problématique met en relief deux réalités contradictoires : d'une part, la pratique de sauvetage bancaire est susceptible de créer un aléa moral et ainsi d'accentuer les maux auxquels elle est censée apporter des solutions ; d'autre part, il est reconnu qu'il existe des chocs potentiellement dangereux et hors de contrôle des gestionnaires individuels. Ils peuvent affecter le système financier dans son ensemble et, dans ce cas, seules les autorités publiques sont capables de gérer ce genre de risques.

Face à cette contradiction, la réglementation et la surveillance du système financier, donc la prévention des risques, constituent une solution adaptée au problème de l'intervention de l'Etat dans le système financier.

Références bibliographiques

Banque mondiale, *Rapport annuel*, 1996.

Boyer Robert, Dehove Mario et Plihon Dominique, « Les crises financières », *Analyses Economiques*, N° 6, Novembre 2004.

Commission Bancaire de l'UMOA, *Rapport annuel*, 1993-1994.

Down Kevin, « Too Big To Fail ? Long-Term Capital Management and the Federal Reserves », *Briefing Papers*, CATO Institute, N° 52, Septembre 1999.

Hetzel Robert., « Too Big To Fail : Origins, Consequences, and Outlook », *Economic Review*, Federal Reserve Bank of Richmond, November/December 1991, pp. 3-15.

Kaufman George G., « Too Big To Fail in Us Banking : Quo Vadis ? », Loyola University Chicago and Federal Reserve Bank of Chicago, 2002.

Kaufman George G. et Seeling Steven « Minimizing Post-Revolution Costs in Bank Failures », Federal Reserve Bank of Chicago, *WP* 2000-16, 2000.

Menahem Georges, *Enquêtes au cœur des multinationales,* Editions Mille et une nuits, Paris 2001, 160 p.

Mishkin Frederic S., *Prudential Supervision : What Work Doesn't*, Series : (NBER-C) National Bureau of Economic Research Conference Report, 2001.

Penas Maria F. et Unal Haluk, « Too Big To Fail Gains in Bank Mergers : Evidence from Bond Markets », The Wharton Financial Institutions Center, December 2000.

Roth Michael, « Too Big To Fail and the Stability of the Banking System :Some Insights from Foreign Countries », *Business Econmics* 29(4), 43-49, 1994.

Samuelson Paul A. et Krooss Herman E., *Documentary History of Banking and Currency in the United States,* Vol. IV (New York : Chelsea House Publisher, 1983), p. 354.

Spiegel Mark M. et Yamori Nobuyoshi, « The evolution of Too Big to Fail Policy in Japan : Evidence from Market Equity Values », *Pacific Basin Working Paper Series, Working Paper* N° PB00-01, 2001.

Thomson James B. et Todd Walker F., « An Insider's View of the Policy of the Too Big to Fail Doctrine. » *Federal Reserve Bank of Cleveland Working Paper* #9017, December 1990.

IX

Pôles de convergence, Gains de l'intégration économique et monétaire en Afrique de l'Ouest : une approche en termes de clusters

Kamel Malik Bensafta,
Laurent Gautier,
Pierre Guei,
Gervasio Semedo*

Introduction

L'intérêt renouvelé pour les unions monétaires avec la création de l'euro n'est pas surprenant (Semedo, 1998)[1] au regard des cycles alternatifs de mise en sommeil et de renaissance de la théorie des Zones Monétaires Optimales (ZMO). Alesina et Barro (2002) se font un écho positif de la multiplication des espaces économiques et monétaires en avançant trois raisons : l'importance croissante du nombre de pays dans le monde, la globalisation, et la renonciation pour nombre de petits pays à des politiques indépendantes de création monétaire[2].

Le bénéfice des pays à participer à des unions monétaires est défini théoriquement par des critères traditionnels et des critères nouveaux. Les avancées décisives de la macroéconomie fournissent des pistes de réflexion pour l'analyse de la *praticabilité* d'une zone monétaire d'un pays potentiellement membre : la nature des chocs, l'ampleur et la vitesse de réaction du pays face à de telles perturbations réelles, monétaires et financières extérieures. Dans quelle mesure ces réactions sont-elles similaires et corrélées à celles d'autres pays désirant former avec lui une union monétaire ? La question sous-jacente renvoie à l'homogénéité des pays en situation d'adhérer ou de participer à une union monétaire. Les pays de

* Groupe d'Etudes et de Recherches sur la Coopération Internationale et Européenne, Université François Rabelais de Tours,

[1] Semedo G. (1998), "Nouveau regard sur la théorie des zones monétaires optimales", in G. Semedo & P. Villieu : Mondialisation, Intégration économique et croissance. Nouvelles Approches. Ed. L'Harmattan, Paris: 199-248.

[2] Ces petits pays sont exposés depuis 1987 à des crises récurrentes monétaires, financières, cambiaires, technologiques et réelles.

la Communauté Économique Des États d'Afrique de l'Ouest (CEDEAO) n'échappent pas à ce débat concernant la viabilité de cet objectif final[3]. Les arrangements monétaires concertés depuis 2001 voient se profiler trois entités : d'un côté, les pays de la Zone Franc c'est-à-dire de l'Union Économique et Monétaire de l'Ouest Africain (UEMOA), d'un autre côté, les pays de la Zone Monétaire Ouest-Africaine (ZMOA), essentiellement anglophones ; et enfin, le Cap-Vert dans une situation de gestion souveraine de sa monnaie[4]. L'hétérogénéité de ces pays laisse à penser que l'intégration est un long processus exigeant des étapes pour aboutir à une UEM. L'expérience européenne avec le Traité de Maastricht a montré que le pragmatisme, la volonté politique par l'adoption de règles transparentes de fonctionnement dans les décisions budgétaires et la création du marché unique, constituent des moyens de réduire les fractures structurelles entre pays. Sur la base des règles proches de celles définies dans le cadre du Traité de Maastricht, de la théorie des ZMO, l'approche en termes de clusters CAH rend possible la construction d'une grille de lecture pour analyser l'hétérogénéité structurelle de pays candidats à une UEM. Elle renforce en même temps l'idée d'une intégration graduelle (Balassa, 1975 ; Mac Lenaghan, Nsouli et Reichel, 1982) à partir de sous-groupes homogènes ou pôles de convergence entre pays. Dans la perspective de l'intégration monétaire, ces pôles peuvent tout d'abord s'entendre sur des accords de paiement et de compensation, puis étendre l'expérience à une monnaie commune jusqu'à l'unification monétaire, caractérisée par : l'adoption de taux de change fixes vis-à-vis de tiers, la suppression des monnaies nationales, la libre circulation des facteurs de production.

L'objectif de ce papier est de montrer que le parcours de la CEDEAO de sa création à aujourd'hui n'est certainement pas négligeable, même s'il faut encore l'améliorer montrant ainsi que la dimension politique tient une place importante dans un processus d'intégration. De ce fait cette zone est praticable, puisque nous démontrons qu'une zone UEMOA élargie au Cap-Vert et au Ghana est justifiée à ce stade de l'intégration économique de ces divers pays africains constitutifs de la CEDEAO. Mais la convergence de ce bloc est freinée par la lenteur de la convergence dans la ZMOA. L'objectif d'une monnaie unique pour ces quinze pays membres peut être viable. Pour qu'il en soit ainsi, une profonde rénovation

---

[3] Pour l'instant la CEDEAO admet la coexistence de plusieurs régimes monétaires dont l'ancrage ouvre à la convertibilité totale (Zone CFA) ou partielle (le Nigeria avec le naïra, par exemple), tout en étant d'un point de vue bilatéral quelquefois une zone d'échanges préférentiels.

[4] Les pays de la CEDEAO et leurs dates d'adhésion sont les suivants : Bénin (1975), Ghana (1975), Niger (1975), Burkina Faso (1975), Guinée (1975), Nigeria (1975), Cap-Vert (1975), Liberia (1975), Sénégal (1975), Côte d'Ivoire (1975), Mali (1975), Sierra Leone (1975), Gambie (1975), Togo (1975), Guinée-Bissau (1975). L'UEMOA regroupe les pays suivants : Bénin (1984), Burkina Faso (1962), Côte d'Ivoire (1962), Mali (1962), Niger (1962), Sénégal (1962), Mauritanie (1962 - 1994), Togo (1994), Guinée-Bissau (1997). La ZMOA regroupe les cinq pays suivants : Ghana (2002), Guinée (2002), Nigeria (2002), Sierra Leone (2002), Gambie (2002). Il est à noter que la Mauritanie a appartenu à l'UEMOA de 1962 à 1994 et de fait, elle ne fait plus partie de la CEDEAO depuis cette date.

des institutions et des pratiques d'intégration est nécessaire, pour qu'enfin le bien-fondé du regroupement économique et monétaire prévu par les textes de la CEDEAO soit effectif. Pour démontrer cela, nous partons d'une revue de la littérature basée sur les critères traditionnels de la zone monétaire (Mundell, 1961 ; Fleming, 1971 ; Mc Kinnon, 1963 ;...) et des travaux les plus récents sur la convergence nominale et réelle (Bamba, 2004 ; Masson et Patillo, 2005). Sur la base de sous-groupes de pays homogènes identifiés, et au regard de seuils[5] de déficit et de dette publique, empruntés à l'expérience européenne, nous cherchons à conforter l'idée de proximité réelle, base de l'intégration monétaire en nous appuyant également sur les thèses nouvelles d'optimalité comme celle de l'endogénéité (Frankel et Rose, 1998, 2002). Nous précisons que pour les critères budgétaires, notre classification des pays membres s'est faite avec des critères assouplis de Maastricht. Cette flexibilité que nous avons retenue se justifie. Au sens strict les seuils arrêtés à Maastricht pour chaque pays reposent sur un déficit annuel inférieur ou égal à 3% du PIB et un rapport de la dette au PIB inférieur ou égal à 60%. Pour être réalistes, nous nous appuierons sur la moyenne des déficits et de la dette publique des PVD à revenu intermédiaire et où à revenu inférieur, afin d'inclure la plupart des pays africains[6]. De fait, les seuils respectifs de déficit et de dettes par rapport au PIB de 4% et de 80% sont retenus. Des périodisations sont nécessaires dans l'application de la CAH parce que des changements institutionnels et des modifications d'environnement majeurs se sont produits au sein des pays membres de la CEDEAO et méritent d'être pris en compte[7].

Dans cet article, les fondements théoriques justifiant les regroupements monétaires sont restitués. De même ce travail est pragmatique, puisqu'il mobilise l'expérience européenne dans la construction de l'euro, sur la base de critères nominaux et réels, en tenant compte des spécificités des pays de la CEDEAO. Enfin la question monétaire n'est pas abordée sous un angle unique, mais plutôt par la combinaison de critères multiples à partir de l'approche en termes de clusters basée sur la méthodologie de la CAH. La justification détaillée de cette méthodologie est présentée par la suite dans le corps du texte. Dans la littérature existante, appuyée par des exercices empiriques, les préoccupations propres aux auteurs ne sont pas de nature éclectique et pluraliste car elles sont circonscrites à

---

[5] Au sens strict ces seuils sont des déficits annuels inférieurs ou égaux à 3% du PIB de chaque pays et un rapport dette sur PIB égal à 60%.

[6] Un travail fondateur de Tanimoune, Combes et Plane (2005) met en évidence la non-linéarité entre la politique budgétaire et l'activité économique dans la zone UEMOA incluse dans la CEDEAO. Il apparaît ainsi que l'Etat en Afrique de l'Ouest exerce une influence de type keynésienne sur l'activité économique jusqu'à un taux d'endettement de 83%, et au-delà des effets antikeynésiens se manifestent

[7] Par exemple, nous pouvons citer : l'envolée des prix des matières premières et des produits pétroliers, les politiques d'ajustement structurel du milieu des années 80, la dévaluation du Franc CFA en1994, l'adoption du Pacte de Stabilité et de Croissance (PSC) en 1999, la création de la ZMOA en 2000 et l'établissement de critères de convergence à partir de 2001.

une des parties constitutives de la CEDEAO ou à un critère particulier de l'intégration comme l'accélération des échanges bilatéraux (Sy, 2007 ; Masson et Patillo, 2005 ; Tsangarides, Ewenczyck et Hulej, 2006 ; Xiaodan et Yoonbai, 2009)[8]. En réalité, l'UEMOA représente des acquis favorables à la consolidation de la CEDEAO ; l'analyse uniquement centrée sur des chocs d'offre doit être enrichie par des chocs de demande, des chocs de politique monétaire et par la prise en compte des autres pays de la CEDEAO. En effet, la CEDEAO est rarement explorée comme champ d'études du potentiel de zones monétaires. A juste titre, la CAH permet de tenir compte de telles imperfections.

Notre travail est alors organisé comme suit : dans la section 1 à partir de faits stylisés propres à la zone CEDEAO, nous donnons une grille de lecture théorique basée sur la littérature traitant des ZMO. Dans la section 2, l'approche en termes de clusters et les résultats de notre étude sont donnés. Enfin dans la section 3, des recommandations de politique économique sont proposées pour rapprocher les clusters de l'objectif de monnaie unique. Ces mesures contribueraient alors à plus de convergence. Ainsi, La CEDEAO serait alors une zone monétaire praticable, dont la viabilité dépendra d'efforts durables et graduels de politiques économiques sous réserve d'une réelle entente politique.

I. Revue de la littérature ancienne et contemporaine à la croisée de l'expérience européenne : une adaptation à la CEDEAO

Les caractéristiques de cette zone sont données dans le premier paragraphe. La littérature pionnière des ZMO est ensuite restituée puis complétée par des contributions postérieures. Naturellement les liens entre ces théories fondatrices et l'état de cette zone doivent être établis et nous prolongeons l'analyse par l'adéquation des critères de Maastricht à la situation budgétaire de ces pays.

1.1. Les pays de la CEDEAO, Spécificités de la Zone franc CFA et faits stylisés

Les pays de la CEDEAO représentent le quart du territoire africain et une population de 280 millions d'habitants en 2008. Hormis le Nigeria, le poids économique de la CEDEAO dans le monde est relativement faible puisque la production totale de la région est de 330 milliards de dollars US (PPA en 2007). Le niveau de vie est également bas, puisqu'il est essentiellement tributaire de la

[8] Par exemple Sy (2007) étudie l'hétérogénéité structurelle des pays de l'UEMOA en mobilisant des indices de développement financier au crible d'une CAH. Un autre travail le travail récent de Xiaodan et Youbai sur la zone franc CFA part d'une comparaison inadaptée entre les pays de la zone franc CFA et l'Union européenne (UE15) avec une modélisation VAR montrant une exposition asymétrique des pays de la zone franc CFA aux chocs extérieurs ; insistant sur l'hétérogénéité de cette zone, elle n'aboutit pas sur des recommandations de politiques économiques. Sans le dire de manière explicite, le travail de ces deux auteurs laisse à penser que les coûts de cette union l'emportent sur les avantages.

production agricole soumise à l'aléa climatique. Sur le plan réel, la région est très hétérogène aussi bien en termes de richesse qu'en termes de poids économique, de développement technologique et humain. Le tableau 1 présente les principales statistiques macroéconomiques et sociales. Le Nigeria y représente presque la moitié avec 147 millions d'habitants et un PIB de 145 milliards de dollars. Les économies aussi importantes sont la Côte d'Ivoire, le Ghana et le Sénégal. Les niveaux de vie sont très différenciés. En 2007, la richesse par habitant était la plus faible au Liberia et en Guinée-Bissau (moins de 150$) et la plus forte au Cap-Vert avec 1576$. Ce pays est par ailleurs le seul à être dans la catégorie des pays à revenu moyen inférieur. Le Cap-Vert possède également les meilleurs indicateurs de développement humain (une espérance de vie de 70 ans) et le meilleur taux d'alphabétisation. La moyenne des autres pays de la CEDEAO se situe à peine à 40% de taux d'alphabétisation et une espérance de vie de moins de 50 ans. En matière d'infrastructures (routes goudronnées et lignes téléphoniques), certains pays sont en retard (Bénin, Guinée, Liberia, Sierra Leone) par rapport aux plus avancées que sont le Cap-Vert et le Sénégal. Globalement, le secteur agricole joue un rôle moteur dans les économies de la région voire principal pour certaines (Guinée-Bissau, Liberia, Mali et Sierra Leone) puisqu'il représente en moyenne 30% de la valeur ajoutée de l'ensemble de la production. La part importante de l'industrie au Nigeria s'explique par son rang de premier pays exportateur de pétrole en Afrique.

Au regard des données relatives aux échanges internationaux, à la spécialisation et à l'aide, ces pays apparaissent peu diversifiés. Le Sénégal est le seul pays dont les exportations sont les plus diversifiées. Enfin, des pays demeurent relativement dépendants de l'aide qui dépasse en moyenne par pays les 15% du PIB.

Sur le plan monétaire, jusqu'au début des années 80, tous les pays africains, optent pour des taux de change fixes. Mais l'ancrage nominal a été progressivement abandonné de sorte que les pays de la zone franc CFA sont aujourd'hui les seuls à avoir maintenu la fixité de leur taux de change vis-à-vis de l'euro, à l'exception de la dévaluation de 1994. La discipline monétaire par ancrage nominal au franc puis à l'euro et par l'observation de règles en matière d'émission monétaire procure des gains comme la stabilité des prix et la crédibilité de leur monnaie[9]. La zone franc africaine a été sans nul doute un espace de stabilité monétaire (Semedo, 1998), contrairement aux pays ayant fait le choix d'une taxe inflationniste important et d'un ajustement automatique de leur taux de change réel. De fait, les pays africains membres de la zone ont opté pour le caractère déflationniste de leur politique monétaire en dissociant l'offre de monnaie des chocs internes. Bien entendu, les faits stylisés montrent qu'au sein de cette zone et indépendamment des aires couvertes par la BCEAO et la

[9] Combes J.L. et Veyrune R. (2004), "Effet de discipline et effet de crédibilité de l'ancrage nominal ", *Revue d'Economie Financière*, vol 75 : 55-69.

BEAC[10], des cycles alternés de restriction et d'expansion monétaire existent[11].. Les choix des pays de la zone franc conduisent à : la détermination du taux d'inflation cible par le taux d'inflation moyen des pays partenaires (objectif d'équilibre extérieur). En effet, l'appréciation du taux de change réel en situation de croissance conduit à des déséquilibres extérieurs. Inversement, le choix d'une inflation basse dans l'arbitrage inflation-chômage le long de leur courbe de Phillips augmentée peut se transformer en chômage à moyen terme en l'absence d'innovations technologiques, si l'on veut en même temps maintenir la discipline budgétaire et la stabilité monétaire en raison de la pression sur les taux d'intérêt réels. Toutefois dans les PVD l'arbitrage inflation-chômage en face de ressources financières restreintes, ne peut pas exclure la taxe inflationniste, source importante de revenus de seigneuriage pour les gouvernements. Il reste que la répression financière est plus importante en Zone franc CFA.

1.2. Critères anciens et nouveaux applicables à l'optimalité des Zones monétaires

Mundell (1961) insiste sur la mobilité de la main-d'œuvre comme critère d'efficience de la ZMO dans un cadre keynésien à prix fixes ; la praticabilité d'une ZMO nécessite une mobilité substantielle du facteur travail : les pays subissant les mêmes chocs sont les mieux à même de former une union monétaire et de coordonner leur policy-mix pour faire face aux déséquilibres interne et externe. Or, Mundell envisage uniquement les chocs de demande au risque de négliger les variations de productivité des salaires et de prix de biens intermédiaires. De manière générale, ce critère dérivé de la théorie des ZMO est difficile à apprécier. En supposant que la mobilité soit plus envisageable lorsque le travail est flexible, Artis, et Zhang (1997) proposent d'utiliser l'indicateur de rigidité du travail comme projection de la mobilité. Par ailleurs, dans le cas européen, il apparaît que cette flexibilité conduit à davantage de mobilité intersectorielle et interrégionale que de mobilité internationale (Gros et Thygesen, 1998 ; Puhani, 2001). Dans le cas africain, il existe une très grande mobilité internationale notamment dans les régions limitrophes (Lucas, 2006), mais l'appréciation globale de la mobilité du travail reste délicate. En l'absence d'indicateurs statistiques, nous n'avons pas retenu ce critère dans la classification[12]. Par ailleurs, la théorie de Mundell se révèle limitée dans le cadre des pays de la CEDEAO qui se caractérisent par une faible mobilité du

---

[10] Banque Centrale des Etats d'Afrique de l'Ouest et Banque des Etats d'Afrique Centrale.

[11] Une politique restrictive entre 1962-1974 ; une politique d'expansion monétaire alimentée par des circuits extérieurs de financement entre 1975 et 1982 ; un retour à la rigueur depuis 1985 ; la dévaluation du franc CFA en 1994 ; la création d'un pacte de stabilité et de convergence en 1999.

[12] L'index de rigidité du travail établi par la Banque Mondiale mesure la régulation de l'emploi et plus spécifiquement les lois à l'embauche et au licenciement ainsi que la flexibilité du nombre d'heures de travail.

facteur travail, des phénomènes de transhumance, une offre insuffisante d'infrastructures et par une répartition inégale des populations sur les territoires.

La migration est due au développement économique et à l'interdépendance socioculturelle. Elle est un moyen de survie des individus, des familles, des minorités et des peuples nomades comme les Peulhs vivant de l'élevage. Durant l'ère coloniale, le tracé des frontières est fait sans considération des réalités sociales et culturelles des indigènes. La production de produits bruts qui est axée sur la satisfaction des besoins industriels de l'économie métropolitaine, nécessite la mise en place de commodités infrastructurelles adaptées au secteur primaire. Un nouveau cadre de mouvements de populations dû à la demande de main-d'œuvre (recrutement obligatoire, contraintes et travaux forcés) apparaît alors et conduit à modifier le schéma migratoire en Afrique de l'Ouest. Avec les indépendances, les efforts visant à consolider les frontières n'ont pas freiné de façon significative la mobilité transfrontalière de la main-d'œuvre, malgré une politique d'expulsion des non-ressortissants pratiqués par neuf Etats Ouest-africains au cours de la période 1968-1974. En 1980, une volonté est partagée en Afrique de l'Ouest avec la création de la CEDEAO : le développement économique de la sous-région exige une mobilité des personnes. L'adoption d'un Protocole sur la libre circulation des personnes, et le droit de résidence et d'établissement parachève cette volonté. Il s'agit alors de : garantir l'entrée libre des citoyens des pays membres sans visa pour 90 jours dès l'année 1980 ; clarifier le droit de résidence effectif en juillet 1986 et ratifié par tous les Etats membres, faciliter le droit d'établissement, maintenant réel ; et enfin, renforcer les libertés de circulation par l'approbation du passeport CEDEAO (2000). Cependant, la libre circulation est entravée par des contrôles aux frontières, par des actes de harcèlement et d'extorsions de fonds, montrant un manque d'efficacité dans la coordination des politiques migratoires. Ainsi, les échecs dans l'expérimentation des politiques de libéralisation ont ralenti les efforts d'intégration et de réalisation d'une Afrique de l'Ouest sans frontières (Agyei, 2010)[13]. De tout temps, les Africains se sont toujours déplacés suivant des corridors de survie, d'échanges, de solidarité, transcendant les frontières par rapport à des pratiques traditionnelles ethniques et culturelles et ce malgré les obstacles monétaires. De fait, la migration régionale devient encore inévitable suite au processus de globalisation, qui est facilité par le développement technologique dans les communications et les transports. Il existe donc un degré de mobilité régionale indéniable du facteur travail, difficilement mesurable.

Selon Fleming (1971), les pays d'une zone monétaire optimale doivent avoir un différentiel de taux d'inflation minimal pour éviter les solutions isolationnistes et des politiques de dévaluation compétitive. Ainsi, le différentiel

---

[13] Agye J. (2010), "Operationalizing ECOWAS Protocol on free Movement of persons among the member states: Issues of convergence, Divergence and Prospects for Integration", Workshop ECOWAS, Praïa, Iles du Cap-Vert, Dept. of Geography and Resource Development and Centre for Migration Studies, University of Ghana, Legon, 2010.

des taux d'inflation est un bon indicateur de convergence nominale : le rapprochement des taux d'inflation entre deux pays permet de stabiliser les termes de l'échange et réciproquement la balance des transactions courantes, ce qui réduit la nécessité d'ajustement par le taux de change. Lorsque des pays ont des courbes de Phillips différentes ou des objectifs en termes d'inflation et de chômage différents, une union monétaire est nécessairement coûteuse puisqu'elle impose une politique monétaire commune avec une cible d'inflation commune (Canzoneri et Rogers, 1990)[14]. Ce coût est plus important lorsque les déséquilibres externes sont le résultat d'une hétérogénéité structurelle. Par ailleurs, la volatilité du taux d'inflation est un indicateur de stabilité et de crédibilité. Lucas (1973) montre ainsi que la variabilité des taux d'inflation exprime la réponse des économies aux chocs d'offre et de demande. De fait, la volatilité de la production est positivement liée à celle des taux d'inflation[15] (Blanchard et Simon, 2001). Toute réduction de l'amplitude et de la fréquence de ces chocs à l'économie, liée par exemple à une modification structurelle et/ou conjoncturelle, réduit en même temps la volatilité de la production et celle de l'inflation. La similarité de la variabilité des taux d'inflation est en fin de compte un bon indicateur de la crédibilité de la politique monétaire et de sa transmission à l'économie réelle. Dans ce travail, deux critères sont retenus : la similarité des taux d'inflation INF_i et la variabilité des taux d'inflation, notée $VINF_i$[16].

Pour les pays de l'UEMOA, si la convergence nominale est observée et a suivi une trajectoire relativement favorable après la dévaluation du franc CFA, fait probablement plus significatif que la mise en place du pacte de stabilité et de croissance, la convergence réelle est encore insuffisante (Bamba, 2004, Tanimoune, Combes et Plane, 2005). De manière plus large, avec la zone CFA, même si les moyens mis en œuvre par rapport au policy-mix parachèvent la construction de la zone franc et contribuent à la crédibilité de leur monnaie, il n'en demeure pas moins que des incertitudes pèsent sur les objectifs de la convergence recherchée de manière séparée par l'UEMOA. Ces incertitudes sont dues à l'importance des échanges transfrontaliers informels expliquant la faiblesse des échanges bilatéraux officiels et à l'hétérogénéité des chocs voire des réponses aux chocs qui affectent ces économies. Par ailleurs, la spécialisation des économies de la CEDEAO dans des secteurs différents exposent les pays à des chocs spécifiques. Il faut convenir du caractère inachevé de la convergence (Fouda Owoundi, 2009). Toutefois, le passage à la monnaie unique par ses effets endogènes réduirait ces échanges informels.

---

[14] Canzoneri M. B. et C, A. Rogers. (1990), "Is the European Community an Optimal Currency Area? Optimum Taxation Versus the Costs of Multiple Currencies", *The American Economic Review*, vol 80, No3 : 419-433.

[15] Blanchard, O. et Simon, J. (2001), « The Long and Large Decline in US Output Volatility », *Brookings Papers on Economic Activity*, Vol. 1 : 135-174.

[16]Voir en annexe les différentes sources de données et la construction des variables.

Les arguments dérivés du commerce international viennent compléter le critère de Mundell. Ils insistent d'une part sur le degré d'ouverture des économies (McKinnon, 1963) et, d'autre part, sur le degré de diversification (Kenen, 1969). Du point de vue de McKinnon, lorsque la part des biens échangeables est importante, alors l'économie a intérêt à rejoindre une union monétaire pour éviter l'instabilité des prix relatifs en changes flexibles. Ce résultat n'est toutefois pas vérifié pour les pays de la zone franc CFA car ils n'ont pas pu d'une part, se prémunir de l'instabilité des marchés mondiaux des produits de base et d'autre part, se protéger contre l'évolution conjoncturelle défavorable de la demande des pays développés. Selon Kenen (1969), plus l'économie est diversifiée, plus elle peut amortir l'effet d'une variation relative de la demande externe. A l'inverse, une économie peu diversifiée ne pourra faire face à la variation de la demande étrangère par le seul instrument de la réduction de ses dépenses ; il en résulte que le pays devrait adopter des taux de change flottants. Ce point de vue s'oppose directement à la réalité, puisqu'il suppose que les grandes économies devraient adopter des taux de change fixes tandis que les petites économies, des taux flexibles. En matière d'échange commercial, l'Union Européenne est un grand partenaire commercial des pays de la CEDEAO. La part du commerce à l'intérieur de la CEDEAO est réduite aux environs de 11% du commerce global avec le reste du monde. Cette répartition est liée à la faible industrialisation des pays qui importent majoritairement des biens d'équipement et des produits finis et semi-finis. Le commerce intrazone concerne d'une part les exportations nigérianes d'hydrocarbures et, d'autre part les échanges effectués par les petits pays enclavés tels que le Mali, le Burkina Faso, le Niger et le Bénin[17].Au lieu de considérer le critère d'échange bilatéral entre les pays de la CEDEAO, nous choisissons d'inclure deux critères dérivés des arguments du commerce international : le degré d'ouverture d'une part, la diversification et la volatilité des variations des termes de l'échange, d'autre part. Le premier critère a pour vocation d'identifier les pays dont la part du commerce est très importante. Le second critère (diversification et volatilité des variations des termes de l'échange) permet d'apprécier l'exposition aux chocs exogènes. En effet, la forte spécialisation à l'exportation des pays de la CEDEAO est pénalisante car elle se traduit par une asymétrie des chocs subis par chaque économie. L'utilisation des termes de l'échange atténue cette pénalité puisqu'il tient compte des importations, qui sont plus ou moins proches. Les trois variables qui découlent des deux critères précédents sont notées OUV_i, DIV_i et $VTOT_i$.

Enfin, il convient de tenir compte du degré d'intégration financière dans l'analyse des ZMO. Johnson (1973) restreint cette analyse à la mobilisation des ressources publiques : une forte intégration fiscale entre deux régions garantit

[17] Il faut tout de même noter que les données officielles ne comptabilisent pas les échanges et les transactions effectuées sur le marché informel. Ces échanges sont très importants aux frontières des pays.

une réduction des modifications de taux de change. En pratique, les déficits de paiement sont compensés par un budget fédéral jouant le rôle de stabilisateur. La mobilité du capital, essentielle à l'intégration financière, est un autre ciment important au sens d'Ingram (1967) et Scitovsky (1969) avec comme hypothèse une parfaite substituabilité des actifs monétaires et financiers. Cet aspect de l'intégration pour ces pays est encore faible, mais l'intermédiation financière actuelle catalyse un développement financier en devenir, à condition d'une meilleure qualité des institutions et davantage de régulation bancaire (McDonald et Schumacher, 2007)[18]. Cette voie de l'intégration par le développement financier ne sera pas explorée ici du fait du caractère embryonnaire des marchés financiers de cette région et par l'impact du développement financier sur la sphère réelle (Levine, 1997, Sy, 2007, Kablan, 2010).

Tower et Willet (1976) ont insisté sur les gains microéconomiques et les coûts macroéconomiques des zones monétaires pour expliquer que de telles unions consacrant l'abandon du taux de change comme instrument d'ajustement relèvent de la théorie du second-best. En conséquence, l'optimalité des zones monétaires renvoie à la question du choix de régime de change. Par exemple, en l'absence de la flexibilité des prix et des salaires, lorsqu'un pays fait face à un choc de demande, la baisse des exportations et la détérioration des termes de l'échange se traduisent par des mouvements du taux de change réel TCR (Eichengreen, 1990). Ces mouvements sont liés à la volatilité du taux de change nominal et à l'existence de chocs monétaires spécifiques. Von Hagen et Neumann (1994) aboutissent à des observations équivalentes de la volatilité des TCR dans différentes régions européennes. La variabilité des TCR augmente le risque de chocs asymétriques et ne favorise pas la création d'une union monétaire (Vaubel, 1978)[19]. De plus, la persistance des déviations à court terme entre TCR et PPA explique la variabilité des TCR (Rogoff, 1996). Rogoff en conclut que les mouvements des TCR sont également à l'origine de la persistance des différentiels des taux d'inflation. La stabilité du TCR exprime alors la capacité d'un pays à abandonner l'instrument de change comme outil de stabilisation. Nous utilisons la volatilité des TCR comme une variable supplémentaire dans l'analyse de la convergence. Le TCR est obtenu avec le taux de change nominal déflaté de chaque monnaie vis-à-vis du dollar américain. La volatilité est mesurée par l'écart-type du rendement du TCR. Cette variable est notée $VTCR_i$. Enfin, compte tenu de l'importance des échanges commerciaux des pays de la CEDEAO avec l'UE, il nous semble

---

[18] McDonald C. et Schumacher L., (2007), "Financial Deepening in Sub-Saharan Africa: Empirical Evidence on the Role of Creditor Rights Protection and Information Sharing", *IMF Working Paper* no 07/203.

[19] En utilisant l'indice des prix de la consommation et en mesurant la déviation par rapport à la PPA, Vaubel (1978) trouve que la variabilité des TCR à l'intérieur de la CEE entre la période 1959-1976 est plus importante que celle des États-Unis, l'Union allemande et l'Union italienne.

important d'inclure le taux de change effectif réel dans notre analyse. Son utilisation permet de considérer l'ensemble des effets réels transitant par le commerce extérieur (variable notée $VTCER_i$).

La littérature récente raisonne en termes de convergence réelle et nominale pour bien mettre en évidence l'idée que l'intégration est un processus graduel comme l'a montré la construction européenne. Les critères de convergence au sens de Maastricht avaient comme volonté première de réduire les disparités nominales entre les pays ; l'objectif était de crédibiliser la future UEM en dépit des coûts sociaux relativement élevés durant les années 1990[20]. Dans le cadre européen, ces critères budgétaires visent également à réduire les tensions inflationnistes engendrées par des politiques budgétaires expansives, pouvant alourdir la dette de l'État. Dans ces pays, les niveaux de déficits et d'endettement sont élevés. Les déficits sont en moyenne plus importants que les 3% définis par les critères « à la Maastricht ». Les seules exceptions sont le Nigeria et la Côte d'Ivoire à partir de 1995. Dans un premier temps nous retenons le seul déficit de chaque pays. Ensuite, nous regardons le différentiel du déficit par rapport aux critères établis de convergence, tout en tenant compte des efforts consentis par chaque pays pour la maîtrise des dépenses et la gestion optimale de la dette. Ces deux variables sont notées DEF_i et $DDEF_i$ respectivement. Le déficit des pays africains est accentué par les obligations de paiement des services de la dette et de la dette elle-même. Pour tenir compte des effets conjugués des déficits et de l'endettement, nous considérons la dette totale rapportée au PIB ainsi que le différentiel de la dette par rapport aux critères de convergence (variables notées DT_i et DDT_i[21]).

Il existe actuellement des critères de convergence définis distinctement pour l'UEMOA et pour la ZMOA. Ces critères répartis sur deux niveaux[22] visent à préserver l'homogénéité des économies (dans le cas de l'UEMOA) et à atteindre cette homogénéité (dans le cas des pays de la ZMOA). Parmi ceux-ci, les deux unions accordent de l'importance à la réduction des taux d'inflation et à la limitation du déficit budgétaire. Toutefois, les critères assignés par l'une et l'autre organisation ne sont pas similaires : pour l'UEMOA (resp. ZMOA), le taux d'inflation ne doit pas dépasser les 3% (resp.5%). L'UEMOA vise l'excédent budgétaire alors que la ZMOA stipule la maîtrise du déficit à un maximum de 4%. Quels sont les critères communs de convergence ? Au regard de la conjoncture actuelle de crise mondiale, un critère de déficit limité à 4% est vraisemblablement plus réaliste pour tous les pays de la CEDEAO. Concernant le taux d'inflation, la moyenne des pays de la ZMOA est très élevée, tout en

[20] De tels critères basés sur la convergence des taux d'inflation et des taux d'intérêt, complétés par des normes de déficit et de dette publique par rapport au PIB respectivement de 3% et 60%, paraissent stricts mais ont le mérite d'imposer une rigueur et un sacrifice pour le pays candidat à l'adhésion.

[21] La dette interne et externe et le service de la dette sont rapportés au PIB nominal.

[22] Voir le tableau 13 en annexe reportant l'ensemble des critères de 1er rang et de 2e rang.

étant en baisse depuis quelques années. Un objectif de taux d'inflation de 5% semble réalisable. Enfin, le critère de la dette ne figure pas dans le calendrier de chacune des deux unions. De manière comptable, le déficit budgétaire est égal à la variation de la dette ΔD_t. Le déficit budgétaire est égal à la différence entre les recettes totales R_t et les dépenses totales, représentant la somme des dépenses primaires G_t et le service de la dette $I_t D_{t-1}$. L'équation d'accumulation rapportée au PIB est la suivante :

$$\Delta \frac{D_t}{Y_t} = \frac{G_t}{Y_t} - \frac{R_t}{Y_t} + \left(\frac{I_t}{1+y_t}\right)\frac{D_{t-1}}{Y_{t-1}} \qquad (1)$$

A partir de cette équation d'accumulation de la dette rapportée au PIB, et en posant $I_t = i_t - y_t$, l'équation d'accumulation devient :

$$\Delta \frac{D_t}{Y_t} = \frac{G_t - R_t - i_t D_{t-1}}{Y_{t-1}} - \frac{y_t}{1+y_t}\frac{D_{t-1}}{Y_{t-1}} \qquad (2)$$

Lorsque l'accumulation de la dette tend vers zéro ($\Delta \frac{D_t}{Y_t} = 0$), nous obtenons :

$$\frac{G_t - R_t - i_t D_{t-1}}{Y_{t-1}} \approx \frac{y_t}{y_{t-1}}\frac{D_{t-1}}{Y_{t-1}} \qquad (3)$$

$$(\text{Déficit/PIB}) \approx (\text{Croissance}) \times (\text{Dette/PIB}) \qquad (4)$$

Une politique budgétaire est soutenable lorsque le ratio d'endettement est stable. Stabiliser le taux d'endettement exige un solde primaire qui s'ajuste à l'écart entre taux d'intérêt et taux de croissance. L'équation (4) nous propose une relation simple pour définir le seuil de déficit compatible avec le plafond du taux d'endettement et la croissance moyenne. Dans notre cas où la croissance moyenne est de 5%, un taux d'endettement de 80% et compatible avec un déficit de 4% (4 = 5% x 80%).

Le critère de similarité des taux d'intérêt dans les années 1990 en Europe vise à assurer la symétrie de la transmission de la politique monétaire au sein de la future union européenne. Dans ce cadre européen, le rapprochement des taux d'intérêt longs est un indicateur de convergence pour les acteurs des marchés financiers. Ce critère permet d'apprécier les anticipations des acteurs financiers quant à l'évolution à long terme de l'inflation ainsi que la gestion des finances publiques : une hausse de l'inflation et/ou des dérapages des finances publiques s'accompagnent d'une prime de risque intégrée dans les taux d'intérêt[23]. Même avec la libre circulation des capitaux, ce ne sont pas seulement les conditions d'offre et de demande nationale qui règlent les taux d'intérêt mais également les marchés financiers. Ainsi, pour satisfaire ce critère, les autorités doivent bénéficier d'une politique monétaire suffisamment crédible pour neutraliser la prime de risque. Pour la CEDEAO, la question d'utiliser la similarité des taux d'intérêt pour anticiper une union monétaire future se pose et ceci pour deux raisons : d'une part, la CEDEAO est le regroupement d'une union monétaire déjà fonctionnelle (l'UEMOA) où les pays sont déjà soumis à une politique monétaire commune. D'autre part, la libéralisation effective des marchés financiers et incidemment le mouvement des capitaux ne sont pas encore achevés. Les taux d'intérêt nominaux ne sont donc pas totalement déterminés par les marchés et, les inclure, forcerait le partitionnement entre UEMOA et les autres pays membres de la CEDEAO et en particulier les pays de la ZMOA.

La convergence nominale est synonyme de praticabilité d'une union monétaire. L'exigence de la convergence réelle conditionne sa viabilité. Ainsi, la convergence des taux de croissance et des productivités est importante pour la formation d'une union monétaire. Un pays membre présentant un faible taux de croissance a en effet de fortes chances d'être déficitaire. Si de plus, ce déficit est commercial, l'appartenance à une union monétaire exclut toute utilisation de l'instrument de taux de change pour améliorer ses termes de l'échange. L'unique alternative sera la politique déflationniste qui augmentera le coût macroéconomique de l'union monétaire[24]. L'existence d'un différentiel des structures productives favorise le commerce intra-branche[25].

La proximité du niveau de vie est également un indicateur de convergence puisqu'il peut traduire des demandes similaires. Pour prendre en compte le rapprochement des niveaux de vie comme critère de convergence, nous avons retenu le PIB par habitant (variable notée NV_i). La similarité des structures économiques est appréhendée au travers de la part du secteur primaire dans la production. De ce fait, nous tenons compte de la part de la valeur ajoutée agricole dans l'ensemble de la production (variable notée AGR_i).

Au final, un différentiel important de taux de croissance réduit la convergence des cycles de production, favorise les chocs asymétriques et augmente le coût de l'abandon du taux de change. La question que l'on se pose alors est de savoir si les taux de croissance sont suffisamment homogènes pour favoriser la création d'une union monétaire ?

---

[23] A l'inverse, lorsque les taux d'intérêt à long terme sont bas, ceci traduit la confiance des marchés dans une évolution plus modérée des prix.

[24] A l'inverse, le pays ayant une croissance plus forte a une propension à exporter supérieure à la propension à importer. Ceci évite l'apparition de déficit commercial et le recours à l'instrument de change.

[25] Balassa B. et Bauwens L. (1987), "Intra-industry Specialization in a Multi-Country and Multilateral Framework", *The Economic Journal*, December, vol. 97 : 939-39.

A la fin des années 70, tous ces pays sont en crise et adoptent des programmes « d'ajustement structurel ». Suite à la dévaluation du franc CFA en 1994, ils renouent avec la croissance économique (hormis le Liberia et le Sierra Leone)[26] avec des expériences très contrastées. Cet élan est malheureusement freiné à partir de la fin 2007 suite à la crise financière et économique des pays industrialisés. L'effet est accentué par la baisse des cours des matières premières et la hausse du prix du pétrole. La croissance dans l'UEMOA est supérieure à celle des autres pays de la CEDEAO, à l'exception du Nigeria dont la progression coïncide avec la hausse du prix du pétrole à partir de 2004. L'UEMOA forme donc une région assez homogène en matière de taux de croissance et de stabilité de la croissance. La corrélation des composantes cycliques de la production est un critère utilisé pour mesurer le rapprochement des taux de croissance et la synchronisation des cycles économiques (Artis et Zhang, 1997). La composante cyclique est obtenue par le filtre de Hodrick-Prescott appliqué à des données annuelles du PIB réel. La difficulté dans l'utilisation de ce critère est le choix du pays de référence. Pour rendre compte de l'importance des chocs transmis par la zone euro aux pays de la CEDEAO, Bénassy-Quéré et Coupet (2005) utilisent la corrélation vis-à-vis du cycle de production de la zone euro, sur la base des échanges commerciaux entre les pays de la CEDEAO et l'UE. Pour notre part, nous n'avons pas restreint la mesure de corrélation avec l'UE car il apparaît que le commerce bilatéral entre les pays de la CEDEAO et l'UE est en diminution[27]. Par conséquent, nous avons préféré recourir à la corrélation avec le cycle mondial, mesurée par la corrélation de Spearman (notée $CORC_i^W$). Le critère d'endogénéité de Rose parachève ce débat sur la nécessité de la convergence réelle en vue de réduire les asymétries entre pays potentiellement membres d'une union. Puisqu'aucun pays ne peut satisfaire l'ensemble des critères nominaux et réels, l'intérêt d'une union monétaire (Frankelet Rose, 1998) est au moins d'intensifier le commerce bilatéral entre pays candidats. Ils en concluent l'existence d'un effet endogène. Cette homogénéisation augmente la symétrie des chocs et la synchronisation des cycles de production. Ces relations successives permettent le passage d'une union monétaire vers une ZMO. La pertinence de ce critère d'endogénéité n'est pas satisfaisante. En effet, les échanges extérieurs de la CEDEAO sont principalement effectués avec l'UE, exception faite du Nigeria, dont le premier partenaire commercial est les États-Unis d'Amérique. Les échanges à l'intérieur de la CEDEAO, mais également au sein de l'UEMOA ou la ZMOA, restent faibles comparativement aux échanges avec l'UE ou le reste du Monde (tableau 2 en annexe). Toutefois, le commerce intrazone n'est pas équidistribué, puisque des pays membres ont des échanges intrazone intenses, tels que la Côte d'Ivoire, le Niger, le Mali et le Burkina Faso. Dans les conditions actuelles d'échanges commercial intrazone, le gain d'une

[26] L'absence de croissance au Liberia et en Sierra Leone est essentiellement liée à l'instabilité et à l'insécurité.

[27] Ce détournement se fait au profit des États-Unis d'Amérique, des pays asiatiques et une progression du commerce intra-Afrique.

monnaie unique par la réduction des coûts de conversion des monnaies ne sera pas substantiel pour tous, à moins que le lancement de l'union monétaire améliore par lui-même les échanges par l'effet « Rose »[28]. Les coûts macroéconomiques des zones monétaires ont été empiriquement approchés par des analyses en termes de chocs d'offre et de demande, au moyen de modèles VAR et SVAR traduisant la nature, l'ampleur et l'asymétrie des chocs permanents et transitoires (Bayoumi et Ostry, 1995). La symétrie des chocs justifie le choix d'appartenance à une union monétaire. Dans le cas européen, seuls l'Allemagne et la France devaient constituer la zone euro. De même, cette analyse en termes de chocs ne capture pas les gains d'une union monétaire notamment pour les pays qui subissent des chocs asymétriques. Les analyses en termes de convergence de niveau de vie comme la *sigma-convergence et la beta-convergence* se réduisent au seul critère de rapprochement des niveaux de richesses (Hamouda, Karingi, Njuguna et Jallab, 2009). D'autres critères de participation à une union monétaire comme la stabilité des changes et la corrélation des cycles s'appuient également sur un seul facteur discriminant (Rose, 2008). Au regard de cette revue de littérature, les variables candidates à mettre en évidence des pôles de convergence[29] dans la zone CEDEAO sont : le taux d'inflation, la volatilité du taux d'inflation, la volatilité du taux de change réel, la volatilité du taux de change réel effectif, les ratios de dette et de déficit rapportés au PIB, le niveau de vie, la corrélation des cycles économiques au cycle mondial, la valeur ajoutée hors agriculture, la volatilité du taux de croissance, le degré d'ouverture, la niveau de diversification et la volatilité des termes de l'échange.

Ainsi, les critères avancés par les approches anciennes et nouvelles de la théorie des zones monétaires optimales doivent être combinés pour être complets. La méthodologie multicritères de Classification Ascendante hiérarchique CAH donne cet avantage et permet de regrouper des pays en fonction de leurs similitudes nominales et réelles.

II. Classification ascendante hiérarchique, identification de clusters, critères assouplis de Maastricht : application à la cedeao

Cette deuxième section explique tout d'abord la méthode de la CAH légitimée dans notre introduction, et par rapport à l'usage des modèles VAR,

[28] Dans une étude du caractère endogène de l'union monétaire, Rose (2000) et Frankel et Rose (1998, 2002) trouvent que le commerce bilatéral à l'intérieur d'une zone pourrait tripler avec la création d'une union monétaire. Malgré la consistance du modèle de Rose, l'effet Rose suscite de nombreuses critiques à cause de certains biais d'estimation. Parmi ces biais, le faible pourcentage de couple de pays formant des unions monétaires dans l'échantillon de Rose, estimé à seulement 1% de l'ensemble des couples de pays (voir à ce sujet, De Nardis et Vicarelli, 2004).

[29] Artis et Zhang (1997) utilisent la méthode de classification pour vérifier l'existence d'une zone euro à deux vitesses : un corps convergent constitué de l'Allemagne, la France, l'Italie et le Benelux et deux zones de périphérie non convergentes. Boreiko (2003) utilise également la classification en cluster pour mesurer la convergence des PECO au regard de l'objectif d'adhésion à l'UEM.

SVAR, de sigma et béta-convergence. La CAH cumule les avantages de ces méthodes et tient compte des critères d'analyse des ZMO. Ainsi, avec la mesure de la distance « économique », la répartition en clusters permet d'identifier les pays les plus proches et qualifiés à former une union monétaire. L'intérêt est également de saisir le chemin déjà accompli en matière de convergence et les efforts nécessaires pour la poursuivre. Dans cette perspective, deux analyses en clusters ont été réalisées. La première analyse basée sur des critères nominaux « à la Maastricht » a pour objectif de vérifier les effets des décisions politiques de création d'union monétaire et les progrès en matière de convergence et/ou d'intégration. Elle est réalisée à partir des données agrégées sur deux sous-périodes : de 1980 à 2000 pour la période antérieure au lancement du PSC en 1999 et de 2001 à 2007, période qui couvre le projet de création de la ZMOA et l'établissement de critères de convergence dans cette zone. Le tableau 3 illustre les valeurs moyennes de chaque variable au cours des sous-périodes. La seconde classification s'appuie sur les critères dérivés de la théorie des ZMO et sur les données agrégées de la période 1995-2007.

2.1. Prolongement par la méthode d'identification des clusters : Méthode empirique de la Classification Ascendante Hiérarchique

L'identification de groupe(s) de pays convergents repose sur la méthode de la Classification Ascendante Hiérarchique : une méthode de partitionnement sur la base d'un ou de plusieurs critères. Formellement, soient *N* pays pour lesquels il existe p critères distincts de classification. Chaque critère est noté $X_j^i, i \text{ allant de } 1 \text{ à } N \text{ et } j \text{ allant de } 1 \text{ à } p$. La matrice des distances de dimensions (N, p) est définie comme suit :

Critères

$$\text{Pays} \quad \begin{array}{c} \\ 1 \\ \vdots \\ i \\ \vdots \\ \vdots \\ N \end{array} \begin{array}{c} \begin{array}{cccccc} 1 & \cdots & k & \cdots & \cdots & p \end{array} \\ \begin{bmatrix} X_1^1 & \cdots & X_k^1 & \cdots & \cdots & X_p^1 \\ \vdots & \cdots & \cdots & & & \vdots \\ X_1^i & & X_k^i & & & X_p^i \\ \vdots & & & & & \vdots \\ \vdots & & & & & \vdots \\ X_1^N & \cdots & X_k^N & \cdots & \cdots & X_p^N \end{bmatrix} \end{array}$$

La CAH regroupe les pays en fonction du coefficient de *« (di)-similarité »* entre chaque couple de pays (i, j) sur la base d'une mesure de distance $D(X^i, X^j)$. Plus les pays sont dissimilaires, plus la distance les séparant est grande[30]. Pour conduire une CAH il y a trois éléments à choisir : la mesure de la distance, la méthode d'agglomération et le critère de définition du nombre de

[30] Voir à ce sujet Oliveira et Pedrycz (2007).

classes optimales. Le choix de la distance est dicté par la nature des données. Nous avons par conséquent retenu deux mesures de distance : la distance euclidienne normalisée et la distance de Canberra.

La distance Euclidienne DE est la mesure ultramétrique la plus utilisée[31]. Cette dernière est définie comme suit :

$$DE(X^i, X^j) = \sqrt{\sum_{k=1}^{p} (\hat{X}_k^i - \hat{X}_k^j)^2} \qquad (5)$$

Où $\hat{X}_k^i$et $\hat{X}_k^j$ les valeurs normalisées de $X^i et X^j$[32]. La normalisation est obligatoire car les critères ont des amplitudes différentes et des unités de mesure distinctes. Cette normalisation n'est pas sans conséquences sur la classification puisqu'elle change le rang des distances entre les pays [33]. Par ailleurs, la *DE* ne fait pas la distinction quant à la position des valeurs. Par exemple, la *DE* entre deux pays A et B ayant des taux d'inflation de 3% et 4% est la même que la *DE* mesurée entre deux pays C et D ayant des taux d'inflation de 8% et 9%. C'est la raison pour laquelle, nous utilisons également la distance métrique de Canberra *DC* qui pallie cet inconvénient car elle intègre l'amplitude de la variable dans sa détermination. Par ailleurs, la normalisation n'est pas nécessaire pour la *DC*, puisque le dénominateur est un coefficient de normalisation. La mesure de distance prend ainsi ses valeurs dans l'intervalle $[0, p]$. La distance de Canberra *DC* entre deux pays (i) et (j) est définie comme suit :

$$DC(X^i, X^j) = p - \sum_{k=1}^{p} \frac{|X_k^i - X_k^j|}{|X_k^i| + |X_k^j|} \qquad (6)$$

La méthode d'agglomération consiste à regrouper les pays les plus proches. A chaque itération, la distance du nouveau cluster par rapport aux autres pays est redéfinie. Nous utilisons la méthode de Ward (1963)[34] qui présente deux

---

[31] Une distance est ultra-métrique lorsqu'elle satisfait les quatre conditions : □(□,□) = 0∀□ ; □(□,□) ≥ 0∀□ □□∀□ ; □(□,□) = □(□,□)∀□ □□∀□ et □(□,□) ≤ □□□{□(□,□),□(□,□)}∀□ □□∀□.

[32] La normalisation est obtenue par la transformation $\hat{X}_k^i = \frac{(X_k^i - E(X_k))}{\sigma_{X_k}}$, où $E(X_k)$ est la moyenne des pays sur le critère k et σ_{X_k} l'écart-type sur ce même critère.

[33] Voir Everitt (1980) et Everitt, Landau et Leese (2001).

[34] Selon la méthode de Ward, la distance du nouveau cluster par rapport aux autres pays est définie comme suit :
□□□□□ (□□, □□) = □□ □□(□□, □□). Où N_i et N_j représentent le nombre de pays dans les clusters C_i et C_j. g_i et g_j sont les centres de gravité de chacun des deux clusters. Les deux sous-groupes peuvent être un cluster de plusieurs pays ou, un cluster constitué d'un pays unique.

avantages : d'une part, elle permet de construire des clusters de taille homogène et d'autre part, elle maximise l'éloignement interclusters[35]. Cet éloignement est mesuré par la Somme des Erreurs Carrées SCE qui est également une mesure de variance totale:

$$SCE = \sum_{j=1}^{N} DE(X^{i}, g)^{2} \qquad (7)$$

Où g le centre de gravité de l'ensemble des pays. Après la classification en q clusters, la variance totale est la somme de la variance intraclusters W et la variance interclusters B [36]:

$$SCE = \left(\sum_{j=1}^{q} \sum_{i=1}^{N_j} [DE(X^{i}, g_j)]^{2}\right) + \left(\sum_{j=1}^{q} N_j [DE(g_j, g)]^{2}\right) \qquad (8)$$
$$SCE = W + B$$

Où q est le nombre de clusters, N_j le nombre de pays du cluster (j) et g_j son centre de gravité. La méthode de Ward permet de minimiser W et maximiser B : les variables regroupées sont le plus homogènes entre elles et les clusters formés sont le plus distant possible. Pour le choix du nombre de clusters optimal, les mesures ou statistiques dites de *« partition optimale »* sont construites sur la base d'une combinaison de *W et B*[37]. En suivant les recommandations de Milligan et Cooper (1985), nous mobilisons l'indicateur de Calinski et Harabasz (1974) défini comme suit :

$$CH_q = \frac{trace(B)/(q-1)}{trace(W)/(N-q)} \qquad (9)$$

Le partitionnement optimal est obtenu pour la valeur maximale de CH_q :

$$q\ (optimal) = Max\{CH_q, q \text{ allant de } 2 \text{ à } N\} \qquad (10)$$

2.2. Classification « à la Maastricht » et CAH

Pour introduire ce travail, nous procédons à une répartition de chaque variable prise individuellement. Par exemple, dans le cas de l'inflation, la CAH appliquée à l'ensemble des pays de la CEDEAO montre qu'il est possible de

---

35 Il existe d'autres méthodes d'agglomération comme le lien simple, le lien complet, le lien moyen…etc. Chaque méthode d'agglomération présente des avantages et des inconvénients (Ward, 1963, Lerman, 1991).

36 $\square = (\sum_{\square}^{\square} \sum_{\square}^{\square} [\square\square(\square^{\square}, \square_{\square})]^{\square})$ et $\square = (\sum_{\square}^{\square} \square_{\square} [\square\square(\square_{\square}, \square)]^{\square})$.

37 Initialement, il y a N clusters et la variance intraclusters W est minimale et égale à zéro. L'agglomération des pays au fur et à mesure conduit à la situation finale où la variance interclusters B est maximale pour une variance intraclusters minimale.

regrouper les pays en trois classes : taux d'inflation faible ou modéré ; taux d'inflation moyennement élevé et taux d'inflation très élevé. Le tableau 4 montre la répartition obtenue pour chacun des quatre paramètres de classification à la Maastricht. Les pays membres de l'UEMOA présentent des taux d'inflation faibles tandis que les taux d'inflation sont très différenciés parmi les cinq pays de la ZMOA. Une répartition similaire est obtenue pour la variabilité des taux de change réel. La classification au regard du déficit et de la dette départage l'UEMOA, puisque tous les pays membres souffrent d'un déficit patent (sauf la Côte d'Ivoire). A l'opposé, le Nigeria et le Ghana ont un déficit modéré. Ce premier exercice de partitionnement montre la difficulté à construire des classes totalement homogènes. L'avantage de l'algorithme de la CAH est de pouvoir combiner l'ensemble des répartitions en une seule configuration, la plus homogène possible. La figure 1 illustre le « dendrogramme » de la CAH appliquée sur la période de 1980-2000 et 2001-2007. L'axe horizontal représente la distance entre les pays/clusters. L'axe horizontal présente la typologie finale de la classification. La ligne horizontale en pointillés indique la classification optimale. Au regard de l'indice CH_q , la répartition en 3 clusters est optimale pour la période de 1980-2000 et une répartition en 5 clusters est optimale pour la période 2001-2007 (tableau 5).

Tableau 4 : Classification des paramètres pris individuellement pour la période de 2001-2007

Taux d'inflation :	
Faible (2.437)*	Côte d'Ivoire, Togo, Mali, Benin, Sénégal, Niger, Guinée-Bissau, Cap-Vert, Burkina Faso
Moyen (8.020)	Nigeria, Guinée, Liberia
Elevé (13.733)	Ghana, Sierra Leone, Gambie
Volatilité du taux de change réel :	
Faible (2.55)	Côte d'Ivoire, Mali, Niger, Sénégal, Bénin, Togo, Ghana, Gambie, Sierra Leone.
Moyenne (3.33)	Guinée-Bissau, Cap-Vert, Burkina Faso
Elevée (7.213)	Nigeria, Guinée, Liberia
Déficit/PIB :	
Faible (-2.227)	Côte d'Ivoire, Nigeria, Guinée, Ghana, Sierra Leone
Moyen (-6.820)	Mali, Bénin
Elevé (-10.93)	Sénégal, Niger, Guinée-Bissau, Gambie, Cap-Vert, Burkina Faso, Liberia
Dette/PIB :	
Modérée (56.28)	Nigeria, Mali, Bénin, Sénégal, Niger, Cap-Vert, Burkina Faso
Elevée (82.60)	Côte d'Ivoire, Guinée, Ghana, Togo
Très élevée (196.1)	Sierra Leone, Guinée-Bissau, Gambie, Liberia

* La valeur entre parenthèses est la valeur moyenne de la classe. *Calculs des auteurs.*

Tableau 5 : Critère de sélection du nombre de clusters optimal

	Calinski-Harabasz (CH_q)			
Nombre de clusters q	3	4	5	6
1980-2000	51.43	26.06	21.66	22.91
2001-2007	0.12	0.57	0.89	0.77
2001-2007*	0.76	1.06	1.37	0.52

* CAH des critères communs de convergence.

Pour la sous-période 1980-2000, les pays de l'UEMOA (sauf la Guinée-Bissau) et le Cap-Vert forment un premier groupe, caractérisé par un taux d'inflation moyen et une volatilité des taux de change moyenne. Le deuxième groupe rassemble la Guinée-Bissau et le Liberia, pays à déficit et dette très élevés. Les pays de la ZMOA constituent le dernier groupe dans lequel les taux d'inflation et la volatilité des taux de change réel sont très élevés. Cette première répartition apparaît cohérente compte tenu de l'appartenance des pays du premier groupe à une union monétaire relativement homogène au regard des taux d'inflation et de la variabilité des TCR. Il reste que certains pays comme la Côte d'Ivoire, le Mali et le Togo présentaient des ratios de dette relativement importants. La Guinée-Bissau se trouve distancée en matière de convergence puisque ce pays n'a rejoint l'UEMOA qu'à partir de 1997 et souffre d'un ratio de dette très élevé (tableau 6). Sur la période plus récente (2001-2007), la répartition en cinq groupes confirme la convergence au sens nominal des pays de l'UEMOA et la proximité économique du Cap-Vert. Les taux d'inflation et la variabilité des TCR se sont réduits comparativement à la première période. La Guinée-Bissau n'est toujours pas classée avec le groupe UEMOA à cause de la persistance du déficit et de la dette. La situation des pays de la ZMOA n'a pas beaucoup changé, puisque les taux d'inflation sont toujours très élevés, malgré le lancement du processus de convergence à partir de 2001. A l'exception du Nigeria, tous les autres pays de la ZMOA sont déficitaires et très endettés (cluster 3). L'ensemble formant la CEDEAO n'est donc pas homogène, du moins au regard des critères nominaux. Ce résultat confirme celui de Tsangarides, Ewenczyk et Hulej (2006) qui trouvent des différences considérables entre les pays de la ZMOA et les pays de l'UEMOA en matière de convergence. Ce constat ne doit pas conduire à rejeter l'union pour autant, car nous avons relevé certaines améliorations en matière de gestion des déficits et maîtrise de l'inflation, notamment pour la Guinée et le Nigeria. En outre, L'UEMOA est homogène et apte à s'élargir à ses voisins tels que le Cap-Vert et le Ghana par exemple. Par contre, Le Liberia, la Sierra Leone, la Guinée-Bissau et la Gambie doivent produire plus d'efforts, notamment en matière budgétaire.

Tableau 6 : Classification « à la Maastricht »

	Taux d'inflation	Volatilité du TCR	Déficit/PIB	Dette/PIB
1980-2000				
1 [Benin, Sénégal, Togo, Cap-Vert, Burkina Faso, Côte d'Ivoire, Niger, Mali, Gambie]	M	M	Mixte*	Mixte
2 [Guinée-Bissau, Liberia]	Mixte	É	TE	TE
3 [Ghana, Guinée, Nigeria, Sierra Leone]	TE	TE	M	Mixte
2001-2007				
1 [Côte d'Ivoire, Nigeria]	Mixte	Mixte	Excédent	Mixte
2 [Guinée]	TE	É	F	É
3 [Ghana, Sierra Leone, Togo, Gambie]	Mixte	F	M	É
4 [Mali, Benin, Sénégal, Niger, Guinée, Cap-Vert, Burkina Faso]	F	F	M	M
5 [Liberia]	TE	É	TE	TE

Légende : F (Faible), M (moyenne), E (élevée), TE (très élevée). * La légende *Mixte* signifie que les pays de ce groupe ne présentent pas des caractéristiques proches au regard du paramètre considéré.

2.3. Classification au regard des critères de convergence de l'UEMOA et de la ZMOA

Le résultat de la CAH appliquée aux données différenciées vis-à-vis des 3 critères de convergence est donné dans le tableau 7. Cette classification confirme notre premier résultat, à savoir une convergence nominale des pays de l'UEMOA (hormis la Guinée-Bissau). Ce groupe est rejoint par le Cap-Vert, qui est le seul pays proche des critères communs de convergence[38].

Les cinq pays de la ZMOA et la Sierra Leone sont à des distances variables des critères. La convergence du Nigeria et de la Guinée se réalisera en luttant contre l'inflation. Le Sierra Leone et la Gambie doivent faire plus d'efforts pour réduire leur ratio de dette. Enfin, le Liberia et la Guinée-Bissau sont dans deux groupes individuels[39] et présentent des problèmes budgétaires récurrents.

Tableau 7 : Classification vis-à-vis des critères communs de convergence

	Différentiel de Taux d'inflation	Volatilité du TCR	Différentiel de Déficit/PIB	Différentiel de Dette/PIB
2001-2007				
1 [Mali, Benin, Sénégal, Niger, Cap-Vert, Burkina Faso, Côte d'Ivoire, Togo]	F	F	F	F
2 [Guinée, Nigeria]	TE	E	F	F
3 [Ghana, Sierra Leone, Gambie}	TE	E	F	TE
4 [Liberia]	TE	E	TE	TE
5 [Guinée-Bissau]	F	F	M	TE

Légende : F (Faible), M (moyenne), E (élevée). TE (très élevée). *(..)* Valeur moyenne par classe.

2.4. Classification au regard de la théorie des ZMO

Cette troisième étape de classification a pour objectif d'identifier les pôles de convergence et les pays dits « leaders » en utilisant la convergence au sens réel c'est-à-dire telle que l'a définie la théorie des ZMO. Nous incluons dans la classification les variables de stabilité économique et monétaire, la convergence des structures économiques et l'exposition aux chocs externes. Le tableau 8 illustre les valeurs moyennes des différentes variables sur la période 1995-2007.

[38] Voir les critères communs de convergence dans les rapports annuels de l'UEMOA et de la ZMOA.

[39] Un cluster contenant un seul pays est dit : un singleton. Appartenir à un singleton indique un pays très différent des autres pays pour la plupart des critères.

Tableau 8 : Critères traditionnels et modernes de la théorie des ZMO

	VINF[b] 95-07	VP[e] 95-06	CORC[W] 95-06	NV 95-07	AGR[c] 95-07	OUV 95-07	DIV 03-07	VTOT 95-07	VTCER 95-07
Benin	1.74	1.46	-0.745	541.81	33.14	40.66	5.10	8.54	1.042
Burkina Faso	1.46	3.96	0.555	370.88	32.28	32.25	2.00	7.50	0.939
Côte d'Ivoire	1.83	2.35	0.258	809.66	24.12	84.82	6.90	10.30	1.565
Niger	2.35	1.40	0.054	239.31	39.83	40.76	2.40	75.02	0.968
Sénégal	2.45	4.10	0.628	673.76	16.73	68.56	19.50	0.82	0.932
Togo	2.85	8.87	0.258	313.24	40.28	82.36	11.00	22.77	0.685
Guinée-Bissau	3.45	2.08	0.012	178.31	58.45	86.09	1.70	30.00	0.723
Mali	2.16	2.32	-0.519	397.17	36.92	69.50	1.80	11.97	1.136
Gambie	5.59	0.91	0.036	304.90	32.14	97.16	7.40	7.54	6.657
Ghana	2.43	1.19	0.856	458.76	36.62	99.22	5.00	12.45	1.757
Guinée	13.92	38.59	-0.099	367.06	18.77	52.91	3.30	32.94	7.999
Liberia	4.68	2.60	-0.365	158.67	71.16	69.65	3.70	30.00	11.154
Nigeria	5.79	12.55	0.511	644.93	25.62	87.32	1.30	34.39	3.065
Sierra Leone	6.46	2.18	-0.183	215.76	46.67	58.27	4.70	30.00	4.859
Cap-Vert	2.80	1.32	-0.005	1590.20	8.28	90.30	11.00	6.66	1.345

[b] *Stabilité de l'inflation mesurée par un processus GARCH(1,1) (moyenne sur la période de la volatilité estimée).* [c] *Part de l'agriculture dans la VA au PIB (en %).* [d] *(Importations+Exportations)/PIB.* [e] *Volatilité de la production. Source : WEO (2008), IFS (2008) et calculs des auteurs.*

2.4.1 Tabilité macroéconomique en union monétaire

La stabilité économique et monétaire traduit la capacité des pays en union monétaire à mener une politique de ciblage d'inflation sans coûts pour l'économie réelle. Nous avons effectué une classification au regard de deux variables décrivant cette stabilité : la volatilité des cycles de production (VP) et la volatilité des taux d'inflation (VINF).

Tableau 9 : Classification vis-à-vis des critères de stabilité économique et monétaire

	Volatilité du produit		Volatilité des taux d'inflation	
1995-2007				
1 [Mali, Benin, Sénégal, Niger, Cap-Vert, Burkina Faso, Côte d'Ivoire, Togo]	F	*(2.362)*	F	*(2.397)*
2 [Ghana, Sierra Leone, Gambie, Nigeria, Guinée-Bissau]	E	*(5.454)*	E	*(6.004)*
3 [Guinée]	F	*(1.198)*	TE	*(13.917)*
4 [Liberia]	TE	*(38.597)*	E	*(4.683)*

Légende : F (Faible), M (moyenne), E (élevée), TE (très élevée). *(..)* Valeur moyenne par classe.

Le tableau 9 montre l'existence de quatre classes distinctes. Les pays de l'UEMOA, tout d'abord, témoignent d'une grande stabilité, avec une faible variation à la fois du produit et du taux d'inflation[40]. Ce résultat témoigne de la

[40] Les VINF sont obtenues par une modélisation GARCH (General Autoregressive Conditional Heteroskedasticity, introduit par Bollerslev, 1986). Les estimations de VINF montrent l'existence

crédibilité monétaire à l'intérieur de l'UEMOA, et ce 1er groupe inclut également le Cap-Vert, meilleur candidat à l'élargissement de l'UEMOA actuelle. La deuxième classe regroupe trois pays de la ZMOA. Malgré cela, il existe la possibilité que le caractère endogène d'une union monétaire conduise à étendre la crédibilité monétaire de l'UEMOA à ce groupe de pays. Le résultat est moins évident pour la Guinée et le Liberia qui forment deux singletons, le premier à cause de l'instabilité du produit et le second au vue de l'instabilité monétaire (figure 3-A en annexe).

2.4.2 Symétrie des chocs et structures économiques

La structure économique des pays de la CEDEAO est appréhendée à travers trois variables dans cette quatrième classification : le niveau de vie, la valeur ajoutée à la production au PIB hors agriculture et la corrélation des cycles de production avec le cycle mondial[41]. La répartition au regard de la structure économique révèle l'existence de différence significative (tableau 10).

Tableau 10 : Classification selon la structure économique

1995-2007	Niveau de vie		Corrélation des cycles		VA au PIB hors agriculture	
1 [Mali, Bénin, Niger, Togo, Guinée, Gambie]	F	*(360.5)*	N	*(-0.169)*	M	*(66.487)*
2 [Sénégal, Ghana, Burkina Faso, Côte d'Ivoire, Nigeria]	M	*(591.5)*	É	*(0.562)*	M	*(72.926)*
3 [Guinée-Bissau, Sierra Leone, Liberia]	F	*(184.2)*	N	*(-0.179)*	F	*(41.240)*
4 [Cap-Vert]	É	*(1590.2)*	F	*(-0.005)*	É	*(91.720)*

Légende : F (faible), M (moyenne), E (élevée), N (négative), *(..)* Valeur moyenne par classe.

Les pays de la 2e classe (Sénégal, Ghana, Burkina Faso, Côte d'Ivoire, Nigeria) sont les plus corrélés au cycle mondial. Il s'agit des plus grandes économies de la région, avec un niveau de vie moyen et une structure économique moins dépendante du secteur agricole. La 3e classe (Guinée-Bissau, Sierra Leone, Liberia) regroupe les pays les plus pauvres où le secteur agricole est dominant. Le Cap-Vert constitue un singleton, puisqu'il a le niveau de vie le plus haut et une économie des services et spécifiquement les transferts de capitaux, qui représentaient 20% du PIB en 2006. Les figures 3-B et 3-C en

de deux groupes distincts à partir de 1995 : d'une part, les pays de l'UEMOA et le Cap-Vert avec des taux d'inflation modérés et stables et d'autre part, les pays de la ZMOA pour lesquels les taux d'inflation sont beaucoup plus élevés et volatiles.

[41] La classification est appliquée avec la distance euclidienne et la méthode d'agglomération de Ward.

annexe illustrent parfaitement la relation négative entre la part de l'agriculture dans l'économie et le niveau de vie.

2.4.3 Échanges internationaux et chocs externes

Afin de rendre compte des comportements différenciés des pays aux échanges extérieurs et leur sensibilité aux chocs externes, nous incluons l'ouverture commerciale (OUV), la volatilité des TCER, la variabilité des termes de l'échange (VTOT) et la diversification à l'exportation (DIV). La forte spécialisation des échanges extérieurs des pays de la CEDEAO les rend très exposés aux chocs spécifiques (tableau 11).

Tableau 11 : Classification vis-à-vis des critères du commerce international

1995-2007	Ouverture		Volatilite du TCER		Diversification à l'exportation		Volatilite des termes de l'échange	
1 [Ghana, Côte d'Ivoire, Togo, Gambie, Cap-Vert, Nigeria, Guinée-Bissau, Mali]	E	*(87.09)*	F	*(2.11)*	F	*(3.76)*	M	*(17.02)*
2 [Bénin, Guinée, Burkina Faso, Sierra Leone, Liberia]	M	*(50.74)*	E	*(3.19)*	F	*(3.76)*	M	*(18.73)*
3 [Sénégal]	E	*(68.53)*	F	*(0.93)*	E	*(19.5)*	F	*(0.82)*
4 [Niger]	F	*(40.76)*	F	*(0.96)*	F	*(2.40)*	E	*(75.02)*

Légende : F (Faible), M (moyenne), E (elevée), *(..)* Valeur moyenne par classe.

Dans cette répartition une 1ère classe regroupe les pays les plus ouverts et diversifiés, et dont les termes de l'échange sont des moins volatiles : la Côte d'Ivoire et le Cap-Vert. La 2e classe regroupe les pays les moins diversifiés et donc les plus exposés aux chocs spécifiques. En outre, cette classe réunit également les pays exportateurs de coton (le Bénin et le Burkina Faso). Le Sénégal se trouve dans une classe à part car il se caractérise par une grande diversification à l'exportation et une stabilité des termes de l'échange. Enfin, le Niger est aussi un singleton car il est très dépendant de l'exportation d'uranium[42].

2.5. La convergence dans son ensemble

La situation actuelle de ces pays est décrite par une union monétaire déjà existante et très homogène (UEMOA) et une coopération monétaire (ZMOA) qui envisage de créer sa monnaie l'Eco à la fin de l'année 2012. Le Cap-Vert et

---

[42] Le Niger est le 3e exportateur mondial d'uranium avec une production annuelle moyenne de 3300 tonnes. Le Niger n'a pas profité de la hausse des prix de l'uranium sur le marché mondial à cause du monopole français de l'exploitation. Cette situation devrait changer puisque ce monopole a pris fin depuis le début de 2008.

le Liberia ne font partie d'aucune union monétaire dans la région. Au regard des résultats précédents, la question que l'on se pose est de savoir si l'objectif d'étendre l'Eco à l'ensemble des pays est réalisable dans l'immédiat et, en corollaire, quelles seraient les recommandations essentielles pour atteindre cet objectif ? D'après l'étude de la convergence réelle, la création d'une union monétaire avec le lancement d'une monnaie unique n'est pas souhaitable dans le court terme. Tout d'abord, parce que des différentiels de taux d'inflation perdurent et en particulier dans les pays de la ZMOA, Ensuite, parce qu'il existe non seulement des structures économiques distinctes mais aussi une exposition asymétrique aux chocs externes à cause de la spécialisation étroite des pays (Masson et Patillo 2005 ; et Tsangarides et Qureshi 2001). Il reste à préciser que certains tels que le Liberia, le Sierra Leone, la Guinée-Bissau, et la Côte d'Ivoire souffrent aujourd'hui d'une instabilité institutionnelle se traduisant par une fragilité économique. Toutefois, nos résultats montrent que le Cap-Vert et le Ghana associés aux sept pays de l'UEMOA forment un groupe très homogène, notamment en matière de stabilité monétaire et économique. Ceci est en accord avec les travaux de Sy (2006) sur l'état d'avancement de l'intégration financière dans l'UEMOA et avec les études de Masson et Patillo (2005) et Tsangarides et Qureshi (2001) qui mettent en exergue le haut niveau de similarité des pays de l'UEMOA et l'existence d'une convergence régionale, à l'exception de la Guinée-Bissau. Même s'ils notent par ailleurs la nécessité d'une plus forte harmonisation fiscale pour une plus grande convergence au sens macroéconomique. En outre, les pays leaders comme la Côte d'Ivoire et le Sénégal avec une taille économique relativement importante sont dans une dynamique très encourageante à condition de garder leur stabilité politique pour exercer des effets d'entraînement dans la région, spécialement pour le Ghana.

Conclusion : Qu'avons-nous appris de la méthodologie des clusters conformes aux intérêts de l'Afrique de l'Ouest

Si l'hétérogénéité des pays africains apparaît, elle n'exclut pas pour autant que les spécificités de chacun peuvent devenir mutuellement avantageuses en cas d'abandon de leur souveraineté monétaire (Semedo, 1998, Masson et Patillo, 2005). La monnaie unique est un catalyseur d'échanges et a des effets endogènes sur les courants commerciaux, l'approfondissement financier et la mise en réseau de l'espace économique intégré. Également, la théorie des zones monétaires optimales néglige les faits politiques. La volonté commune d'adhérer à une union monétaire a une dimension politique, et l'UEM européenne en est le meilleur exemple. En effet, son histoire est une source d'inspiration pour les pays de la CEDEAO tant dans sa construction graduelle que dans la mise en place d'institutions supranationales de supervision et de coordination des politiques monétaires et budgétaires. L'UEM a commencé par des accords sectoriels , suivis par la création de zones d'échanges préférentiels et la mise en place de l'union douanière. En 1970, les européens anticipent l'effondrement du système monétaire des taux de change fixe, et commencent à réfléchir à une union monétaire. Le rapport Werner (1970) prouve alors que l'engagement des gouvernements européens était avant tout politique. Le projet de construction par étape était un compromis des deux points de vue : priorité à l'union économique pour les Allemands, et priorité à l'union monétaire pour les Français. Le projet débutant avec le serpent monétaire a été poursuivi avec le système monétaire européen SME[43] à partir de 1979. En 1989, le rapport Delors recommande une approche de l'UEM, en trois étapes, basée sur une plus grande coordination économique et monétaire. Les accords de Maastricht en 1992 concrétisent l'UEM avec la création de la Banque Centrale Européenne et la monnaie unique.

La CEDEAO prévoit la fusion de l'UEMOA et de la ZMOA dans un horizon de dix ans. Comment alors traiter le problème du Cap-Vert attaché à sa souveraineté monétaire ? Dans notre étude, la situation du Cap-Vert est satisfaisante et converge vers les pays de l'UEMOA. Il en est de même pour le Ghana, pourtant membre de la ZMOA. C'est pourquoi, de notre point de vue, deux entités doivent apparaître avec cette échéance à dix ans. La première est constituée de l'UEMOA élargie au Cap-Vert et au Ghana. La seconde fédère le Nigeria, le Liberia et les autres pays de la ZMOA dont la convergence est plus lente. Ces deux entités devraient avoir une monnaie commune avec un ancrage nominal basé sur un panier de monnaies. Entre-temps, les échanges entre les pays doivent être incités par des tarifs préférentiels avant l'union douanière et par la création d'une large zone de libre- échange. Cela est rendu nécessaire par l'existence à la fois de facteurs endogènes et de facteurs induits qui catalysent ex-post les liens réels et monétaires. Le commerce intrazone est notamment l'un de ses facteurs endogènes. Tsangarides, Ewenczyk et Hulej (2006) montrent ainsi, que la création d'une union monétaire africaine augmenterait de 70% le commerce intra-Afrique zone et de 65% le commerce extra-Afrique[44]. Cette dynamique nécessite d'investir dans les déterminants physiques du commerce tels que les infrastructures de transport. L'accroissement du commerce bilatéral dans un cadre moins informel avec des monnaies communes aura en effet des conséquences non négligeables pour la symétrie des chocs de demande, notamment en rapprochant les prix et en les stabilisant. La convergence des prix rend plus transparent le commerce transfrontalier et permet d'éviter les

---

[43] Le SME était une étape de l'intégration européenne suivie par d'autres réalisations telles que le marché intérieur européen et l'Acte Unique en 1987. Apparaît alors le principe de la libre circulation des biens, des capitaux et des hommes et la mise en place d'un grand marché intérieur à partir du 1er janvier 1993. L'Acte unique était également déterminant dans la construction monétaire, car il mettait en action la dynamique d'intégration monétaire par la libération des mouvements de capitaux.

[44] Cette augmentation ne fait pas de distinction entre pays francophones et anglophones, bien que l'étude de Subramanian et Tamirisa (2003) montre que l'Afrique francophone commerce moins avec les pays industrialisés comparativement à l'Afrique anglophone. Les auteurs attribuent cette différence aux contraintes induites par le franc CFA.

mouvements de décotes des monnaies (qui jusque-là ont été favorables au Nigeria). De ce fait, des bandes de fluctuation des monnaies doivent être défendues, jusqu'à l'obtention de la monnaie unique. Dans une phase transitoire, la solidarité entre les pays peut faire face aux besoins de réserves avec la création de fonds monétaire « à la FECOM »[45].Il apparaît dans ce travail que le groupe constitué de l'UEMOA, du Ghana et du Cap-Vert est révélateur d'un club de convergence ; la crainte inspirée par le Nigeria, sur le plan géopolitique, doit être dissipé par des accords graduels qui sont de deux ordres. Premièrement, l'unification des régimes monétaires et la mise en place d'institutions crédibles pour ce qui concerne la discipline monétaire. En second lieu, la discipline budgétaire et la mise en place de mécanismes de compensation et de fonds structurels sont nécessaires. Il serait possible d'envisager une politique budgétaire commune d'accompagnement pour lever les indéterminations des dépenses improductives et canaliser certaines dépenses visant à l'accumulation de capital humain et physique nécessaires à la croissance. Toutefois, il faut reconnaître que cette coordination en vue de rationaliser les politiques économiques pour amortir les chocs communs ou spécifiques et les politiques publiques propres à faire face aux phénomènes hors marché[46] est bien plus ardue que la délégation du pouvoir monétaire à un banquier central (Semedo, 1998).

A long terme, la Banque Centrale régionale de l'Afrique de l'Ouest devrait être le garant de prix stables et compétitifs afin d'éviter les dépréciations de change propres aux économies actuelles qui doivent composer avec le développement de la contrebande, de l'économie souterraine, des pertes de recettes douanières, des trafics de devises et des mouvements illégaux de capitaux.

Enfin, concernant l'impact de l'instabilité institutionnelle et politique notamment au Liberia, au Sierra Leone, en Guinée-Bissau et actuellement en Côte d'Ivoire, il revient à la communauté africaine et à la communauté internationale d'apporter l'aide nécessaire en matière d'intermédiation et de soutien pour résorber ces conflits.

---

[45] La création du Fonds Européen de Coopération Monétaire (FECOM) a été décidée en avril 1973 par le Conseil des ministres européens. Le Fonds européen fait référence à un Fonds de réserve envisagé en 1955 pour aider les pays signataires à répondre aux problèmes de balance des paiements. Son rôle est de maintenir les parités sous le contrôle du Conseil et faciliter le rétrécissement des marges de fluctuation des monnaies.

[46] Citons par exemple, le traitement de l'environnement, le renforcement de la capacité privée et publique de recherche-développement, la fourniture de biens collectifs et d'infrastructures collectives régionales, l'indépendante du Trésor fédéral.

Bibliographie selective

Artis, M. J et W. Zhang, (1997), "International Business Cycles and the ERM: Is There a European Business Cycle?", *International Journal of Finance and Economics*, Vol. 2 : 1-16.

Alesina A. et Barro R. J. (2002), "Currency Unions", The Quarterly Journal of Economics, MIT Press, vol. 117(2) : 409-436.

Balassa, B. (1975), 'Trade creation and diversion in the European Common Market: an appraisal of the evidence' in B. Balassa (ed.) European Economic Integration (Amsterdam: North-Holland) : 79-118.

Bamba Lambert Ng. (2004), « Analyse du Processus de Convergence dans la Zone UEMOA », United Nation University, Wider research papers, N2004/18.

Bayoumi T. et J. D. Ostry (1995), "Macroeconomic Shocks and Trade Flows Within Sub-Saharan Africa: Implications for Optimum Currency Arrangements", International Monetary Fund, WP/95/142.

Bénassy-Quéré A. et Coupet M., (2005), "On the Adequacy of Monetary Arrangements in Sub-Saharan Africa ", The World Economy, Vol. 28, No.3 : 349-373.

Bollerslev T. (1986), "Generalized Autoregressive Conditional Heteroskedasticity", Journal of Econometrics, 31 : 307-327.

Boreiko D., (2003). "EMU and accession countries: Fuzzy cluster analysis of membership", *International Journal of Finance & Economics* 8 : 309-325.

Calinski R.B. et Harabasz, J. (1974), A dendrite method for cluster analysis ", *Communications in Statistics*, vol. 3 : 1-27.

De Nardis SD. et C. Vicarelli, (2004), "Currency unions and trade: The special case of EMU", *Review of World Economics*, Vol 140, No 3 : 625-649.

Eichengreen, B. (1990), "One Money for Europe? Lessons from the U.S. Currency Union", *Economic Policy*, no.10, Avril.

Everitt B. S., S. Landau et Leese M. (2001). *Cluster analysis* (4th ed.). London: Arnold, 237 pages.

Fleming J. M., (1971), "On Exchange Rate Unification," *The Economic Journal*, Vol. 81 : 467-88.

Fouda Owoundi, J. P. (2009), La Convergence en Zone Franc. Analyse et évaluation. Editions L'Harmattan, Paris, 205 p.

Frankel J. A. et Rose A. K. (2002), 'An estimate of the effect of currency unions on trade and output', *Quarterly Journal of Economics* CXVII (2) : 437-466.

Gros D. et Thygesen N. (1998). "European Monetary Integration", Editions Addison Wesley Longman.

Hammouda, H. B., Karingi, S. N., Njuguna, A. E. et Jallab, M. S. (2009), "Why Doesn't Regional Integration Improve Income Convergence in Africa?", African Development Review, 21 : 291–330.

Ingram, J. (1969), "Comment: The Currency AREA problem", in: R. Mundell et A. Swoboda (Hrsg.), Monetary of problem of the internationally Economy, Chicago London: 95-100.

Johnson. H.G. (1973), "Further Essays in Monetary Theory", Harvard University Press, 366 pages.

Kablan S. (2010), "Banking Efficiency and Financial Development in Sub-Saharan Africa", *IMF Working Paper* WP 10/136.

Kenen P. B. (1969), "The Optimum Currency Area: An Eclectic View", In Mundell and Swoboda, (eds.), Monetary Problems of the International Economy, Chicago: University of Chicago Press: 41-60.

Lerman I. C. (1991), "Foundations of the likelihood linkage analysis classification method", *Applied Stochastic Models and Data Analysis* (7) : 63–76.

Levine R. (1997),"Financial Development and Economic Growth: Views and Agenda", *Journal of Economic Literature*, Vol 35, June : 688-726.

Lucas R. E. Jr. (1973), "Some International Evidence on Output-Inflation Tradeoffs," *American Economic Review* (63) : 326-334.

Lucas R. E. B. (2006), "Migration and Economic Development in Africa: A Review of Evidence", *Journal of African Economies*, 15 (2) : 337-395.

Mac Lenaghan J.B., Nsouli S.M. et Reichel K.W., (1982), "Currency Convertibility in the Economic Community of West African States", *IMF occasional paper*, No 13.

Masson P.R. et Patillo C. (2005), "The Monetary Geography of Africa", The Brookings Institution Press, 217 pages.

McKinnon, R. I. (1963), "Optimum Currency Areas", *American Economic Review,* Vol. 52 :.717-725.

Milligan G.W. et Cooper, M.C. (1985), "An examination of procedures of determining the number of cluster in a data set", *Psychometrika*, vol 50, No 2 : 159-179.

Mundell R. A. (1961), "A Theory of Optimum Currency Areas", *American Economic Review*, Volume 51 : 657-665.

Oliveira J V et Pedrycz W. (2007), "Advances in Fuzzy Clustering and its Applications", John Wiley &Son, 434 pages.

Puhani P. (2001), "Labour Mobility: An Adjustment Mechanism in Euroland ? Empirical Evidence for Western Germany, France and Italy", *German Economic Review*, Volume 2 (2) : 127-140.

Rogoff K. (1996), "The Purchasing Power Parity Puzzle", *The Journal of Economic Literature*, Vol. 34 (2) : 647-668.

Rose A.K. (2000) "One Money, One Market: Estimating the Effect of Common Currencies on Trade," *Economic Policy*, Vol. 30 :9-45.

Scitovsky T. (1969), Money and the Balance of Payments, London, Rand McNally, 1st edition, 188 pages.

Subramanian A. et Tamirisa N. T. (2003), "Is Africa Integrated in the Global Economy?," IMF Staff Papers, Palgrave Macmillan Journals, 50(3) : 352-372.

Sy, A. N. R. (2007), "Financial Integration in the West African Monetary Union, Journal of Financial Transformation, Volume 19 : 91-103.

Tower, E. et Willett Th. D. (1976). "The Theory of Optimum Currency Areas and Exchange Rate Flexibility." Special Papers in International Economics, No. 11. International Finance Section, Department of Economics, Princeton University.

Tsangarides C. G., Qureshi M. S (2001), "What is Fuzzy About Clustering in West Africa?" *IMF Working Paper*, WP 06/09.

Tsangarides C. G., Ewenczyk P., Hulej M. (2006), "Stylized Facts on Bilateral Trade and Currency Unions: Implications for Africa," IMF Working Papers WP 06/31.

Tanimoune N.A., Combes J.L. et Plane. P. (2005), « La Politique Budgétaire et ses Effets de Seuil sur l'Activité Économique en Union Économique et Monétaire Ouest-Africaine (UEMOA) », *Économie et Prévision*, N° 186 : 145-162.

Von Hagen J. et Neumann M.J.M. (1994), "Real Exchange Rates Within and Between Currency Areas : How far away Is EMU ? ", *Review of Economics and Statistics*, vol. 76 : 236-244.

Vaubel R. (1978), ", "Real Exchange Rate Changes in the European Community: A New Approach to the Determination of Optimum Currency Areas," *Journal of International Economics* (8) : 319-339.

Ward J.H., (1963), "Hierarchical Grouping to Optimize an Objective Function", *Journal of American Statistics Association* (58) : 236-244.

Werner P. (1970), "Vers l'Union monétaire européenne - Rapport au Conseil et à la Commission concernant la réalisation par étapes de l'Union économique et monétaire dans la Communauté", *Bulletin des Communautés européenne,s supplément* 11/70 : 5-31.

Xiaodan Z. et K. Yoonbai. (2009), "Is the CFA Franc Zone an Optimum Currency Areas", *World Development*, Volume 37 (12) : 1877-1886.

Annexes

Sources des données

PIB réel	Produit intérieur brut en dollar américain constant (2000=100)	1980-2007	WDI-2008
PIB par tête	Produit intérieur brut en dollar américain constant (2000=100)	1980-2007	WEO-2008
IPC	Indice des prix à la consommation mensuels (2000=100)	1980-2007	IFS-2008
DEF	Déflateur du PIB en dollar américain (2000=100)	1980-2007	WEO-2008
TC	Taux de change vis-à-vis du dollar américain	1980-2007	WDI-2008
TCER	Index du Taux de change réel pondéré par les échanges extérieurs.	1980-2005	REO-SSA-2008
DEF	Balance du compte courant rapportée au PIB.	1980-2007	WDI-2008
DT	Dette totale rapportée au PIB.	1980-2005	WDI-2008
ToT	Termes de l'échange	1980-2007	WDI-2008
AGR	Part de l'agriculture dans la VA au PIB (en %).	1980-2007	WEO-2008

WDI : World Development Indicators ; WEO : World Economic Outlook; IFS : International Financial Statistics ; REO-SSA : Regional Economic Outlook, Sub-Saharan Africa. WF: World Factbook.

Définition des variables

INF : Taux d'inflation mesuré par le différentiel logarithmique de l'IPC. $INF = 100\ln(IPC/IPC(-12))$

VINF : la variabilité des taux d'inflation. VINF est estimée par un processus GARCH(1,1) appliqué au taux d'inflation mensuelle.

$OUV_i = (EXP_i + IMP_i)/PIB_i$ où EXP_i et IMP_i sont les exportations et les importations du pays i (en millions de dollars courants).

DIVi est l'inverse du coefficient de Herfindhal mesuré sur des données agrégées à quatre niveaux (SITC) : une valeur élevée indique plus de diversification à l'exportation.

$VTOT_i = \left(\frac{1}{T-1}\sum\left[Log\left(\frac{TOT_{i,t}}{TOT_{i,t-1}}\right) - \frac{1}{T}Log\left(\frac{TOT_{iT}}{TOT_{i0}}\right)\right]^2\right)^{1/2}$, où TOT_i est le terme de l'échange du pays i.

$VTCR_i = \left(\frac{1}{T-1}\sum Log\left(\frac{TC_{i,t}}{TC_{i,t-1}}\right) - Log\left(\frac{DFL_{it}}{DFL_{i,t-1}}\right)\right)^{1/2}$ où TC_i est le taux de change nominal du pays i. (vis-à-vis du dollar américain), DFL_i le déflateur du PIB du pays i (en monnaie locale) et T le nombre d'observations.

$VTCER_i = \left(\frac{1}{T-1}\sum\left[Log\left(\frac{TCER_{i,t}}{TCER_{i,t-1}}\right) - \frac{1}{T}Log\left(\frac{TCER_{iT}}{TCER_{i0}}\right)\right]^2\right)^{1/2}$ où $TCER_i$ est l'indice du taux de change effectif réel du pays i et T le nombre d'observations.

$DDEF_{i,t} = |DEF_{i,t} - DEF_{CEDEAO}|$ où $DEF_{i,t}$ est le déficit rapporté au PIB du pays i et DEF_{CEDEAO} le ratio de déficit défini par les critères de convergence.

DDTi est le différentiel de la dette par rapport au ratio de dette conforme à la perspective de soutenabilité : DDTi=DTi-80.

$NV_i = PIB_i$ par habitant du pays i exprimé en dollar américain à prix constant (2000).

$CORC_i^W$ corrélation de Spearman des composante cyclique du PIB réel du pays i et du du PIB réel mondial. La composante cyclique est extraite par le filtre HP avec le paramètre de lissage $\lambda = 100$.

VP volatilité de la composante cyclique du PIB réel mesurée par l'écart-type du PIB réel.

Tableau 2 : Échanges commerciaux des pays de la CEDEAO en 2008

	Importations en Dollar américain*				Exportations en dollar américain**			
	CEDEAO	UEMOA	ZMOA	UE27	CEDEAO	UEMOA	ZMOA	UE27
Cap-Vert	1.06%	0.79%	0.26%	77.60%	29.21%	29.21%	0.00%	60.73%
Bénin	25.39%	14.38%	11.02%	40.02%	36.10%	24.70%	11.40%	10.01%
Gambie	13.04%	12.62%	0.42%	46.90%	32.13%	31.06%	0.96%	60.80%
Ghana	11.67%	2.09%	9.58%	36.29%	22.39%	19.46%	2.90%	47.82%
Guinée	16.82%	16.51%	0.30%	32.33%	1.86%	1.37%	0.50%	39.24%
Côte d'Ivoire	30.11%	2.01%	28.09%	39.98%	21.69%	10.90%	10.42%	46.93%
Mali	40.62%	37.92%	2.70%	25.42%	25.07%	22.38%	2.69%	8.68%
Niger	23.59%	15.50%	8.09%	25.44%	28.18%	9.72%	18.45%	39.49%
Nigeria	1.30%	1.05%	0.24%	37.65%	6.28%	3.64%	2.64%	21.14%
Sénégal	7.62%	4.02%	3.61%	50.96%	36.19%	29.40%	6.63%	26.00%
Guinée-Bissau	42.61%	41.01%	1.57%	47.32%	1.38%	1.33%	0.03%	0.44%
Togo	17.18%	15.00%	2.18%	40.54%	67.62%	43.22%	24.39%	8.73%
Burkina Faso	43.37%	37.31%	6.05%	40.17%	74.92%	56.12%	16.95%	22.33%
UEMOA	24.27%	11.34%	12.93%	39.87%	25.95%	15.50%	10.13%	41.46%
ZMOA	3.83%	1.90%	1.93%	37.30%	6.87%	4.24%	2.62%	22.43%
CEDEAO	10.93%	5.18%	5.74%	38.66%	9.94%	6.08%	3.82%	25.52%

* en %du total des importations par pays. ** en % du total des exportations par pays. Source :COMTRADE(2010 (2010) et calculs des auteurs.

Tableau 1 : Indicateurs macroéconomiques des pays de la CEDEAO

	Benin	Burkina Faso	Cap-Vert	Côte d'Ivoire	Gambie	Ghana	Guinee	Guinée-Bissau	Liberia	Mali	Niger	Nigeria	Sénégal	Sierra Leone	Togo	Moyenne
Taille du marché et de niveau de vie																
Population [a]	8.79	15.74	0.429	20.61	1.5	23	10.05	1.533	3.441	12.666	15.306	149.2	13.71	6.44	6.019	288.434*
PIB [b] (US$ billions)	5.771	4.623	1.182	17.268	0.511	12.71	3.204	0.308	0.614	5.866	3.597	146.9	9.269	1.480	2.718	14.401
PIB par tête [c]	360	263	1576	530	374	329	410	143	148	295	180	491	536	261	245	409.4
Infrastructures																
Routes revêtues [d]	9.2	31.2	69.0	8.1	19.3	17.2	9.8	27.9	6.2	18	25	15.0	29.2	8	316	21.6
Lignes téléphoniques	11	8.2	34.8	23.4	29.4	24.7	2.3	7.9	.3	8.3	2.5	25.3	27.4	1.9	12.3	14.6
Développement technologique et développement humain																
Utilisateurs d'internet [f]	8	0.6	6.1	1.1	3.8	2.7	.5	2.3	<.1	.5	.3	3.8	5.4	2	5.9	2.9
Taux d'alphabétisation	34.7	21.8	76.6	48.7	40.1	71	29.5	42.5	57.5	46.4	28.7	68	39.3	35.1	60.9	46.7
Espérance de vie [g]	56	52	71	48	59	60	56	46	45	53	56	48	63	42	58	54.2
Structure économique, fiscalite et économie informelle [h]																
VA agricole	33.2	29.1	9.1	28	32.2	38	23.2	62	76.9	45	39	18.1	16.1	49	40	36.2
VA industrielle	14.5	19.9	16.6	21.6	14.0	25.8	35.8	12	5.4	17	17	50.8	19.3	31	25	21.2
VA service	52.3	51	74.4	50.4	53.8	36.3	37.3	26	12.7	38	44	31.1	64.6	20	35	40.9
Échange international, spécialisation et aide																
Spécialisation [i]	6.4	1.9	9	7.7	4	4	4	1	3	2	1	1	22.3	5	8	5.4
Aide en % du PIB	8.1	15.1	11.7	1.5	14.5	9.2	5.1	26.8	43.8	14.1	11.2	7.8	8.9	25.6	3.5	13.8

[a] Population en millions. * Population totale de la CEDEAO en millions. [b] Produit interieur brut en dollar courant. [c] PIB par habitant en dollar constant ; [d] Routes revêtues en pourcentage du total des routes. [f] Pour 100 habitants. [g] Espérance de vie. [h] Les données de répartition sectorielles de la VA sont de l'année 2008 sauf pour la Guinée-Bissau (1999), le Liberia (2002) et le Mali (2001). [i] La spécialisation est l'inverse du coefficient de Herfindhal mesure sur des données agrégées à quatre niveaux (SITC).

Source : WDI (2009), WEO (2008) et WF (2009) et calculs des auteurs.

Tableau 3 : Indicateurs des critères à la Maastricht

	Inflation [a]				Volatilité du TCR [c]		Deficit PIB [d] (%)				Dette PIB [e] (%)			
	80-00	01-07	2007	01-07*	80-00	01-07	80-00	01-07	2007	01-07*	80-00	01-05	2005	01-07*
Bénin	5.16	2.32	0.29	-0.68	6.78	2.72	-7.85	-6.88	-6.69	-2.88	62.70	51.70	41.10	-28.3
Burkina Faso	4.02	2.44	2.27	-0.56	7.13	3.27	-4.54	-10.01	-8.29	-6.01	33.40	39.90	33.70	-40.1
Côte d'Ivoire	5.70	2.79	1.54	-0.21	6.23	2.61	-5.78	1.72	-0.73	5.72	110.70	79.00	61.40	-1.0
Niger	3.52	2.17	4.68	-0.83	5.94	2.30	-5.15	-7.60	-7.68	-3.6	64.10	67.50	53.10	-12.5
Sénégal	5.36	2.45	6.20	-0.55	6.29	2.76	-7.63	-7.09	-10.38	-3.09	65.20	58.80	43.80	-21.2
Togo	4.89	2.99	3.36	-0.01	7.05	1.55	-9.73	-5.66	-6.39	-1.66	87.20	82.30	69.60	2.3
Guinée-Bissau	44.62	2.43	9.29	-0.57	21.04	3.42	-23.38	-7.85	-2.18	-3.85	255.10	288.70	222.90	208.7
Mali	4.06	2.07	2.50	-0.93	5.90	2.88	-3.57	-6.76	-7.22	-2.76	94.50	72.10	53.60	-7.9
Gambie	11.03	8.29	6.02	5.29	5.64	3.13	-5.08	-7.95	-12.47	-3.95	93.00	137.30	135.80	57.3
Ghana	36.66	7.03	11.00	4.03	14.30	2.01	-4.02	-4.70	-10.89	-0.7	49.80	81.10	53.50	1.1
Guinée	12.83	18.37	12.82	15.37	21.08	8.72	-6.05	-1.32	-2.00	2.68	63.60	88.00	88.00	8.0
Liberia	6.43	10.08	11.66	7.08	7.83	7.83	-19.19	-26.72	-18.67	-22.72	294.50	223.60	210.70	143.6
Nigeria	25.45	12.75	6.58	9.75	16.91	5.09	-4.06	1.35	2.07	5.35	77.20	48.30	21.00	-31.7
Sierra Leone	53.29	8.74	13.76	5.74	10.45	2.99	-6.76	4.75	-3.81	-0.75	111.80	134.90	116.70	54.9
Cap-Vert	8.51	2.27	3.38	-0.73	4.83	3.30	-9.28	-9.29	-9.14	-5.29	44.40	55.70	48.30	-24.3
CEDEAO	15.44	5.81	6.36	-	9.83	3.64	-8.14	-6.90	-6.96	-	100.48	100.59	83.55	-
UEMOA	9.67	2.46	3.77	-	8.30	2.69	8.45	6.27	-6.20	-	96.61	92.50	72.40	-
ZMOA	18.48	11.30	9.62	-	13.15	5.36	-7.68	7.87	-8.39	-	115.62	115.66	101.80	-

a Taux d'inflation mesuré par la variation de l'indice des prix à la consommation. [c] Stabilité du taux de change VTCR$_i$. [d] Déficit rapporté au PIB (hors dons). [e] Dette extérieure rapporté au PIB (La Guinée-Bissau et le Liberia ne sont pas inclus dans les moyennes régionales). * Valeurs en différence avec les critères de convergence communs.

Source : WEO (2008), IFS (2008) et calculs des auteurs.

Figure 1 : Diagramme de classification par l'algorithme CAH.

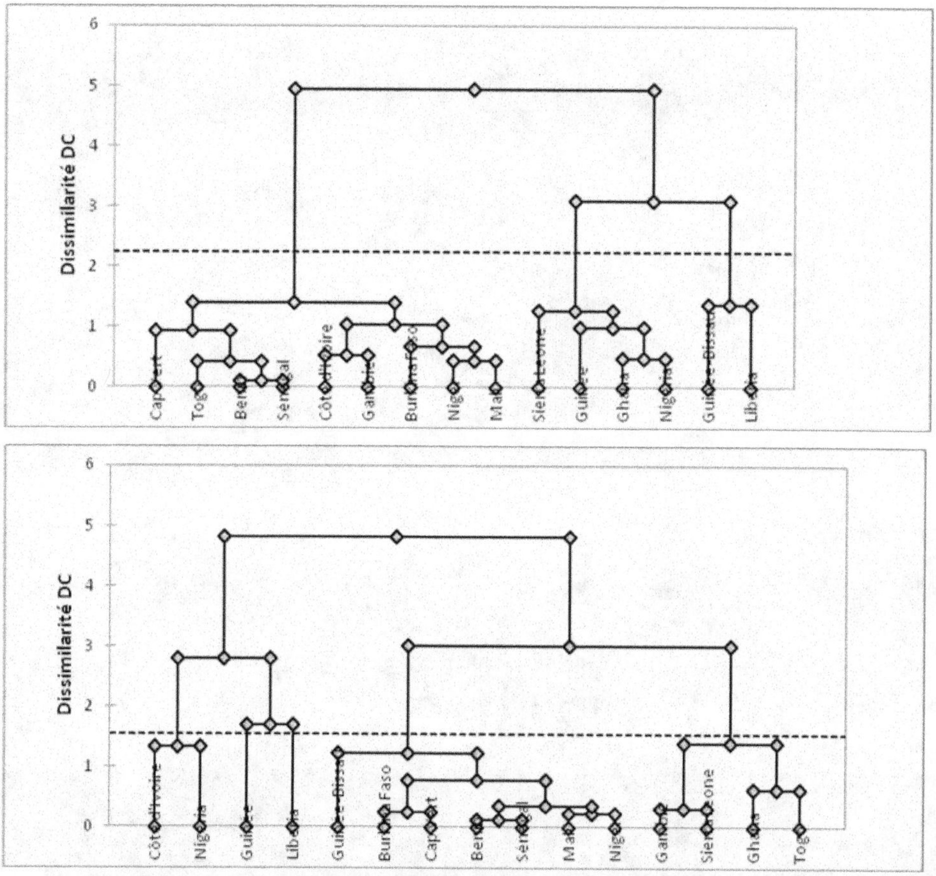

Les figures A, B, C et D illustrent les relations entre différents critères réels.

TROISIÈME PARTIE

FLUX MIGRATOIRES ET FLUX FINANCIERS

X

Harnessing Diaspora Initiatives for Sub-Regional Development in West Africa

Bolade M. Eyinla*

Introduction

For the purpose of this paper, the Diaspora is defined as populations of migrant origin scattered in various destinations and between which there exists multifarious links involving flows and exchanges of people and resources between the homeland and the host countries (Van Hear 1998. Vertovec and Cohen 1999). The Diaspora consist of varied and sometimes complex mixture of peoples who arrived at their different locations in the host countries at different times, through different means including legal and illegal entry and human trafficking, through different channels including labour migration, asylum seekers and family (re) unions and for various purposes including educational and professional pursuits and advancement and humanitarian protection. However, irrespective of the time, means and purpose of arrival, the Diaspora has become a major global factor influencing and shaping development policy calculations. Indeed, the importance and relevance of the Diaspora as important strategic stakeholders and agents of positive change within the development field in Africa is now acknowledged.

Undoubtedly, the Diaspora is emerging as one of the major agents for development in the globalizing world. As transnationalised individuals, groups and communities, they are capable of accumulating human and financial capital for socio-economic development by sending remittances and managing businesses in their home countries. Some of them work in skill sectors that are of critical importance to their home countries, while other have accumulated knowledge that will stand them in good stead in establishing and managing business enterprises in small and medium scale factories. Some of them have contacts with potential business partners in their host countries and can and do facilitate investment in their home countries through these channels. Furthermore they facilitate the establishment of trade and production outfits in

* Department of History and International Studies University of Ilorin, NIGERIA

home countries and still are in position to influence the economic and political processes of their host countries in favour of positive outcomes in their home countries.

To be sure, there are various approaches to real and potential linkages between the Diaspora and development. However, it is useful to adopt the typology formulated by Mohan (2002:104-123) for analyzing the role of the Diaspora in development. According to Mohan, the linkage between Diaspora and Development are: i) development in the Diaspora or development in place which describes how people within the Diaspora communities use their localized connections to secure economic and social well-being and for the development of their locality; ii) development through the Diaspora or development through space which describes how the Diaspora communities utilize their diffuse global connections beyond the locality to facilitate economic and social well-being that span countries, regions and continents; and iii) development by the Diaspora or development across space which describes how financial and other flows from the Diaspora communities facilitates the development and/or the creation of a new order in their homelands.

I. Engaging the Diaspora

It is perhaps the reality of Mohan's classification of the real and potential value of the Diaspora that influenced the Executive Council of the African Union to direct in May 2003 that the Union should actively engage the African Diaspora in continental developmental efforts. This call was underlined by the realisation that the African Diaspora constitutes an amazing pool of talent and expertise with the capacity to accelerate development and push the continent towards the acquisition, usage and application of knowledge, as well as increased access to financial resources. Towards this end, the African Diaspora was defined as peoples of African origin living outside the continent, irrespective of their citizenship and nationality and who are willing to contribute to the development of the continent and the building of the African Union (AU 2005:7). In pursuit of this objective, the African Union and the various African Governments have embarked on a process of engaging the African Diaspora for continental and national development in six focus areas. These are: i) economic cooperation; ii) regional development and integration; iii) women, youth and vulnerable groups; iv) historical, socio-cultural and religious commonalities; v) peace and security; and vi) knowledge sharing and learning.

The efforts of the African Union in engaging the African Diaspora population is complemented by the activities of the World Bank. This is done through its Africa Region's programme on, Mobilizing the African Diaspora for Development launched in September 2007. The programme was aimed at providing support to the African Union and African Governments in mobilizing the African Diaspora for the development of the continent and their various home countries. It is directed at promoting the implementation of the Africa

Action Plan whose focus among other areas are: i) renewing commitments to and accelerating progress on the Millennium Development Goals (MDGs); ii) closing the infrastructure gap; iii) education economy and competitiveness; iv) raising agricultural productivity; v) minerals revenue transparency and management; vi) world trade and business; vii) making finance work; viii) positioning Africa for climate change; and ix) building stronger and more capable African public service and institutions including statistical and data handling capacity.

Toward this end, the Mobilizing the African Diaspora for Development initiative is aimed at exploring multiple approaches towards continental and national development. They are specifically directed at providing support and promote the facilitation of: i) the Diaspora to build on ongoing efforts via a blended strategy of "virtual" participation; short, medium and long term placements; return and retention; and institutional partnerships and networks; ii) governments to create enabling environments including operational policies for Diaspora to provide services and products; and deploying professionals through national focal points; iii) business and investment promotion networks through mechanisms for Diaspora and home country partners to access development funds; and iv) donor partners including the African Development Bank to support a Diaspora Investment Fund based on global initiatives that exploit the benefits of Diaspora remittances.

In pursuit of these objectives, a Memorandum of Understanding (MOU) was signed in January 2008 between the World Bank and the African Union to formalize their collaborative efforts on this agenda. Also, the World Bank instituted the convening of an African Diaspora Open House in Washington DC in November 2007 and February 2010. The Open House is designed as an avenue for sharing information on the various ways in which the World Bank can support the African Diaspora and for deliberating on the various challenges of the African Diaspora in their individual and collective efforts in engaging the AU and the various African states.

Given this evolving nature of the migration and development trajectory, the meeting of Ministers on ECOWAS Common Approach on Migration in June 2007 charged the member states to commit themselves to the strengthening of solidarity with their Diaspora population. Furthermore, the Ministers mandated the Commission to carry out strategic thinking on the development of expertise and financial resources of West African Diasporas. This was with the view of fashioning out ways in which the West African Diaspora can contribute to the development of the sub-region and their respective countries, as well as in effectively combating brain drain. The Commission was also charged with the responsibility of proposing joint measures that would facilitate Diaspora financial transfers and investment flow into the sub-region based on best practices and for supporting Diaspora's involvement in development projects.

In short then, various countries, as well as regional and sub-regional bodies are now seeking ways to partner and join forces with their Diaspora in securing and accelerating development. Before now, dominant issues in migration and development have focused on labour migration, illegal migration and remittances with only few studies on the conceptualization and design of appropriate policy measures and instruments through which the intellectual and economic resources, wealth of knowledge and practical experiences of the Diaspora can be proactively tapped. Given the various developmental challenges facing the sub-region, it is only appropriate that the offshore assets of the Diaspora, in terms of human and financial capital should be utilized in resolving some of these challenges. Some ways in which the West African Diasporas can be constituted into critical development actors in the political and socio-economic development of their respective countries in particular and the sub-region in general is highlighted in this paper. The paper also explores how Diaspora initiatives can be harnessed and integrated into the West African developmental process. The migration and development-related policy challenges confronting sub-region are also analysed and certain recommendations on mainstreaming the Diaspora into sub-regional development framework are discussed.

II. Exploring the West African Migration Profile

West Africa is a major area of migration activity and the sub – regional pattern of migration is determined by three main factors. The first push factor is the worsening socio-economic conditions which brought about a rapid deterioration in living conditions and the collapse of the middle class. The introduction of severe austerity measures and the introduction of the Structural Adjustment Programme by various authoritarian regimes across the sub-region in 1980s sparked off the emigration of many professionals, especially from Nigeria and Ghana to the West in search of better opportunities. The second push factor is the increasing incidence of instability, which sometimes results in political meltdown and armed conflict. Indeed, throughout the 1990s, most of the countries in the West African sub-region were in a state political instability and armed conflict which resulted in large outflow of refugees across the region. The last push factor is the demand for labour in the oil industry and cash crop plantations in Nigeria, Ghana and Cote d' Ivoire, as well as the continuous process of ecological degradation and desertification of the Sahel. Consequently, there were noticeable movement of people from Sahel countries of Niger, Mali, and Burkina Faso to coastal states of Cote d' Ivoire, Ghana and Nigeria for the purpose of cross border trade and seasonal agriculture.

It is important to note that in spite of the popular view that West Africa is an out source for migration to the West, mobility pattern in sub-region suggest that only a small number of West African migrants actually moves outside the sub-region. Available data shows that in the last 10 years or so, about 61.7 percent of migration movement is confined to within the sub-region, 8.2 percent moved to other parts of Africa, 14.4 percent moved to various part of Europe, 6 percent to North America and 0.3 percent to the Gulf States (de Haas 2008). In short then, intra ECOWAS movement of peoples, which is of fundamental importance in the livelihood strategies of many families and communities, is and continues to be a central feature (Awumbila 2007). For example, most of the immigrants in Burkina Faso are from the neighboring countries, many of whom are victims of forced migration. The bulk of immigrants in Senegal are from Guinea, Mali, and Mauritania, while in spite of its economic downturn, Nigeria continue to remain as destination country for many immigrants within the sub-region. The relative ease of movement of people within the sub-region is attributable to promotion of the free movement of persons within ECOWAS, the only sub-regional economic grouping that has taken concrete steps towards the implementation of the protocols on the free movements of citizens and recognized the right of citizens to reside/work in member countries without visa for up to 90 days.

III. The Place of Diaspora Remittances

Up till now, the debate on engaging these Diaspora populations for development is concentrated on their economic value, especially in terms of remittances. This may be due in part to the direct impact which remittances have on the lives of Africans, including even those in the most remote part of the continent. Proceeds from remittances have helped in building schools, hospitals and other critical infrastructural facilities. For example, there are several Diaspora groups and communities that are dedicated to mobilizing funds in their host country for financing public projects in their countries of origin. The study by Gubert (2005) reports that there are more than 1000 such organizations in France, many of which are dedicated towards facilitating resource transfer to Mali, Mauritania and Senegal. There are also numerous Ghanaian and Nigerian hometown, professional and alumni associations that facilitate, and even participate in the building and furnishing of schools and hospitals and in the provision of social services and amenities (Black 2004).

Available evidence points to the fact that remittances from Africans in the Diaspora which is estimated at between USD32 – 40 billion annually now accounts for the second most important capital inflow into many states in the continent after FDI. Indeed, various studies by the African Development Bank points to the fact that remittance, through official channels constitutes between 9 percent and 14 percent of the Gross Domestic Product (GDP) of many West African countries. It is also interesting to note that in many cases, remittances from abroad constitute the second most important source of foreign earnings after the major export commodity, which is oil in the case of Nigeria.

Table One
Remittances to Selected ECOWAS Countries in Selected Years
(Percent of GDP)

	1980	1985	1990	1995	2000	2002	2004	2006	2008
Benin	5.5	3.8	5.5	5.0	3.9	2.7	1.6	4.9	4.1
Burkina Faso	7.8	8.1	4.5	3.4	2.6	1.5	1.0	0.9	0.6
Cote d' Ivoire	0.3	0.3	0.4	1.4	1.1	1.0	1.0	1.0	1.0
Gambia	0.9	2.7	3.2	5.0	3.3	1.9	16.0	13.0	8.2
Ghana	.02	.09	0.1	0.3	0.6	0.7	0.9	0.8	0.8
Mali	3.3	5.1	4.4	4.5	3.1	4.1	3.2	3.6	3.9
Nigeria	.03	.04	.04	.04	2.7	3.0	2.6	3.7	4.7
Senegal	2.2	2.7	2.5	3.0	5.0	6.5	7.9	9.9	9.8
Togo	0.9	2.0	1.7	1.2	2.6	7.1	8.7	10.3	8.1

Source:www.nationsencyclopedia.com/WorldStats/ADI-bop-migrant-remittance-inflow-gdp.html

It is important to note that the above figures does not truly represent or reflect the total Diaspora remittances as they are reported figures transferred through official banking and money transfer channels. In other words, they did not include money or other non-financial instruments that were sent through informal channels outside of the regular financial systems. These includes money that are personally brought in or sent through second and third party messengers, goods that are sent for sale and direct investment in stocks and bonds in the capital market. As correctly noted by Central Bank of Nigeria, the reported official figures for remittances may just as well represent just about 15 percent of total remittances into Nigeria. (Duke 2008). If the level of official remittance of US$17 billion to Nigeria in 2007 is anything to go by, then the potential importance of such flow as a veritable instrument for national development cannot be underestimated.

IV. Beyond Diaspora Remittances

As it were, remittance flows from the OECD countries to Latin America, the Caribbean, East and South Asia outpace that to Sub-Saharan Africa by far. In fact, it is estimated that Sub-Sahara Africa receives only 1.5 percent of global remittance flows, which is an indication of the limited financial resources that the African Diaspora generate in comparison to what other Diasporas. It is therefore evident that without proper mainstreaming, even the limited remittances transferred by the African Diaspora will not have desired positive impact on overall socio-economic development in the continent. There is thus the urgent need to invest in the governing institutions and the policy-making apparatus that could help to direct remittances from the Diaspora into more productive ventures livelihood support.

Diasporas transfer more than money. It is also imperative that concerted efforts at moving beyond remittances and aggregating the non-financial values that the Diaspora can transfer. Doing so will certainly make a difference in addressing the adverse socio-economic situation in the respective countries in the West African sub-region. There is need to recognize the fact that, in the long run, the influence and impact of social and human capital transfers is more enduring than that of financial remittances, especially in the West African context. It is in pursuit of these realities that many ECOWAS countries are creating an enabling environment which is a precondition for engaging the Diaspora in the overall development of their respective home countries and the sub-region. Such example can be seen in the increasing number of Diaspora-oriented governmental agencies and institutions created in Ghana, Mali, Nigeria and Senegal to deal with Diaspora-related issues and for developing appropriate policies for Diaspora-related affairs.

However, while the place of Diaspora remittances in sustaining livelihoods is acknowledged, there is a need to go beyond the peculiarly monetary issues by seeing the Diaspora is a great offshore asset. This is not only because of being a real and potential of their value for money transfer, but also because of their potential and considerable human and financial capital which can be beneficially deployed for homeland development. To be sure, many Africans in the Diaspora now occupies indispensable strategic positions linking their host country in the developed world with their home countries in a more connected manner. Indeed, many of the Diaspora population from the West African sub-region are scattered in different economic and power centres around the globe and are in unique strategic positions in this ever-globalizing world. There is also a huge presence of this Diaspora population in powerful political centres such as London, Paris, New York and Washington where global policy decisions are made. Yet, in comparison with other developing regions of the world in Asia and Latin America, the continent and sub-continent is yet to take full advantage of the vast untapped potentials of its Diaspora that are of important strategic significance.

The African Diaspora is perhaps the most emotionally attached to their home country. These emotional ties have prompted them to develop and maintain links with their various home countries, which have translated into obligations, concrete commitments, actions and activities. This is typified in the transfer back home of money, ideas, information, knowledge, skills and know-how. But there is now a need for ECOWAS to put in place concrete policies and programmes that will help to expand their scope of actions and activities. Areas of further engagement should include socio-economic activities such as setting up trans – border businesses, as well as facilitating voluntary development projects at national and sub-regional levels. These development-related initiatives must be directed at project aimed at poverty reduction and the pursuit of the attainment of the Millennium Development Goals (MDGs). This could be done through the promotion of private micro-development projects through the establishment of hospitals and schools as well as the donation of cash, materials and equipments. Moreover, the activities of the Diaspora can also be directed at promoting trade and enterprise links and other social and political ties between their home state and the sub-region and their adopted host countries. It is therefore necessary for the ECOWAS Commission to adopt ingenious strategies to maximise the advantages which the contemporary globalisation process has presented by harnessing the potentials of its Diaspora population. This could be pursued and achieved through the development of efficient and effective institutional framework through which the sub-regional Diaspora population can be gainfully engaged to make useful contribution through the opportunities offered by this development.

V. Harnessing Diaspora Initiatives: Opportunities and Challenges

In the presentation by Domenica Ghidei-Biidu and Awil Mohamoud to the Global Forum on Migration and Development held in Manila, the Philippines in October 2008, they identified the major ways in which the Diaspora can be of considerable added value in promoting development. According to them, if the potential of the Diaspora are sufficiently harnessed, they have the capacity and resources to make a positive impact in the developmental process because they understand the local context in their homelands much better than other actors. This is given their internal and external perspective of both their home communities and host countries. Their inclusion in the development process can be channeled towards effectively bridging the knowledge gap, especially in understanding the local socio-cultural and historical complexities which foreign consultant and technical experts aid workers cannot immediately grasp. Furthermore, given the unique position of the Diasporas due to the fact that they live in - or between - two cultures, they have an intimate understanding of different social situations, conditions, actors and networks in both their native homelands and in the Western countries which can be used to advantage in the successful execution of development assistance projects.

Based on the growing realization among African Diasporas in the OECD countries about their commitment and responsibility towards the development of the homelands in particular and the continent in general, they are now using their strategic positions to facilitate trans-national activities by acting as development bridge-builders between the North and the South. They are also transmitting information, innovative ideas, intellectual capacities, new technological skills, smart business and trade practices, peacemaking tools and democratic political habits and practices from their countries of present residence to their countries of origin. The capacity of these Diaspora population to mobilize substantial financial and social capital resources through their extensive transnational networks and powerful international political connections that span the globe should therefore be gainfully harnessed towards enhancing development in the various African countries as well as at the African sub-regional and continental levels. In conclusion therefore, the

ECOWAS Commission would do well by fashioning out appropriate strategies towards strengthening its ties with West African Diaspora population with a view of harnessing their expertise and resources for sub-regional development, especially in the critical areas of knowledge application and infrastructural building.

References

Ajibewa A. & S. Akinrinade (2003) *International Workshop on Migration and Poverty in West Africa, Globalisation, Migration and the New African Diasporas: Towards a Framework of Understanding,* Sussex Centre for Migration Research.

Akukwe, C. (2009) "Africans in the Diaspora and Africa: Scaling up Technical, Investment, Bilateral and Infrastructural Development Partnerships," *The Perspective,* 31 December 2009.

Black, Richard. (2004) "Migration and Pro-Poor Policies in Africa" *Development Research Centre on Migration, Globalization and Poverty*" University of Sussex.

Duke, O.O. (2008) *Developing Policies in Country of Origin to Optimize the Benefits of Organized Labour and Migration: Organized Labour Migration and Remittances,* Paper presented at a National Workshop on Developing a Labour Migration Policy in Nigeria. Abuja, 1-5 September 2008

ECOWAS Commission (2007) Meeting of Ministers on ECOWAS Common Approach on Migration (Abuja, 14 June 2007)

Eyinla, B. M. (2010) *Mainstreaming Diaspora Initiatives within Policy and Development Circles: The Case of Nigeria.* Research Report to African Diaspora Policy Centre, The Hague, the Netherlands.

Fleshman, M. (2010) "Africa Seeks to Tap its Diaspora," *Africa Renewal*, 30 April 2010.

Ghidei-Biidu, D. & A. Mohamoud (2008) *The African Diaspora Policy Centre contribution to the Global Forum on Migration and Development,* Manila, the Philippines, 27 – 30 October 2008.

Gubert, F. (2005) "Migrant Remittances and their Impact on Development in the Home Economies: The Case of Africa." *Migration, Remittances and Development.* OECD. Paris.

Gupta, S, C. Pattillo, and S. Wagh (2006) "Impact of Remittances on Poverty and Financial Development in Sub-Saharan Africa" *International Monetary Fund Working Paper.* December 2006. (Washington D.C., IMF)

Migration Policy Institute (2004) *Beyond Remittances: The Role of Diaspora in Poverty Reduction in the Countries of Origin.* Washington DC: MPI for DfID.

Mohamoud, A. (2007) "Diaspora and Development in Africa," in A. Mohamoud (ed.) *Shaping a New Africa* (Amsterdam, KIT Publishers)

Mohamoud, A. (2009) *The EU, the African Diaspora in Europe, and its Impact on Democracy Building in Africa* (Stockholm, International Institute for Democracy and Electoral Assistance)

Mohamoud, A. (ed.) (2010) *Building Institutional Cooperation between the Diaspora and Homeland Governments in Africa. The Case of Ghana,*

Nigeria, Germany, USA and the UK. (The Hague, African Diaspora Policy Centre)

Mohan, G. & A.B. Zack-Williams (2002) Editorial: Africa, the Diaspora and Development, Review of African Political Economy, Vol.29 No.92.

Mohan, G. & A.B. Zack-Williams (2002) Globalisation from Below: Conceptualising the Role of the African Diaspora in Development, Review of African Political Economy, Vol.29 No.92.

Mohan, G. (2002) "Diaspora and Development, in J, Robinson (ed.) *Development and Displacement.* (Oxford: OUP/The Open University).

Mutume, G. (2005) "Worker's Remittances: A Boon to Development," *Africa Renewal* Vol.19 No.3 October 2005.

Ogom, R.O. (2009) The African Union, African Diasporas and the Quest for Development: In Search of the Missing Link, *African Journal of Political Science and International Relations,* Vol.3 No.4 April 2009

Sefa Dei, G.J. (1998) Interrogating "African Development" and the Diasporan Reality, *Journal of Black Studies,* Vol.29 No.2.

Van Hear, N. (1998) *New Diasporas: the Mass Exodus, Dispersal and Regrouping of Migrant Communities,* (London: University College London Press)

Vertovec, S. & R. Cohen (eds.) (1999) *Migration, Diasporas and Transnationalism,* (Cheltenham: Edward Elgar)

Workers' remittances (% of GDP) - BOP - Basic Indicators and National Accounts - African Development Indicators.

www.nationsencyclopedia.com/WorldStats/ADI-bop-migrant-remittance-inflow-gdp.html

Zack-Williams, A. (1995) Development and Diaspora: Separate Concerns? Review of African Political Economy, Vol.22 No.65.

...

XI

The agency of west african diaspora in ending underdevelopment: a case study of Nigerians and Ghanaians in the United Kingdom

Ojeleye, Olukunle*

Introduction

As a result of an increased outward flow of migration from Africa, there has been a corresponding increase in discussion and research in regards to the nexus between migration and development on one hand, and the impact of African Diaspora on development in their homelands on the other. Much of the academic research on both themes have however, focused largely on financial remittances and their importance to the sustenance of growth on the African continent. Whilst it is acknowledged that Diaspora contribution to their homelands transcends financial remittances, little thought has been given to an in-depth analysis of the various non-financial means by which this small but important population contribute to the migration and development tripod.

Given the fact that the activities of the Diaspora is considered to be of importance in shaping the development and stability of the home country, this paper discusses the various forms by which the West African Diaspora can be engaged in ending underdevelopment in the region. It is important to state that the paper does not discuss the various theoretical framework or paradigm on development, migration and Diaspora. Rather, by using the United Kingdom as a case study, it specifically focuses on how West African migrant communities can become an effective tool and agent of socioeconomic development in their individual home countries and the ECOWAS sub-region.

I. Conceptual definitions

Central to this discourse are the terms Diaspora and Development. A Diaspora is formed by the organic process of movements of specific peoples from an ancestral land to several societies. These movements may witness settlement in new lands, and sometimes renewed movement and resettlement

* Manager, United Kingdom Public Sector

elsewhere. Of significant importance is the feature of such Diaspora groups which includes among others: shared cultural background among members; ethnic and/or religious identity; an emotional attachment to the place of origin; and more often than not, an overwhelming desire to return to the home country someday. The West African Diaspora in the UK may thus be defined as people or ethnic population that originated from countries in West Africa that currently resides in the UK, but continue to maintain strong economical, political, social and cultural ties with their country of origin.

Development on the other hand is subject to varying interpretation as it may be used to represents growth, modernisation, social change, wealth creation, poverty alleviation, and industrialisation (Huq 1975; Pereira 1984; Payne and Nassar 2009; Machlup 1970; Agbo 2003). For the purpose of this paper, development is succinctly defined as the ability of a nation to create a greater quality of life for its citizens through the alleviation of poverty and improvement in socio-economic living conditions, as well as the capacity to initiate appropriate solutions to both short term and long term challenges in the political, socio-economic and cultural facets of human endeavour.

II. The West African Diaspora in the United Kingdom – Historical Background

The dispersal of people of African descent outside the African continent can be placed into six main phases. The first three phases falls into prehistoric and ancient period, and the last three phases are in modern times including the period of the slave trade, and the current exodus Africans and peoples of African descent to various parts of the globe (Palmer 2000:56–9). For example, the movement of people of African descent to the United Kingdom (UK) has been traced back to the Roman Empire when Africans where reported to have held important positions in the Roman Army (Fryer 1984: 2, Walvin 1994). This movement can be separated into two distinct phases – forced and voluntary. The period of forced migration dates back to the era of the slave trade in the 16th to 19th centuries (Segal 1998, Okome 2003), to which was central European usage of war ships and marine transport. For instance, the British slave trade along the West African coast resulted in a great number of West Africans settling in the United Kingdom as slaves (Fryer 1984, Shyllon 1977), personal or domestic servants (Scobie 1972) or as labour on British ships. The resultant effect is that by the end of the 19th century, the formative pockets of African Diaspora in the UK had been established. Communities of people of Nigerian descent are recorded to have been established in British industrial and coastal cities like London, Liverpool and Cardiff at the end of the 19th century, and these communities are regarded as making up the oldest Black community in the United Kingdom (Scobie 1972, Shyllon 1977).

The West African Diaspora in the UK thus possesses a shared history which derives from the European colonisation of Africa (Blackshire-Belay 2001). With the abolition of the slave trade in 1886, and the onset of the era of African colonialism, the migration of West Africans to Europe and the western world may be argued to have entered the voluntary phase. This phase can also be distinguished by two distinct periods. The first was during colonialism when West Africans employed as ship hands and seamen on British ships began to settle in the UK (Fryer 1984, Scobie 1972, Shyllon 1977), and the promotion of western education and religion by missionaries witnessed the influx of West Africans into the UK to be educated (Gilroy 1993). The second period coincides with the early 1980's which manifested in economic downturn for a large number of African countries. This era led to the exodus of African intelligentsia from the continent into Europe and North America, and gained notoriety as the age of "Brain Drain".

Various reasons may be adduced for the increased emigration of West Africans into the United Kingdom. These include but are not limited to: economic recession; political instability; perceived insensitivity of leaders and governments to their civic responsibilities;[1] decaying educational systems; dilapidated infrastructures (Odunsi, 1996); and in a number of cases, civil conflict and war. It can be surmised that the free labour and trade migrations of post-slave trade period has resulted in the formation of new West African Diasporas, and that this trend accelerated and increased during the twentieth century (Zeleza 2005).

The most paramount factor for voluntary migration by West Africans is in accordance with Social Darwinism[2] – the need to survive as an individual through the exploration of envisaged and anticipated better opportunities in a foreign land. Indeed, migration is now seen as an integral part of the survival strategy of many African households, with decisions being made communally to send a member of the family to a foreign land with express obligations send money and goods back to those left behind. In this light, migration has become an adjustment mechanism with enormous socio-economic and cultural implications for each African family concerned. (Quartey 2006: 10, MacGaffey and Bazenguissa-Ganga 2000). The recognition of this element of risk diversification and survival strategy culminated in the initial emphasis by scholars on remittances as the main interplay between migration and development. For example, Sumata (2002: 257) opined that remittances to

---

[1] John Anarfi and Stephen Kwankye have attributed the transformation of Ghana from a net immigration country to one of net emigration to internal political instability, economic mismanagement and external conditions unfavourable to the Ghanaian economy. These are the "push" factors, whilst the booming economies of European countries and higher standards of living constituted the "pull" factors for Ghanaians emigrating.

[2] This phrase was invented by Herbert Spencer to describe Charles Darwin's theory of natural selection of living species. By the early 1900s, it had been transferred to other academic fields, including the social sciences.

developing countries during 1988 and 1999 amounted to approximately $550bn. He identified the reasons for such remittances to include: supporting parents, brothers and sisters and other relatives; setting up businesses; and acquiring residential properties, and concluded that such remittances do stimulate economic activity by increasing the levels of employment and investment in the home countries. Migration is thus seen as a source of resources for families of migrants and a means of income re-distribution between the North and the South (Papademetriou & Martin 1991, Durand et al. 1996).

It is axiomatic that the migration pattern of West Africans constitutes a significant re-drawing of the demography of not only their home countries, but also the host countries. For the host countries especially, these pockets of new black and minority ethnic (BME) communities with their own culture, associations, food and religious formations do impact on the socio-economic, cultural and sometimes political spheres of the host society, and therefore cannot be ignored. In Udogu's view (2005), underdevelopment in West Africa not only accounts for the migration of many of the best and brightest West African professionals, but also constitutes a barrier to their return. It is in recognition of the above that Mohan and Zack-Williams (2002: 212) emphasised that "both politically and economically the Diaspora has an important part to play in contemporary social processes operating at an increasingly global scale.

It is noted that modern pattern of migration out of Africa has continued along the lines of the historical and linguistic legacies of colonialism. Thus, the first country of consideration for an Anglophone West African migrant is the former colonial country the United Kingdom, and France for a Francophone migrant. This trend is further encouraged by the fact that new migrants more often than not base the decision to leave West Africa on contacts in the Diaspora, and it is these contacts that helps the new émigré to settle into their new environment on arrival in the host country (MacGaffey and Bazenguissa-Ganga 2000: 58). Apart from such individual contacts, various Diaspora ethnic and interest based organisations have now sprung up with the specific objectives of helping new migrants to re-adjust to life in their new environment whilst savouring an atmosphere of still "being at home". The growth of this migrant population has resulted in the structuring of Diaspora groups from different West African countries into various socio-cultural organisations. In the United Kingdom at the beginning of the 20th century, the need to ensure equal rights within the British society led to the formation of organisations within the Diaspora community. Notable among these were the League of Coloured Peoples which was led mainly by students from Africa and the West Indies, the African Progressive Union, the West African Student's Union, and the Pan-African Association. From the 1960s onward, and the increasing influx of West Africans into the UK, there has been a corresponding increase in non-politically oriented Diaspora organisations which are voluntary associations based on national or ethnic groupings organised around social clubs.

III. The West African Diaspora – Migration as a Half Full Glass

Out of the documented 1.7 million sub–Saharan Africans in Europe as at 2002, 763,000 (the largest proportion) were from West Africa. From this number, 92% were ECOWAS citizens. In the United States during the same period, West Africans were again noted as constituting the largest percentage of Africans in the country (36%) out of an estimated 1 million (Wilson 2003). The studies also noted that these Diaspora were in employment more than the general immigrant population, and were more likely to be working in 'management and professional occupations as well as sales and office occupations, and less likely to work in service, production, transportation, material moving, construction, and maintenance'. Another study in Canada concluded that the high earning capacity of the Diaspora reflects their high educational backgrounds, the aftermath of the failure to return home after completing their educational pursuits in North America and the acquisition of deeper knowledge by those who had professional qualifications prior to migration (for example nurses, medical doctors, engineers, etc) (Laryea and Hayfron 2005).

Until recently, academic discussion in regards to exodus of West Africans from the region has been from the viewpoint of a half empty glass. Migration specifically out of the region and especially of trained and skilled manpower was regarded as a loss to the region and referred to as a "brain drain". Emphasis has since changed to how the Diaspora groups impact positively on poverty alleviation and development programmes in their respective home countries. The modalities through which the Diaspora has been engaged in West Africa has significantly been through: financial remittances to support nuclear and extended family members, establishing small businesses, financial contributions to community projects, stimulating the construction industry through private building developments, and collaborative works with local actors to deliver improved services in the health and education sectors. Even though the reality is that most of these activities are on a private, informal and uncoordinated basis, these various means have been succinctly referred to as the social, financial and political capitals of the Diaspora. Table 1 below indicates that between 2003 and 2007, the financial remittances to Ghana and Nigeria by their respective Diaspora in member states of the Organisation for Economic Co-Operation and Development (OECD) totalled $457 million and $13,322 billion respectively.

Table 1

Remittances by Ghanaian and Nigerian Diaspora from OECD Countries in USD million

	Year 2003	Year 2004	Year 2005	Year 2006	Year 2007
Ghana	65	82.4	99.2	105.25	105.25
Nigeria	1062.8	2272.7	3328.7	3328.7	3328.7

Source : *OECD 2010*

Of significant importance to the ECOWAS States is the positive exploitation of the intellectual capital of the Diaspora through knowledge and technology transfer. Simply defined, this is the process through which the knowledge, skills, and technological know-how already acquired by the Diaspora by virtue of their sojourn and employment in the developed countries can be applied wholly or with adaptation to suit the developmental needs of West African societies. For example, it is noted that Slovenians who were taken to Germany to work by the Axis powers during World War II became the channel for the establishment and growth of the modern high technology electrical and electronics industry on their eventual return to Slovenia, a factor in the emergence of the country as one of the leading economies in the European Union (Ellerman 2004). Many West African migrants are engaged in high tech industries in the developed countries, and these Diaspora are placed in prime positions of acting as a vehicle of appropriating such technologies for the developmental needs of West African states. Moreover, many international companies are keen to enter the African market, but would not do so as a result of an absence of local knowledge. Where such companies have found trustworthy African employees that have imbibed their corporate values, willingness to transfer appropriate technologies to West African subsidiaries may be forthcoming, an enormous advantage for ECOWAS States given the fact that the local development of such technologies may be at a high cost and with an absence of appropriate skills to do so.

In attempting to tap the unquantifiable and enormous wealth that ECOWAS has in its Diaspora, lessons can also be learnt from two major models of Diaspora-triggered regional/country development. The first is the Chinese model where the Chinese Diaspora used their considerable business experience and network connections to establish subsidiaries of major western technological companies in China (Weidenbaum and Hughes 1996). The second model is the India model where the business and scientific acumen of the Diaspora was engaged actively not only in knowledge and technology transfer between India and the developed world, but also in significant business deals resulting in technology and outsourced business call centres in India (Saxenian 2000, Kapur 2001).

IV. Engaging the West African Diaspora – Current ECOWAS Initiatives

While the financial power of the West African Diaspora is enormous and cannot be ignored, it has now been acknowledged that they do contribute in diverse ways to development rather than in monetary terms only. Hence, ECOWAS governments are beginning to formulate national policies aimed at giving the Diaspora an incentive to want to participate in the development or/and reconstruction of their home countries.

4.1 Benin - A National Policy Plan for the Diaspora was launched in 2001, culminating in the establishment of a ministry in charge of relations with Beninese abroad, as well as a national agency of Beninese abroad. In September 2005, the International Organisation for Migration (IOM) funded a project at the request of the Beninese government to do a gap analysis identifying the needs of the country in scientific and technical expertise, and to develop a framework through which the Diaspora could be used to fill any identified gaps towards meeting the developmental needs of the country. This has subsequently led to the setting up of a "Qualification Database" of employees (skilled and technically trained workers) of the Beninese Diaspora in specified host countries in Africa, Europe and North America, an "Investment Code" aimed at the diaspora, and a database of Beninese health professionals resident in France.

4.2 Ghana – One of the key objectives of the revised 1994 National Population Policy of Ghana is to stop the outward flow of Ghanaian professionals and skilled workers. It was not until 2001 that the exodus of Ghanaian professionals and others came to be seen as involving the transfer of skills back to Ghana, and a precursor to investment in small businesses (Sjenitzer and Tiemoko, 2003). Effort to appropriate the potentials of Ghanaians abroad for national development was formally concretised in July 2001 with the convening of a 'Home Coming Summit' by the Ghanaian government. This significant policy shift for the Ghanaian government was further concretised by the introduction of Ghana Dual Citizenship Regulation Act in 2002 by Dr Addo-Kufuor who emphasised the Ghanaian government's desire to make it possible for all Ghanaians living abroad to become citizens of Ghana as well as citizens of other countries.

The 'Home Coming Summit' led to the setting up of a Non-Resident Ghanaian Secretariat (NRGS) in Accra in May 2003 to promote further links with Ghanaians abroad and to encourage return. The NRGS was tasked with: the coordination of all activities, programmes and issues relating to Ghanaians living abroad; overseeing programmes and activities between Ghana and the Diaspora with a view to harnessing the global Ghanaian resource potential for accelerated national development; collaborating with International Organisations like the Commonwealth Business Council's 'Africa Recruit' programme to remove obstacles and create incentives to attract skilled Ghanaian personnel back to Africa; and to collaborate with the IOM in its

‘Migration For Development In Africa Programme’ towards assisting in strengthening the institutional capacity to manage and realise its’ development goals through the transfer of relevant skills, financial and other resources of Ghanaians in the Diaspora to develop Ghana. The summit and the establishment of the NRGS have subsequently led to the institution of a ‘Non-Resident Ghanaian Fund’ with further plans for the issuance of ‘Homecoming Bonds’ to residents abroad as a way of mobilising funds for programmes such as revamping the railway system. Remittances from the Ghanaian Diaspora continue to represent a large source of foreign currency for the Ghanaian government, and the Ghanaian Diaspora has played a crucial role in regularly funding hospitals, home communities and 'alma maters' through the donation of equipment and money, with benefits for individuals, local communities and the country at large (Manuy, 2000).

4.3 Sierra Leone – The vision by the Sierra Leonean President Dr. Ernest Bai Koroma to bring back its Diaspora for post-conflict reconstruction led to an engagement with Diaspora groups on 12 October 2007. The objective was to create 'a productive and mutually beneficial partnership between the Government of Sierra Leone and the Diaspora'. The result is the establishment of the Office of Diaspora Affairs under the Office of the President with the task of bringing back home Diaspora professional for engagement in specific areas where the country has gaps in capacity.

4.4 Cape Verde – It is estimated that a third of Cape Verde’s nationals live abroad, mostly in Europe and the United States. The government through the Diaspora for Development of Cape Verde programme (Dias De Cabo Verde) is working in partnership with the IOM to implement a policy on the Diaspora that would enhance capacity-building in infrastructure, health, tourism and education through the mobilisation of the resources available to its national abroad in terms of social, human and intellectual capital. Efforts to promote linkages between members of the diaspora and the public and private sectors are yielding results with returning nationals becoming actively involved in governance and developmental initiatives of the country.

4.5 Nigeria – In the immediate aftermath of his election in May 1999, President Olusegun Obasanjo decided to forge a mutually beneficial and constructive relationship between Nigeria and her Diaspora. The resultant effect of the Presidential dialogues,[3] and the understanding by the Obasanjo regime that there was a need for a formal mechanism, to enhance and facilitate the potential economic and social linkages between Nigeria and its Diaspora, was the setting up of the Nigerians in Diaspora Organisation (NIDO) and the Nigerian National Volunteer Service (NNVS). Nigerians in Diaspora Organisation Europe (NIDOE), a non-governmental, non-political, non-

[3] President Olusegun Obasanjo had earlier met a gathering of Nigerians living in the Americas in Atlanta, Georgia, USA before the European leg held in London.

religious and non-tribal organisation whose membership is drawn from Nigerians living in Europe was officially launched in London on 26 October 2002. Its membership is made up individuals of Nigerian descent who are 18 years and over, and resident in Europe. As a branch of NIDO, it is to serve as a vehicle for the mobilisation of Nigerians in the Diaspora, especially professionals, towards involvement in Nigeria's development.

Since inception, NIDOE has focused on fostering Diaspora relations, development cooperation, capacity building for Diaspora organisations, business and investment opportunities in Nigeria, skills transfer and network building. In these respects, NIDOE has: recommended qualified Diaspora nationals for developmental projects in Nigeria; encouraged exchange programme between association of lawyers and accountants in Diaspora and at home, facilitated university exchange programme via sabbaticals for academics in Diaspora and at home; and is at the forefront of a Compilation of a Global Database of Nigerians in Diaspora (GDND). The Nigerian National Volunteer Service (NNVS) is responsible for liaison between the Diaspora, and various government agencies in Nigeria to facilitate the development of programmes and projects in education, science and technology and investment. Its remit also included securing assistance for Nigerian Diaspora initiatives by working in partnership with international institutions, Nigerian missions, NIDO and other Non Governmental Organisations. One of its key objectives is to identify and source for Nigerian professionals in the Diaspora that are willing and able to contribute to governmental initiatives and developmental activities in Nigeria. Indeed, one of the tasks that were set for the NNVS is the creation of a database of Nigerian professionals abroad that could provide advisory service and partnership opportunities with respect to development policies and implementation of development programs in Nigeria. This comprehensive database of Nigerian professionals and experts in Diaspora was launched in London in March 2009 by the Nigerian Minister for Foreign Affairs, Ojo Maduekwe.

4.5 n partnership with the IOM, Burkina Fasso, and Mali are also exploring and developing strategies to address their developmental concerns through the available resources in their Diasporas.

V. Impediments to Diaspora Engagement on the West African Region

Discussions' with and interviews of many members of the West African Diaspora in the UK indicates a willingness to return to either their home countries or any other country in the region to settle and contribute to the process of regional integration and development. However, this desire to return is negated by a number of factors. First, there is a perceived abscence of commitment on the part of West African governments to effectively utilise the knowledge skills and potentials of the Diaspora. West African governments are accused of wanting the hard earned cash of the Diaspora but refusing to follow their advice, guidance and suggestions on socio-economic policies. Some of these issues led to frustration on the part of the Diaspora and the decision to migrate in the first instance. Second, those who were also left behind in the region are accused of having contempt and resentment for Diaspora initiatives and suggestions that can make a positive difference in the lives of ordinary West Africans, the result of a perception that the returning migrant is behaving as if he is better than those he left behind. This divisive, negative perception of "we and them" has not enabled cooperation and effective partnership working which is dearly needed for growth on the sub-continent. In place of focused constructive actions, what manifests is resentment, rivalry, envy and a feeling of competition (Teferra 2004: 22). As such, many West African migrants are reluctant to risk leaving their zone of comfort outside the region for the uncertainty of adequate reintegration at home.

Third, having lived in a "free" society where they are able to obtain information freely, and to comment and criticise government policies in their host countries without any fear of prosecution and persecution, many find the need to be mindful of their utterances, actions and inactions so as not to be seen as enemies of West African governments stifling for their creativity and ability to take initiatives in driving policies that would lead to growth and development in the region. Fourth, the financial remuneration that West African countries are often prepared to give to their Diaspora in exchange for returning home is not always commensurate to their earning power in the developed nations where they reside. The reality of everyday living for a West African migrant with a family in the UK is that it is impractical to move the whole family at once and to give up an entire livelihood that is certain and fairly guaranteed. As such, the bridge to enable return to the host country if things do not work out in Africa as planned is always sustained. Heading back home therefore means leaving behind in the UK enormous financial commitment that still need to be met – family to provide for, utility, mortgage bills and children's school fees to pay. Regardless of how patriotic he/she may be, having to take a reduction in remuneration by returning to the region with the added financial burden of maintaining a second home (and the extended family that is now in close proximity) is akin to committing a financial suicide.

Fifth, many West African migrants have expressed concerns about the security of lives and properties in the region. They also complain about dilapidated infrastructures, as well as incessant modification or jettisoning of government policies as a result of regime changes which results not only in economic instability, but also the absence of any sustainable developmental plans and goals for the region. Sixth, there exist quite a large number of second generation West African Diaspora who do not share the same level of allegiance to established social, political and economic hierarchy of individual West African societies, in contrast to their parents, the first generation of migrants. As a result, there is always the tendency for conflict engendered by a generational divide in terms of orientation and thinking. There is therefore a need to put in place mechanisms that not only attracts the involvement of the first generation of migrants, but also the younger generation in developmental projects in the region through initiatives such as volunteering, internship and mentoring schemes.

Conclusion and Recommendations

The acknowledgement of the fact that regardless of their physical separation from home, the West African Diaspora continue to show a great interest in socio-economic and political developments at home and do impact on the development of the region in various ways necessitates a corresponding shift from focusing on financial remittances alone to an holistic exploration of the role of the Diaspora and return migrants in economic development (Muller/Sternberg 2006, IOM 2001, Ammassari 2003). While financial remittances to ECOWAS member states by their Diaspora will continue to be a significant source of foreign exchange input into the local West African economies[4], recent research especially on India and Asian countries points to the evidence that in the longer term, appropriate exploitation of the "lost brains" by countries of origin results in enhanced financial, human and social capitals that can lead to what is termed "migration-induced regional development" (Fromhold-Eisebith 2002). In a study carried out in 2004, the West African Diaspora in the United Kingdom was found to be important contributory agents to development and poverty reduction in their home countries. The study indicated that the engagement of these Diaspora groups in direct and indirect investment, cultural and business exchange, lobbying and political advocacies does impact on national development in the respective countries (Van Hear 2004).

Consequently, any discussion of the agency, place and role of the Diaspora in ending underdevelopment in West Africa has to stem from the availability of a good, detailed and secure central database of West African migrants. One of the recommendations made by the United Nations Economic Commission for Africa (UNECA) in 2000 is the setting up of a data reservoir of Diaspora expertise from which African nations could tap from. Sadly, this is yet to be implemented by a number of countries. With the free movement protocol in place within the region, each ECOWAS country should be able to draw upon the expertise of any ECOWAS national for appropriate projects where the skills and knowledge of such an individual is needed. A joint action in the continent for a database of the Diaspora would be cheaper, beneficial, and less burdensome in cost than the

[4] For instance, the historical pattern of remittances to Ghana and Nigerian indicates that each country can respectively expect an annual minimum influx of $91.5million and $2.65 billion from their OECD based Diaspora

individual projects which several countries are pursuing. It is also necessary to ensure that West African diplomatic missions abroad live up to their traditional responsibility of protecting the interests of their nation and nationals in the host countries. When this traditional role of defending the rights of their nationals abroad is pursued without fear or favour, a realistic statistic of the West African Diaspora would become feasible as regularised and non-regularised migrants feel confident enough to provide their details to the foreign missions.

The joined up action for a central database as recommended above is intertwined with partnership working and coordinated efforts between member states of the ECOWAS to enable the formulation and implementation of a regional/community focused action plan. Regardless of the nature, background, size and shape of individual states, we all share a common goal – peace, growth and sustainable development. What binds us together is far more than what differentiates. As such, there is a need for a central ECOWAS co-ordinating body or agency that can harmonise plans, mechanisms, processes and actions by fostering cooperation and understanding between all stakeholders within the community and region by whittling down bureaucratic and institutional boundaries.

Most discussions about involving the Diaspora in development projects in West Africa have been premised on physical relocation to the region. The reality of globalisation and modern technological advancement is that the talents and skills of members of the Diaspora can be made use of without their physical presence in the region. Interaction between nationals who are local to the region and those abroad in developed countries can take place through effective usage of information and communication technology (ICT). Medical doctors are known to have guided colleagues thousands of miles to carry out delicate and intricate surgical procedures through video conferencing. As such, if there is one thing ECOWAS States must invest in, it is providing access to high speed internet access to their citizens. The exponential advantage of this is that both the known and unknown Diaspora talents can effectively contribute their own quota to policy and strategy debates in creating growth in the region, and unrivalled opportunity is thereby created for alliances to be forged and collaborative enterprise to take place beyond the barriers of physical movement. In so doing, knowledge and technology transfer can actually take place between the region and the Diaspora on a virtual rather than physical basis.

It is equally important that ECOWAS states evolve migration policies that attract the best minds, intellect and skills to work and live in West Africa as is found in other countries of the world such as Australia, Canada, United States of America and the United Kingdom. A large number of West African skilled migrants were enticed away from Africa by the developed countries through selected policies that favours and rewards the migrants' talents. If there is reversed engineering, reversed brain drain can surely take place. Policies that recognise the earning powers of the Diaspora towards remunerating them appropriately when engaged in projects on the continent would serve in ensuring the reversal of the drain to a gain. The win-win situation is that ECOWAS States are able to attract the best minds, intellects and skills from its own people with in-depth knowledge of local cultures and challenges, whilst for the returning Diaspora (whether temporarily or permanently), there is no loss of income and there is a confident feeling of being at home amongst one's own kind. An example of what can be achieved is reflected in the engagement of two world class West African brains from the World Bank by the Nigerian regime of President Olusegun Obasanjo in the persons of Mrs Okonjo-Iweala and Mrs. Oby Ezekwesili. This strategy of attracting the best Diaspora intellects can also be complemented by the establishment of an ECOWAS managed fund that makes provision for the Diaspora to work on short term volunteering basis in the region to exchange knowledge with home based compatriots. Subsequent mentoring of the home based colleagues can then take place on a virtual basis with minimal cost to the community. Projects successfully carried out in one pioneering member state can then be adapted to the needs of others for replication across the region.

Finally, the West African Diaspora is a good source of identifying ECOWAS goods and services that are suited for developed markets. Commercial, trading and business networks already established by some Diaspora communities in their countries of sojourn become beneficial to ECOWAS States through an increase in the export of commodities from West African economies. The resulting diversification of the sources of foreign exchange earnings in the region and the impact this would have on funding developmental and infrastructural projects cannot be over emphasised. Efforts must be therefore be made towards utilising the existing Diaspora business networks for the promotion of ECOWAS products.

In conclusion, given the enormous potentials of West African citizens residing in developed countries, there is a need not only for national policies but also a coordinated regional plan aimed at giving the Diaspora an incentive to want to participate in the development or/and reconstruction of ECOWAS member states in particular and the region in general. This can easily be achieved through institutional linkages, establishment of business, education and scientific networks, knowledge sharing, skills exchange and appropriation of technological know-how. To this end, it is important that the factors that significantly gave rise to the push resulting in the mass exodus from the region are addressed so that appropriate enabling conditions are created leading to a "pull effect" that makes returning home highly desirable for the West African Diaspora. In doing so, it is hoped that the avowed "brain drain" of the twentieth century would rapidly turn to a "brain enhancement" in the twenty-first century with the collateral effect of rapid socioeconomic growth and development of ECOWAS States and the West African region.

Bibliography

Agbo, S. (2003) "Myths and Realities of Higher Education as a Vehicle for Nation Building in Developing Countries: The Culture of the University and the New African Diaspora", *Paper to 2nd Global conference on The Idea of Education*, Mansfield College, Oxford (4-5, July).

Ammassari, S. (2003) "From Nation-Building to Entrepreneurship: The Impact of Elite Return Migrants in Côte d'Ivoire and Ghana", *Paper presented at the International Workshop on Migration and Poverty in West Africa*, University of Sussex, 13-14 March.

Anarfi, J. and Kwankye, S. et al. (2003) Migration From and To Ghana, Brighton: Development Research Centre on Migration, Globalisation and Poverty.

Blackshire-Belay, A. (2001) "The African Diaspora in Europe: African Germans Speak Out", *Journal of Black Studies*. Vol. 31 No. 3, pp. 264-287.

Durand, J. Parado, E. and Massey, D. (1996) "Migradollars and Development: A Reconsideration of the Mexican Case", *International Migration Review*, Vol. 30 No. 2, pp. 423-444.

Ellerman, D. (2004) "The Dynamics of Skilled Labor Migration: What can be done about the Brain Drain?", *Paper presented to the DIFID-WB Collaboration on Knowledge and Skills in the New Economy*, Washington: World Bank.

Fromhold-Eisebith, M. (2002) "Qualified Labour Migration and Regional Knowledge Economies", in Haytor, R. and Le Heron, R. (ed) Knowledge, Industry and Environment. Institutions and Innovation in Territorial Perspective, Ashgate: Aldershot, pp. 125-143.

Fryer, P. (1984) Staying Power: The History of Black People in Britain, London: Pluto Press.

Gilroy, P. (1993) The Black Atlantic: Modernity and Double Consciousness, Cambridge: Harvard University Press.

Honey, R. and Okafor, S. (1998) Hometown Associations: Indigenous Knowledge and Development in Nigeria, London: Intermediate Technology Publications.

Huq, M. (1975) Education, Manpower and Development in South and Southeast Asia, New York: Praeger Publishers.

International Organization for Migration (2001) Harnessing the Potential of Migration and Return to Promote Development. Applying Concepts to West Africa, Geneva: IOM Research Series No. 5.

Kapur, D. (2001) "Diasporas and Technology Transfer", *Journal of Human Development*, Vol. 2 No. 2, pp. 265–286.

Laryea, S. and Hayfron, J. (2005) "African Immigrants and the Labor Market: Exploring Career Opportunities and Job Satisfaction" in Tettey, W. and

Puplampu, K. (eds.) The African Diaspora in Canada: Negotiating Identity and Belonging, Calgary: Calgary University Press.

MacGaffey, J. and Bazenguissa-Ganga, R. (2000) Congo-Paris: Transnational Traders on the Margins of the Law, Oxford: James Currey.

Machlup, F. (1970) Education and Economic Growth, Lincoln, NE: University of Nebraska Press.

Manuy, T. (2000) "Efie or the Meanings of 'Home' among Female and Male 'Ghanaian' Migrants in Toronto", *Paper presented to the Colloquium on New African Diasporas*, SOAS/ London University, 5 May.

Mohan, G. and Zack-Williams, A. (2002) "Globalisation from below: Conceptualising the Role of the African Diasporas in Africa's Development", *Review of African Political Economy*, Vol. 29, No. 92, pp. 211–236.

Müller, C. and Sternberg, R. (2006) "Why Entrepreneurship by Return Migrants is Crucial for Technology-based Regional Development" in Johansson, I. (ed) Innovations and Entrepreneurship in Functional Regions, Uddevalla: Uddevalla Symposium, pp. 599–627.

NIDO. *Policy Framework for a Mutual Beneficial Relationship Between Nigeria And Nigerians In The Diaspora.*

Odunsi, B. (1996) "An Analysis of Brain-Drain and its Impact on Manpower Development in Nigeria", *Journal of Third World Studies*, Vol. 13, No. 1, pp. 193-214.

Okome, M. (2003) "The Antinomies of Globalization: Causes of Contemporary African Immigration to the United States of America", *Irinkerindo: A Journal of African Migration*, Vol. 1, No. 1.

Organisation for Economic Co-Operation and Development (2010) Africa Economic Outlook: Employment and Remittances, Paris: OECD.

Palmer, C. (2000) "Defining and Studying the Modern African Diaspora", *The Journal of Negro History*, Vol. 85, No. 1/2, pp. 27-32.

Palmer, C. (2000) "The African Diaspora", *Black Scholar*, Vol. 30, No. 3/4, pp. 56-59.

Papademetriou, D. and Martin, P. (1991) The Unsettled Relationship: Labour Migration and Economic Development, New York: Greenwood.

Payne, R. and Nassar, J. (2009) Politics And Culture In The Developing World: The Impact Of Globalization, London: Longman.

Pereira, L. (1984) Development and Crisis in Brazil 1930-1983, Boulder, CO.: Westview Press.

Quartey, P. (2006). "Migration and Development: Challenges And Opportunities For Sending Countries - Ghana Country Case Study", *A Report Prepared for the German Marshal Fund Of The USA*, Washington, 22-26 July.

Saxenian, A. (2000) "The Bangalore Boom: From Brain Drain to Brain Circulation?" in Kennistan, K. and Kumar, D. (ed) Bridging the Digital

Divide: Lessons from India, Bangalore: National Institute of Advanced Study.
Scobie, E. (1972) Black Britannia: A History of Blacks in Britain, Chicago: Johnson.
Segal, R. (1998) "Globalisation and the Black Diaspora", *ESRC Transnational Communities Project*, Working Paper WPTC-98-15.
Shyllon, F. (1993) "Blacks in Britain: A Historical and Analytical Overview", in Harris, J. (ed.), Global Dimensions of the African Diaspora, Washington, D.C.: Howard University Press, pp. 223–248.
Sjenitzer, T. and Tiemoko, R. (2003) Do Developing Countries Benefit from Migration? A Study of the Acquisition and Usefulness of Human Capital for Ghanaian Return Migrants, Brighton: Sussex Centre for Migration Research.
Sumata, C. (2002) "Migradollars and Poverty Alleviation Strategy Issues in Congo (DRC)", *Review of African Political Economy*, Vol. 29 No. 93/94, pp. 619–628.
Trager, L. (2001) Yoruba Hometowns: Community, Identity and Development in Nigeria, Boulder: Lynne Rienner.
Teferra, D. (2004) "Mobilizing the African Diaspora", *International Higher Education*, Vol. 35.
Udogu, E. (2004) "African Development and the Emigration of its Intelligentsia", *Irinkerindo: A Journal of African Migration*, Vol. 3, September.
Van Hear, N. et al. (2004) The Contribution of UK-Based Diasporas to Development and Poverty Reduction: A Report by the ESRC Centre on Migration, Policy and Society, Oxford: COMPAS.
Walvin, J. (1994) "Black People in Britain", in Tibbs, A. (ed.) Transatlantic Slavery: Against Human Dignity, London: Her Majesty's Stationery Office, pp. 83-86.
Weidenbaum, M. and Hughes, S. (1996) The Bamboo Network, New York: Free Press.
Wilson, J., (2003) African-born Residents of the United States, Washington: Migration Information Source.
Zeleza, P. (2005) "Rewriting the African Diaspora: Beyond the Black Atlantic", *African Affairs*, Vol. 104 No. 414, pp. 35-68.

XII

Structure et efficacite du secteur financier ivoirien

Lambert N'Galadjo Bamba*

Introduction

Le secteur financier ivoirien est caractérisé, à l'image des pays de celui des pays de la Communauté Économique des États de l'Afrique de l'Ouest (CEDEAO) et plus particulièrement de l'Union Économique et Monétaire de l'Afrique de l'Ouest (UEMOA), par un dualisme: on note à côté du secteur formel moderne, la présence d'un secteur semi-formel et informel modeste par sa part de marché. Le secteur financier formel est animé par des institutions bancaires nationales, des institutions financières non bancaires et des institutions sous-régionales alors que le secteur du microcrédit (ou secteur financier décentralisé) l'est par des institutions mutualistes d'épargne et de crédit.

La composition du secteur formel révèle une entrée de plus en plus fréquente de firmes étrangères ces dernières années. Au niveau des banques et établissements de crédit, le capital est fortement détenu par des intérêts étrangers, même si émerge de plus en plus une participation de privés nationaux à la faveur des privatisations. L'État reste encore majoritaire dans quelques compagnies mais sa part de capital est appelée à être rapidement inférieure à 20% du capital dans les établissements où il est actionnaire. Dans le secteur des assurances par contre, les capitaux publics sont absents et le privé national tient la dragée haute au privé étranger.

De nombreuses insuffisances caractérisent le marché du financement ivoirien. Les institutions de financement ne sont pas suffisamment diversifiées. En particulier, on note aujourd'hui l'absence d'institutions spécialisées pour l'agriculture, l'industrie et l'exportation. De même, il n'existe pas de société nationale de réassurance, de fonds de garantie des dépôts pour sécuriser les épargnants dont certains ont été traumatisés par les faillites bancaires des années 80 et 90, ou encore de marché hypothécaire. Le marché manque également de sociétés de capital risque et d'OPCVM ou encore de sociétés de garantie des prêts bancaires.

---

* Maître de Conférences - Chercheur Senior CAPEC

De façon générale, on note cependant un approfondissement du marché financier avec l'introduction de nouveaux instruments financiers, ces dernières années. Cette relative diversification est particulièrement perceptible dans les sous-secteurs des assurances, de la bourse et même du secteur décentralisé. Le sous-secteur bancaire, seul, observe encore un certain attentisme.

Le secteur financier ivoirien, sous l'instigation des bailleurs de fonds (FMI et Banque Mondiale) d'une part, et de la Banque Centrale des États de l'Afrique de l'Ouest (BCEAO) d'autre part, a connu d'importantes réformes ces dernières années. Celles-ci vont de l'assainissement du secteur aux réformes plus radicales portant sur les conditions d'exercice elles-mêmes et n'ont donc épargné aucun compartiment de celui-ci.

Ces réformes visent à améliorer la compétitivité et l'efficacité du secteur, globalement, par une plus grande libéralisation. La politique monétaire communautaire a été réorientée en ce sens sous l'instigation de la BCEAO. Ainsi, de nouveaux instruments de politique monétaire et un réaménagement des règles d'intervention de l'Institut d'émission ont été mis en place avec le souci premier de favoriser une plus grande compétition entre les institutions financières et d'assurer leur viabilité. Cette réforme de la politique monétaire a été complétée par un nouveau dispositif prudentiel. Ces réformes faisaient suite à celles déjà initiées dans le cadre du Programme d'Ajustement du Secteur Financier Ivoirien (PASFI) se sont également étendues dans des secteurs connexes, tels que le dispositif juridique pour garantir la sécurité et la transparence des activités financières.

Toutefois, le secteur financier ivoirien apparaît encore, à ce jour, comme un secteur oligopolistique et cette situation n'est pas sans incidence sur son fonctionnement. En effet, l'économie monétaire de la Côte d'Ivoire est une économie d'endettement ou à découvert plutôt qu'une économie de marché financier (Bamba, 2005). Cela signifie que le financement se fait essentiellement par le crédit bancaire plutôt que par le crédit direct. Dans ces conditions, les possibilités de rationnement du crédit existent d'autant plus que l'offre de financement est caractérisée par des situations oligopolistiques (Bamba, 1997).

La présente étude met en évidence les déterminants fondamentaux de la compétitivité et de l'efficacité du secteur financier ivoirien à travers l'économie politique du marché du financement. De façon spécifique, il s'agira d'analyser l'efficacité dans l'allocation des ressources du marché ivoirien du crédit en liaison avec la nature et la structure dudit marché. Pour ce faire, l'étude teste les deux hypothèses suivantes :

(1) le marché formel ivoirien du crédit a une structure oligopolistique. En conséquence, il est caractérisé par une concurrence monopolistique malgré sa libéralisation, et cette situation conduit à l'existence d'un rationnement du crédit avec ses effets pervers que sont les phénomènes de "sélection adverse" et de "hasard moral" ;

(2) le marché formel ivoirien du crédit n'est pas efficace dans l'allocation des ressources en ce sens que sa situation d'équilibre traduit une non-optimalité de l'offre de crédit au regard de la demande de crédit et de la fonction de profit du système bancaire.

La suite de l'article est organisée comme suit : dans une section 2, la structure du marché formel du marché est décrite au moyen de quelques évidences empiriques ; la section 3 qui suit expose l'économie politique du marché du crédit de la Côte d'Ivoire tandis que la fonction de demande de crédit dérivée et la fonction de profit du système bancaire sont étudiées dans la section 4. La section 5 permet de tirer la conclusion générale et les recommandations conséquentes de politique économique.

I. La Structure du marché formel du crédit

Le marché formel du crédit en Côte d'Ivoire était animé, de 2001 à 2003, par 26 institutions financières dont 22 banques et 6 établissements financiers de taille inégale. De prime abord, l'on constate que le marché est quasi exclusivement occupé par les banques à 99 % pour les crédits à la clientèle et pratiquement à 100% pour la collecte de l'épargne. Les établissements financiers ont même vu leurs parts de marché chuter passant de 1.33% à 0.84% pour les crédits à la clientèle et de 0.02% à 0.01% pour la collecte de l'épargne, respectivement en 2001 et 2003.

En second lieu, la hiérarchie entre les banques n'est pas stable ces trois années avec des renversements de position. Certes, la Société Générale de Banque en Côte d'Ivoire (SGBCI), avec 25.7% des créances sur la clientèle et 25.8% des dettes à l'égard de celle-ci en 2001, demeure solidement en tête même si ses parts de marché baissent régulièrement pour s'établir respectivement à 20.7% pour les créances et 23.1% pour les dettes en 2003. Dernière elle, les choses évoluent rapidement. Ainsi, la Banque Internationale pour le Commerce et l'Industrie de Côte d'Ivoire (BICICI) qui occupait la deuxième place tant pour les crédits que les dépôts en 2001, s'est vue ravir cette position en 2003 par la Banque Nationale d'Investissement (BNI)[1] pour les créances (les deux étant à égalité pour les dettes en 2003) alors que cette dernière était en troisième position pour les créances et en quatrième place pour les dettes en 2001. La Banque Internationale de l'Afrique de l'Ouest (BIAO) reste accrochée à la quatrième position pour les créances sur les trois années et pour les dettes, elle est passée de la troisième position en 2001 à la quatrième en 2002 et 2003.

On peut constater que certaines banques comme la CITIBANK sont essentiellement des banques de dépôts. Elles font relativement peu de crédits par rapport à la collecte d'épargne qu'elles réalisent. D'autres comme la Standard Chartered Bank, entrée très récemment sur le marché, ont plutôt

[1] Ex-Caisse Autonome d'Amortissement (CAA).

l'attitude inverse, en prenant une part beaucoup plus importante dans l'octroi des crédits que dans la collecte des dépôts. Tout semble indiquer ici que le marché bancaire connaît durant ces trois années un nouveau souffle tendant à bousculer les hiérarchies longtemps établies avec l'avènement de nouveaux établissements bancaires. En d'autres termes, la libéralisation bancaire a permis l'entrée de firmes multinationales bancaires.

Tableau 1 : Bilan des banques et établissements financiers exerçant en Côte d'Ivoire (en millions de francs CFA)

	Créances sur la clientèle			**Dettes à l'égard de la clientèle**		
	2001	**2002**	**2003**	**2001**	**2002**	**2003**
Banques et établissements Financiers	**1348989**	**1345264**	**1220487**	**1279840**	**1483195**	**1408227**
Banques	**1331103**	**1331151**	**1210290**	**1279630**	**1482978**	**1408050**
Banques en % du marché	**98.67 %**	**98.95 %**	**99.16 %**	**99.98 %**	**99.99 %**	**99.99 %**
Bank of Africa	37048	46630	51047	32794	55521	60549
Banque Atlantique	31961	37160	40071	24487	34436	34046
BHCI	14729	16326	22737	15928	20362	24489
BIAO	141989	143194	120332	173739	192835	159883
BICICI	213981	177759	151244	213788	215140	210872
CAA (BNI)	175856	220230	214689	165520	225094	211357
CITIBANK	115552	94118	62273	72672	91999	83457
COFIPA	12873	9641	9194	8990	10647	9724
COBACI	13919	17331	28098	17160	23005	27762
COFINCI	3825	2239	1629	15	16	17
ECOBANK	58070	68519	79241	62086	70474	81453
Omnifinance	7846	12739	32510	5892	11950	23142
SGBCI	342558	317800	249926	330015	362721	324741
SIB	132456	117952	77144	129940	127873	117355
SOGEFINANCE	4533	4356	3035	0		
Standard Chartered Bank	23907	45157	67120	26604	40905	39203

Etablissements financiers	**17886**	**14113**	**10197**	**210**	**217**	**177**
ETS financiers % du marché	**1.33%**	**1.05%**	**0.84%**	**0.02%**	**0.01%**	**0.01%**
AFRIBAIL	0			24	11	1
BICIBAIL	0			5	5	
FGCC			639			
SAFCA	17886	14113	9558	131	201	176
SAFBAIL	0			50		
SOGEFIBAIL	0			0		

Source: *BCEAO (2005), Bilan des Banques et Etablissements Financiers UMOA, 2003, octobre 2005, pp. 35-59.*

En troisième lieu et concernant la taille des banques, celle-ci est très variable même si l'on ne s'en tient qu'aux banques généralistes. Ainsi, la taille du leader, la SGBCI (en ce qui concerne les dettes à l'égard de la clientèle) équivaut, en 2003, à 1 .5 fois celle de la BICICI ou de la BNI (ex-CAA) ou 11.7 fois celle de la COBACI, voire 14 fois celle de Omnifinance (13.3 fois celle de la BHCI qui est une banque spécialisée). Du côté des créances sur la clientèle, la SGBCI pèse 1.2 fois la BNI, 1.7 fois la BICICI et jusqu'à 11 fois la BHCI en passant par 7.7 fois Omnifinance ou 8.9 fois la COBACI.

Ces différences de taille ont pour conséquence une forte concentration du marché du crédit. En effet, sur les 16 banques, la part de marché cumulée des cinq premiers établissements ou indice de concentration IC5 (BIAO, BICICI, BNI, SGBCI et SIB sur les trois années) est passée de 75.6% en 2001 à 73.4% en 2002 puis 67.2% en 2003 pour les créances sur la clientèle à savoir les prêts ou crédits distribués. Certes, cette part est en baisse régulière mais elle demeure encore relativement forte. En ce qui concerne la collecte des dépôts ou dettes à l'égard de la clientèle, la même tendance baissière est observée mais le niveau de concentration est encore plus fort que pour les prêts : ainsi, la part des cinq premières banques sur les 16 passe de 79.2% en 2001 contre 75.8% en 2002 pour s'établir à 72.7% en 2003.

Une dernière observation intéressante concerne la structure du capital des banques et établissements financiers de Côte d'Ivoire. Celle-ci est retracée dans le tableau 2 ci-dessous.

De ce tableau il ressort qu'en 2004, l'Etat est actionnaire dans sept établissements sur 18[2]. Cette participation va de 100% en ce qui concerne la Banque Nationale d'Investissement à 1.48% pour la SGBCI. Elle est ainsi de 49% pour la SIB contre 20% pour la BIAO-CI, 17.5% pour la BHCI, 10% pour

[2] De nouveaux établissements notamment la VERSUS BANK, la Banque pour le Financement de l'Agriculture en Côte d'Ivoire (BFA-CI) et le Fonds de Garantie des Coopératives Café-Cacao (FGCCC) sont apparus sur le marché.

le FGCCC et 9% pour la BICICI. Ainsi, l'Etat est actionnaire dans les cinq premières banques les plus grandes du pays.

L'on remarque également que le secteur privé ivoirien est présent dans le capital de 13 des 18 institutions financières et, dans ce lot, est majoritaire dans les six établissements que sont la BFA-CI (100%), le FGCCC (90%), la BACI (85%), la SAFCA (73.74%), la BHCI (65%) et OMNIFINANCE (55%). Ainsi, avec la participation cumulée de l'Etat et du secteur privé ivoirien, seules deux banques sont entièrement de droits étrangers, la CITIBANK et la Standard Chartered Bank.

Par contre si l'on met en face des banques et établissements financiers de droit entièrement privé (ivoirien et étranger) celles à participation de l'Etat ivoirien, il ressort que 11 établissements sont entièrement détenus par le privé sur les 18. Le secteur privé est en outre majoritaire dans toutes les autres hormis la BNI qui est une société d'Etat. La plus faible majorité du secteur privé concerne, dans ce lot, la SIB avec seulement 51% des parts.

Tableau 2 : Structure du Capital Social des banques et établissements financiers de la Côte d'Ivoire

	PUBLIC IVOIRIEN	PRIVE IVOIRIEN	PRIVE ETRANGER	TOTAL IVOIRIEN	TOTAL PRIVE
Bank Of Africa-Côte d'Ivoire (BOA-Côte d'Ivoire		7.64%	92.36%	7.64%	100.00%
Banque Atlantique-Côte d'Ivoire (B.A.C.I)		85.00%	15.00%	85.00%	100.00%
Banque de l'Habitat de Côte d'Ivoire (B.H.C.I)	17.50%	65.00%	17.10%	82.90%	82.50%
Banque International pour le Commerce et l'Industrie de Côte d'Ivoire (B.I.C.I.C.I)	9.00%	30.70%	60.30%	39.70%	91.00%
BIAO-Côte d'Ivoire (B.IA.O.-CI)	20.00%		80.00%	20.00%	80.00%
Banque Nationale d'Investissement (B.N.I)	100.00%			100.00%	0.00%
Banque pour le Financement de l'Agriculture (B.F.A.-CI)		100.00%		100.00%	100.00%
Citibank N.A			100.00%	0.00%	100.00%
Cofipa Investment Bank Côte d'Ivoire (CIBCI)		0.63%	99.37%	0.63%	100.00%
Compagnie Bancaire de l'Atlantique-Côte d'Ivoire (CO-BACI)		29.90%	70.10%	29.90%	100.00%
Ecobank-Côte d'Ivoire		5.70%	94.30%	5.70%	100.00%
OMNIFINANCE		55.00%	45.00%	55.00%	100.00%
Société Générale de Banques en Côte d'Ivoire (S.G.B.C.I)	1.48%	15.07%	83.45%	16.55%	98.52%
Société Ivoirienne de Banque (S.I.B.)	49.00%		51.00%	49.00%	51.00%
Standard Chartered Bank-Côte d'Ivoire (S.C.B.-C.I)			100%	0.00%	100.00%
VERSUS BANK		35.00%	65.00%	35.00%	100.00%
Fonds de Garantie des Coopératives Café-Cacao (FGCCC)	10.00%	90.00%		100.00%	90.00%
Société Africaine de Crédit Automobile (SAFCA)		73.74%	26.26%	73.74%	100.00%

***Source**: BCEAO (2005), Annuaire des Banques et Etablissements Financiers de l'UMOA-2004, août 2005.*

On peut dire que le secteur financier ivoirien a connu une certaine dynamique ces dernières années avec des entrées régulières et fréquentes de nouveaux acteurs, une plus grande participation du secteur privé national comme étranger et un net recul de l'Etat dans sa participation au capital des établissements financiers. Cette nouvelle donne devrait, en principe, être plus favorable à la concurrence et partant à une plus grande efficacité du secteur financier. Et si tel était le cas, le marché ivoirien du crédit devrait avoir une structure concurrentielle qui éliminerait les phénomènes de rationnement du crédit et ses effets pervers que sont les phénomènes de sélection adverse et de hasard moral (section 3). De même, l'offre de crédit devrait tendre à être optimale et cela se verrait à l'analyse de la demande de crédit dérivée du comportement bancaire d'une part et aussi à travers la fonction de profit du système bancaire de l'autre (section 4). La suite de l'étude s'attache par conséquent à explorer ces deux propositions en commençant par la première à travers l'étude de l'économie politique du marché financier ivoirien.

II. L'économie politique du marche financier ivoirien

L'étude du marché financier ivoirien, avec pour objectif de déterminer les types de contraintes qui le caractérisent, peut être menée en s'appuyant sur les spécificités structurelles de l'offre de financement à travers l'effectivité du rationnement du crédit. Pour ce faire, le recours à l'analyse de la demande de crédit dérivée du comportement des firmes bancaires est utilisé.

Selon la théorie économique, deux différences importantes caractérisent le marché du crédit. Tout d'abord, le bien échangé est hétérogène en ce sens qu'un emprunteur n'est jamais totalement comparable à un autre. Ensuite, alors que dans les échanges économiques habituels la livraison du produit et son paiement sont simultanés, le crédit reçu aujourd'hui par un agent économique s'échange contre une promesse de remboursement à terme. Les notions de risque et d'incertitude sont alors au coeur des mécanismes du crédit.

Deux phénomènes qualifiés respectivement de "*hasard moral*" et de "*sélection adverse*" sont à l'origine de ces spécificités et permettent de comprendre la relative rigidité des taux d'intérêt (prix) et le caractère structurel de l'excès de demande (donc de rationnement) dont souffre le marché de crédit.

Avant d'apprécier la réalité de ces caractéristiques en Côte d'Ivoire, il importe ici de préciser d'abord la nature de l'économie monétaire de la Côte d'Ivoire. Il s'agit en fait de savoir si l'économie ivoirienne est une *économie d'endettement* ou une *économie de marché financier* à la suite de Hicks (1974). Cette distinction importe car le rationnement du crédit est un effet inhérent à la régulation monétaire en économie d'endettement. Elle résulte de la conception d'une monnaie endogène fortement déterminante pour le comportement du système bancaire, en particulier et du système financier dans son ensemble d'une part et des entreprises d'autre part, en matière de financement.

Originellement, le rationnement du crédit est une situation caractérisée par une demande excédentaire de prêts provoqués par des taux d'intérêt inférieurs à leur niveau walrasien (Jaffee et Stiglitz, 1990). Toute la question est donc de savoir pourquoi une telle situation peut être durable.

Jaffee et Modigliani (1969) ont abordé ce problème sous l'angle d'un excès de demande aux taux pratiqués par les banques. Stiglitz et Blinder (1983) ont repris cette analyse en ajoutant les facteurs exogènes (institutionnels, sociaux etc.). Ainsi, ils considèrent que les relations entre les banques et leurs clients sont des relations de clientèle au sens de Okun (1981). Par contre, Stiglitz et Weiss (1981) et Stiglitz (1987) postulent que les causes du blocage des mécanismes des taux sont à rechercher du côté de l'imperfection de l'information du marché. En effet face à un problème de liquidité, une banque peut refuser d'accroître ses taux débiteurs, car une telle politique pourrait avoir deux sortes d'effets pervers: un effet de sélection adverse[3] et un effet de hasard moral[4].

Dans une économie de marché financier ou "marché à fonds propres", les entreprises se financent essentiellement par émission de titres. Par contre, dans une économie d'endettement ou "économie à découvert ", la plus grande partie du financement est réalisée par le crédit bancaire. Dans ce cas, la politique monétaire, en agissant sur le taux d'intérêt, a un effet déterminant sur l'offre et la demande de crédit des entreprises. C'est dans ce cadre que les possibilités de rationnement du crédit ont lieu avec en prime des taux d'intérêt rigides. Elles se traduisent par des taux d'intérêt administrés et fixés en fonction d'objectifs de taux de change toute chose qu'impose l'appartenance à l'UEMOA (clarifier). On peut illustrer cette situation avec la figure 1 ci-dessous.

Figure 1 : Illustration du rationnement du crédit

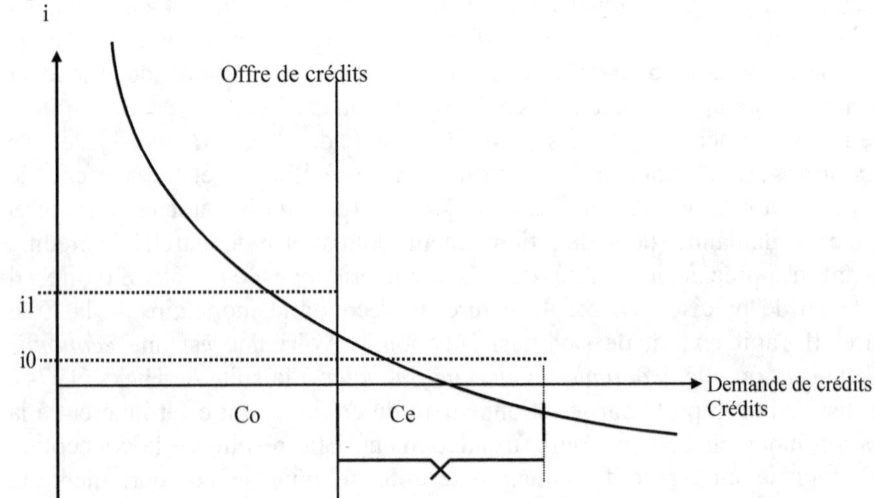

Si on appelle ê le taux de dépréciation anticipé du taux de change et i* le taux d'intérêt étranger, on doit avoir pour des raisons d'arbitrage: $i = i^* + \hat{e}$. Si

---

[3] Face à des taux élevés ne se présenteront à la banque que les entreprises dont les risques de défaut sont importants.

[4] Face à des taux débiteurs élevés, un certain nombre de firmes seront enclines à réaliser des projets d'investissement dont le rendement espéré est certes élevé mais le risque aussi.

TIM est le taux d'intervention de l'institut d'émission, on a la séquence causale suivante: ê $\rightarrow$ TIM $\rightarrow$ TMM (et i) $\rightarrow$ ρ, avec ρ qui représente le coût du crédit et TMM le taux du marché monétaire.

Si l'on se place dans la logique d'une économie d'endettement dans laquelle la monnaie est endogène, il apparaît que la capacité de la politique monétaire à influencer le marché du crédit sera relativement limitée. En effet, les banques ne pratiquent pas des tarifs totalement individualisés en matière de taux d'intérêt débiteurs, elles sont toutes price takers.

A l'origine de ce phénomène, on trouve, selon les auteurs, tout autant une convention sociale que des raisons liées à la simplification de la gestion et au devoir de ne pas se lancer dans une guerre des tarifs qui serait coûteuse pour les établissements de crédit. Les banques établissent ainsi des classes de clientèle à l'intérieur desquelles elles ont un comportement homogène, signifiant qu'elles proposent le même taux d'intérêt aux demandeurs de crédit d'une même classe.

Chaque classe correspond à un risque type mais à l'intérieur de chacune d'elles, les risques associés à un prêt sont variables d'un client à un autre. C'est pourquoi, il est rationnel pour une institution financière de limiter ses prêts aux clients à l'égard desquels, elle pratiquerait des taux d'intérêt plus élevés, si ces derniers étaient fixés en fonction de chaque cas particulier et d'une manière totalement libre. En revanche, les clients à l'égard desquels la banque aurait pu pratiquer des taux d'intérêt inférieurs à ceux de la classe considérée ne seront pas rationnés. Par ailleurs, en cas de hausse des taux, le risque de défaut sera accru à l'intérieur de chaque classe et le rationnement augmentera. En cas de baisse des taux, il diminuera.

Pour apprécier la réalité de ces phénomènes dans le cadre de la Côte d'Ivoire, un modèle simple que l'on doit à Stiglitz (1987) peut être adopté.

Dans un contexte de blocage des mécanisme des taux consécutif à l'imperfection de l'information du marché du crédit pour cause de manifestations des effets de sélection adverse et de hasard moral, la relation qui existe entre le taux d'intérêt débiteur et le taux de rendement espéré par franc prêté aura l'allure suivante, selon Stiglitz (1987) :

$\rho = p\ (1+i) + (1-p)c(1)$

en désignant par ρ le rendement escompté de 1 franc de prêt (coût du crédit), par (p) la probabilité de remboursement, par (c) la caution ou garantie et par (i) le taux débiteur. Schématiquement, on a :

Figure 2 : Relation entre taux d'intérêt débiteur et taux de rendement espéré

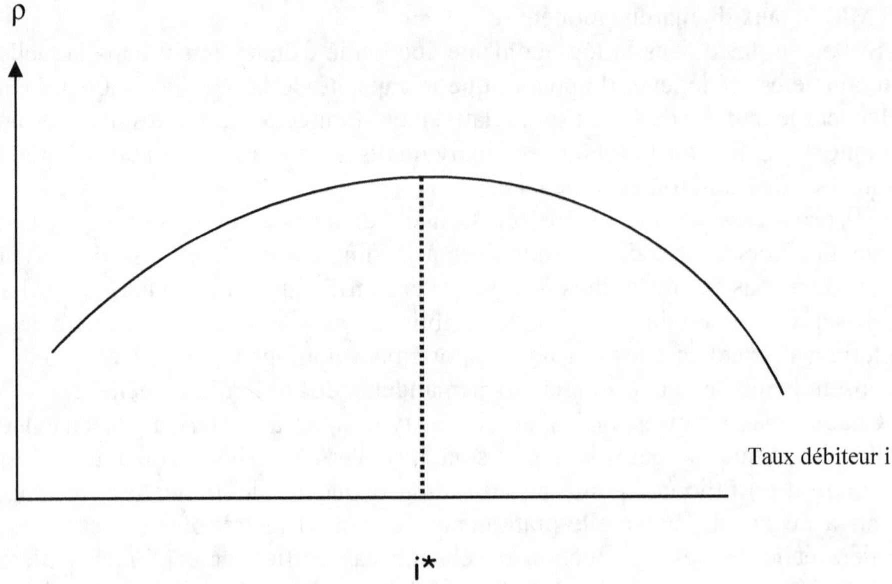

Selon cette relation, si la banque est intégralement remboursée, elle recevra le remboursement du principal plus le taux d'intérêt. Si elle ne l'est pas, elle touchera la caution c. La première hypothèse bénéficie d'une probabilité p et l'autre d'une probabilité 1-p. On note par ailleurs que la hausse du taux débiteur i provoque la diminution de p[5].

Ainsi, le taux d'intérêt d'équilibre est tel que $\frac{dp}{di} = 0$, soit $\frac{dp}{di}(1+i) + p - c\frac{dp}{di} = 0$, ce qui peut s'écrire :

$\frac{dp}{di}(1+i-c) + p = 0$, avec $\frac{d^2p}{di^2}(1+i-c) + \frac{dp}{di} < 0$[6].

---

[5] La fonction p(i) étant supposée concave.

[6] Cette inégalité est vérifiée puisque $\frac{dp}{di} < 0$ par hypothèse (la hausse de i étant à l'origine du phénomène de hasard moral et de sélection adverse), $\frac{d^2p}{di^2} < 0$ en raison de la concavité de la fonction p(i), et 1+i > c (la caution justifie la prise de risque dans chaque classe et ne dépasse pas le principal).

dp/di négatif signifie qu'une hausse de i provoquera un effet de hasard moral et/ou de sélection adverse. Sous ces conditions, un accroissement de l'offre de crédit n'a aucune incidence sur le prix du crédit. En effet, au-delà du taux optimum i*, l'offre de crédit diminue, en d'autres termes, la courbe d'offre de crédits se retourne. On peut ainsi constater l'existence d'équilibres du marché du crédit accompagnés de rationnements, comme on le voit sur la figure suivante :

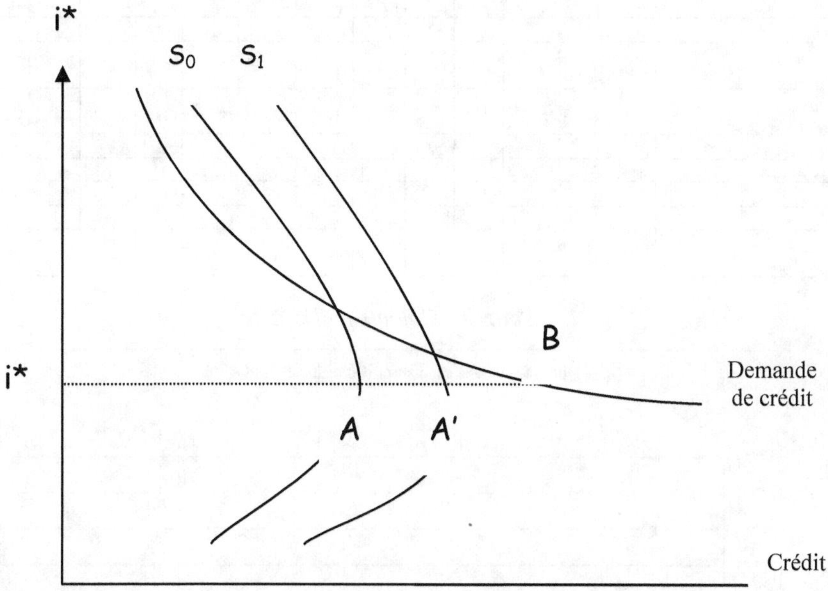

On constate qu'initialement, c'est-à-dire avec une courbe d'offre de crédit S_0, la demande de prêts en i* excède la quantité offerte d'un montant AB. Une augmentation de l'offre de crédit provoque une diminution de ce rationnement (ce dernier n'étant plus que de A'B < AB) sans exercer le moindre effet sur le niveau du taux débiteur i. Le taux du crédit est donc « rigide ».

Le tableau 3 et les graphiques 1 et 2 ci-dessus permettent de donner une illustration empirique de la situation effective du marché financier ivoirien. L'on y constate que la demande de crédit dérivée du comportement bancaire est peu élastique (au taux d'intérêt). Ainsi, la valeur de l'élasticité est comprise entre zéro et un sur la période 1992-2003.

De même, des résultats des calculs il ressort que le taux d'intérêt qui aurait permis la réalisation de l'équilibre sur le marché du crédit (taux d'intérêt d'équilibre théorique) est très différent à la fois de la recette marginale et du coût marginal d'activité. Or, en situation de concurrence pure et parfaite, à l'équilibre, ces trois variables devraient s'égaler ($p = C_m = R_m$). Le signe de l'écart entre le taux d'intérêt d'équilibre théorique (i*) et la recette marginale (i_m) soit ($i^* - i_m$) nous renseignent, par ailleurs, sur la nature des déséquilibres du marché. Quand il est négatif, il indique un excès de demande ou une insuffisance de l'offre de crédits, ce qui laisse penser à une situation de rationnement de crédit.

Tableau 3 : Calcul des paramètres caractéristiques du marché du crédit.

	1990	1991	1992	1993	1994	1995	1996	1997	1998	1999	2000	2001	2002	2003
Taux créditeur	5.0%	5.0%	6.0%	6.0%	5.0%	5.0%	3.0%	2.7%	2.1%	2.1%	2.1%	2.1%	1.9%	2.6%
Elasticité de la demande de crédit (Edc)	NA	NA	0.19	NA	0.08	NA	0.4	0.5	0.1	0.8	1.0	0.3	0.5	0.5
Taux de marge bénéficiaire u = 1 - (im/iM)	NA	NA	5.2%	NA	12.5%	NA	2.8%	2.0%	8.5%	-1.3%	-1.0%	-3.2%	1.9%	2.0%
Recette moyenne (iM)	11.0%	10.0%	9.0%	10.0%	9.0%	12.0%	11.0%	10.6%	10.5%	11.0%	11.3%	11.0%	10.4%	11.4%
Recette marginale (im)	NA	NA	8.5%	NA	7.9%	NA	10.7%	10.4%	9.6%	11.2%	11.4%	11.3%	10.2%	11.2%
Coût marginal d'activité	NA	NA	6.5%	5.4%	5.1%	4.7%	3.9%	3.9%	2.2%	0.5%	0.1%	1.3%	2.6%	3.6%
Θ	NA	NA	1.2%	NA	-0.1%	NA	2.2%	3.8%	0.1%	5.9%	7.6%	1.9%	4.0%	3.3%
Taux d'intérêt d'équilibre théorique (i*)	NA	16.8%	-20.0%	13.9%	4.1%	-11.2%	-39.6%	-39.4%	184.9%	2.6%	105.1%	46.3%	-0.2%	-9.0%

Source *: Calculs de l'auteur*

Graphique 1: Evolutions comparées des coûts et recettes

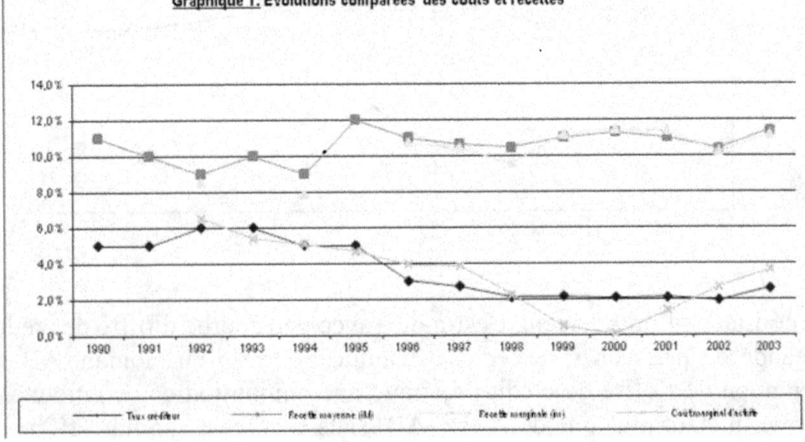

Graphique 2: Evolutions comparées du taux d'intérêt théorique d'équilibre, du coût marginal d'éctivité et de la recette marginale

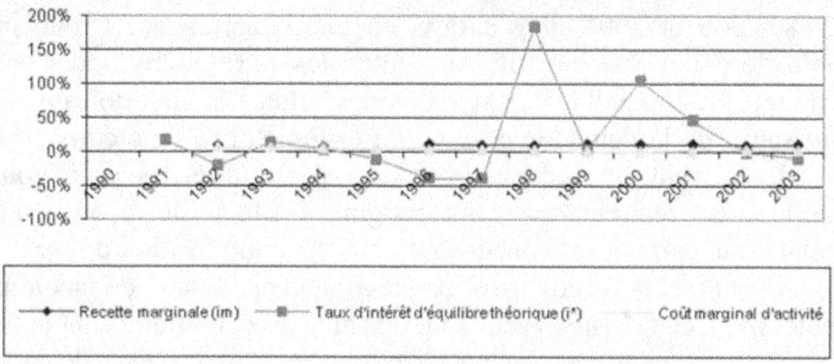

Par contre, lorsque ce différentiel est négatif, il indique une situation d'excès d'offre ou d'insuffisance de la demande de crédits ce qui devrait conduire soit à une baisse des prix monétaires ou à une réduction de l'offre pour la recherche de l'équilibre.

A partir des données du tableau 4 (infra), nous avons calculé les principaux paramètres du modèle 1 et des relations déduites afin d'apprécier les principales caractéristiques du marché ivoirien du crédit et partant de la structure dudit marché. Des calculs il ressort qu'en 1992, 1995, 1996 et 1997 dans un premier temps, puis en 2002 et 2003 dans un second temps, dp/di est négatif. Cela signifie qu'à ces dates, on peut admettre que la hausse du taux d'intérêt a été à la base du phénomène de hasard moral et de sélection adverse. Ces années correspondent justement à celles pour lesquelles on avait un taux d'intérêt d'équilibre théorique du marché négatif et aussi pour lesquelles des excès de demande de crédits étaient enregistrés traduisant des situations de rationnement de crédits.

Hormis 1996 année où $\theta = \mu$, et donc année pour laquelle on peut dire que le marché du crédit ivoirien semblait être de type concurrentiel, pour les autres années, on a, la plupart du temps, des situations où $\theta > \mu$ c'est-à-dire de marché de concurrence imparfaite. On note même qu'en 1992, 1994 et 1998, au regard de la faiblesse de l'élasticité de la demande de crédit, les banques possédaient un pouvoir de marché très important ce qui s'est traduit par des taux de marges particulièrement élevés aux dites dates.

Au total, le marché ivoirien du crédit étant dominé par le financement indirect avec un système bancaire ayant une structure oligopolistique. Cette situation se traduit par des coûts d'intermédiation élevés n'autorisant pas une baisse des prix financiers malgré la libéralisation des taux d'intérêt et la baisse de la fiscalité consentie par l'État. Dans ces conditions, l'effet de hasard moral joue pleinement et explique la faiblesse des crédits octroyés même en situation d'excès d'offre de crédits. En réalité dans ces cas, c'est la demande qui ne répond pas aux propositions d'offre, probablement parce que les prix financiers sont prohibitifs.

Les données du tableau 3 (regroupant nos résultats empiriques), montrent qu'en 1998, 2000 et 2001, il y aurait eu une situation de rationnement du crédit ; le différentiel étant positif. Par contre, les autres années pour lesquelles les calculs ont pu être faits, l'on rencontrerait plutôt la situation inverse avec une insuffisance de la demande et donc un excès d'offre de crédits. Toutefois, ces excès d'offre ont été accompagnés par une rigidité des prix monétaires. Alors que le taux créditeur et le coût marginal évoluent de façon parallèle (le premier étant une composante du second, coût de mobilisation des ressources), la recette moyenne et la recette marginale évoluent également de façon parallèle de leur côté. Ces deux derniers prix sont quasiment égaux traduisant ainsi le fait que les coûts fixes unitaires sont quasi nuls et confirme l'idée de la création monétaire *ab nihilo*. Cette particularité du système bancaire détermine sa fonction de profit.

III. Demande de crédit et fonction de profit du système bancaire

Le système bancaire supporte différentes sortes de coûts qui sont :

- les coûts opératoires, les frais de personnel, les frais généraux (frais de tenue des comptes, coûts de gestion et de traitement des chèques) notés C(D), avec C'(D) >o, ou D désigne les dépôts;
- des coûts financiers = intérêts créditeurs notés iD_R avec i le taux créditeur et D_R les dépôts rémunérés;
- les coûts de refinancement, noté F(D) et correspondant à une moyenne pondérée du TMM et des taux du marché financier.

A partir de ces différents coûts, on peut dériver une fonction de demande globale de crédits[7].

On admet que la demande de crédit a une élasticité variable par rapport au taux d'intérêt débiteur, plus forte pour les ménages que pour les entreprises ou encore que le crédit à l'habitat. On suppose $CR_D = F(i, x)$, avec i = taux débiteur, CR_D = demande de crédit et X l'ensemble des variables (niveau d'activité, taux d'intérêt anticipé, la préférence pour le présent qui peut être approximée par le rapport entre le prix du logement et le prix à la consommation). En supposant que la fonction F est telle que, $F'(i) < 0$, l'on peut déduire une fonction de demande de crédit i(D,X) écrite sous forme inversée telle que l'on ait, $CR_D = D-R$ où R désigne les réserves des banques, soit encore $CR_D = (1 - r)D$.

On peut alors écrire la fonction de profit du système bancaire sous la forme

[7] Ou spécifique par exemple au logement, à la trésorerie, ou encore aux entreprises (cf. A. Santomoro, 1984).

$$\Pi(D) = (1-r)iD - rD_R - C(D) - F(D) \text{ (3)}$$

avec D_R qui représente les dépôts rémunérés. Si l'on suppose que ces dépôts rémunérés constituent une proportion stable λ de l'ensemble des dépôts, la fonction $\Pi(D)$ peut alors être reformulée ainsi :

$\Pi(D) = (1-r)iD - r\lambda D - C(D) - F(D)$ (4)

Le niveau optimal d'activité du système bancaire est celui qui permet l'annulation de la dérivée de la fonction de profit, soit : $(1 - r)(i + Di') = C'(D) + F'(D) + \lambda r$. A l'optimum, la recette marginale est égale au coût marginal.

On obtient la valeur absolue de l'élasticité de cette demande de crédits par rapport au taux débiteur notée (*Edc*) telle que,

$$Edc = \left[\frac{\Delta(1-r)D}{\Delta i}\right] \cdot \frac{i}{(1-r)D} = \frac{\Delta D}{\Delta i} \cdot \frac{i}{D}, \text{ (5)}$$

Si par ailleurs on appelle Cm le coût marginal total de la création monétaire par les banques, on a: $Cm = C'(D) + F'(D) + i\lambda$. La condition d'optimalité suffisante de l'offre de crédit impose que:

$$(1-r)i\left[1 - \frac{1}{Edc}\right] = C_m \qquad \text{(6)}$$

Cm étant un coût marginal d'activité, 1/Edc peut être interprété comme le taux de marge bénéficiaire réalisé sur le dernier crédit accordé. Notons μ ce taux de marge. Appelons i_M la recette moyenne bancaire, $i_M = (1-r)i$ correspondant au taux débiteur net, soit encore, $i_M = Edc/(1+\theta)$. On en déduit la recette marginale qui vaut: $i_m = i_M(1-\mu)$, de sorte que $\mu = 1 - (i_m/i_M)$.

Si $\theta = \mu$, alors Edc est infini et le marché du crédit est de type concurrentiel. Dès lors le taux débiteur est déterminé par le coût marginal de la création monétaire et par conséquent le pouvoir de marché des banques est nul. Si par contre $\theta > \mu$, on a affaire à un marché de concurrence imparfaite. Plus l'élasticité de la demande est faible, plus le taux de marge bancaire est élevé et plus le pouvoir de marché des établissements de crédits est important.

Le tableau 4 ci-dessous présente les principaux indicateurs de productivité de l'ensemble du système bancaire ivoirien. A partir de ces données, les valeurs du rendement escompté de 1 franc de prêt (cf. équation 1 supra) ont été calculées sous l'hypothèse d'une caution ou garantie égale à un et d'une probabilité de remboursement obtenue en rapportant les dotations nettes aux comptes de provisions d'exploitation aux Encours des prêts de toute nature.

Les graphiques 3 et 4 ci-dessous tirés du tableau 4 permettent de se faire une bonne idée sur les rendements de l'activité de crédit du système bancaire ivoirien. Ainsi, le graphique 3 montre que le coût moyen des ressources et le taux de marge globale ont évolué en ciseaux l'année 1994 étant le pivot. Avant cette date, le coût moyen des ressources est légèrement en dessous du taux de marge globale. A partir de 1994, le taux de marge globale passe au-dessus en s'en écartant de plus en plus. Cela traduit le fait qu'à la faveur de la dévaluation du franc CFA, les réformes initiées par la BCEAO ont permis de restaurer la rentabilité des activités de crédit.

Tableau 4 : Marge globale du système bancaire ivoirien de 1990 à 2003

En millions de FCFA sauf indication contraire

Label série	1990	1991	1992	1993	1994	1995
Emprunts interbancaires et de trésorerie	128 514.2	103 186.0	84 469.0	74 246.4	109 677.0	66 808.0
Fonds propres nets	141 231.1	157 483.0	107 168.0	96 572.2	92 962.3	76 293.3
Comptes créditeurs clientèle	650 665.0	667 496.0	632 803.0	624 271.7	745 898.0	887 798.9
Total des ressources	1 315 846.3	1 300 554.0	1 126 061.0	1 118 773.2	1 225 147.3	1 110 828.5
Total des capitaux empruntés	1 174 615.2	1 143 071.0	1 018 893.0	1 022 201.0	1 132 185.0	1 034 535.2
Charges sur emprunts de Trésorerie	11 038.0	9 640.6	7 696.7	7 457.9	6 777.5	4 748.6
Agios sur comptes créditeurs clientèle	33 411.7	33 060.3	36 353.1	34 157.1	40 014.2	44 145.1
Total des agios payés	88 412.6	83 932.8	71 079.1	67 206.6	57 471.5	52 921.2
Coût moyen des ressources de trésorerie (en %)	9.0	9.0	9.0	10.0	6.0	7.0
Coût moyen des comptes créditeurs (en %)	5.0	5.0	6.0	6.0	5.0	5.0
Coût moyen des capitaux empruntés (en %)	8.0	7.0	7.0	7.0	5.0	5.0
Coût moyen de l'ensemble des ressources (en %)	7.0	7.0	6.0	6.0	5.0	5.0
Encours des crédits à la clientèle	1 078 073.1	1 030 049.0	1 069 732.0	1 073 903.0	1 022 429.0	950 459.3
Agios encaissés sur crédits à la clientèle	120 185.0	105 393.1	98 077.9	104 266.6	100 137.1	126 523.4
Taux moyen des crédits à la clientèle (en %)	11.0	10.0	9.0	10.0	10.0	13.0
Taux de marge clientèle (en %)	6.0	5.0	3.0	4.0	4.0	8.0
Prêts de trésorerie et interbancaires	.	.	.	.	.	.
Produits sur prêts de trésorerie	.	.	.	.	.	.
Taux moyen des prêts de trésorerie (en %)	.	.	.	.	.	.
Total des produits sur opérations de prêts	135 581.6	119 633.8	106 623.3	112 519.5	101 408.7	135 817.2
Encours des prêts de toute nature	1 214 633.9	1 181 078.0	1 144 064.0	1 134 941.7	1 153 355.3	1 096 691.2
Rendement moyen des prêts de toute nature (en %)	11.0	10.0	9.0	10.0	9.0	12.0
Taux de marge globale (en %)	3.0	3.0	2.0	3.0	4.0	7.0
Frais généraux	47 875.5	42 946.5	40 993.0	41 388.3	47 304.3	71 782.0
Frais de personnel (y compris personnel extérieur à partir de 1996)	27 253.5	24 163.1	23 315.1	22 969.6	26 104.1	38 225.0
Dotations nettes aux comptes de provisions d'exploitation	28 680.3	47 733.9	20 864.4	4 874.8	10 242.4	40 563.2
Résultat net	516.4	-13 225.1	-5 276.2	3 357.8	12 422.4	35 348.7
Produit net bancaire (PNB)	65 831.1	56 068.0	53 756.7	56 701.3	78 044.0	143 549.3
Résultat brut d'exploitation (RBE)	18 686.1	14 602.8	15 317.7	17 768.6	31 893.7	104 023.7
Importance des frais généraux (en %)	256.0	294.0	268.0	233.0	148.0	69.0
Rapport frais de personnel/ frais généraux (en %)	57.0	56.0	57.0	56.0	55.0	53.0
Rapport frais de personnel/ PNB (en %)	41.0	43.0	43.0	41.0	33.0	27.0
Effort net provisionnement (en %)	154.0	327.0	136.0	27.0	32.0	39.0
Coefficient net d'exploitation (en %)	73.0	77.0	76.0	73.0	61.0	50.0
Coefficient de rentabilité (en %)	0.0	-8.0	-5.0	4.0	13.0	46.0
Taux de marge nette (en %)	1.0	-24.0	-10.0	6.0	16.0	25.0
Produits d'exploitation	155 164.1	141 935.9	129 899.2	114 975.1	138 915.9	233 379.1
Charges d'exploitation	136 478.0	127 333.1	1 145 813.5	114 062.9	107 022.2	129 355.4
Coefficient brut d'exploitation (en %)	88.0	90.0	88.0	99.0	77.0	55.0
Titres de placement	.	.	.	.	.	.
Produits sur titres de placement	.	.	.	.	.	.
Rendement moyen des titres de placement (en %)	.	.	.	.	.	.
Probabilité de remboursement (Dotat. Prov / Encours prêts = p)	97.6%	96.0%	98.2%	99.6%	99.1%	96.3%
rho = p(1+i) + (1-p)c	1.11	1.10	1.09	1.10	1.09	1.12
dp/di	N.A.	0.02	-0.02	0.01	0.00	-0.01
Taux d'intérêt d'équilibre théorique (i*)	N.A.	16.8%	-20.0%	13.9%	4.1%	-11.2%

Tableau 4 : Marge globale du système bancaire ivoirien de 1990 à 2003 (suite)

1996	1997	1998	1999	2000	2001	2002	2003
	845.8		855.4	025.6	446.4	321.6	055.0
121 929.8	130 834.8	150 605.6	151 349.8	178 499.5	185 585.8	195 114.0	238 218.0
1 192 467.8	1 340 737.1	1 372 463.7	1 358 270.9	1 277 715.3	1 267 144.3	1 420 889.0	1 171 336.0
1 595 700.1	1 718 417.6	1 804 961.6	1 820 476.2	1 773 240.4	1 769 176.5	1 861 324.6	1 554 609.0
1 473 770.3	1 587 582.8	1 654 356.0	1 669 126.3	1 594 740.9	1 583 590.7	1 666 210.6	1 316 391.0
12 796.0	11 856.0	13 185.0	16 181.0	18 440.0	19 827.0	19 827.0	8 324.0
36 258.0	36 017.0	28 651.0	29 071.0	26 143.0	26 956.0	26 956.0	29 916.0
49 054.0	47 873.0	41 836.0	45 252.0	44 583.0	46 783.0	46 783.0	39 240.0
4.6	4.8	4.7	5.2	5.8	6.3	8.1	6.4
3.0	2.7	2.1	2.1	2.1	2.1	1.9	2.6
3.3	3.0	2.5	2.7	2.8	3.0	2.8	3.0
3.1	2.8	2.3	2.5	2.5	2.6	2.5	2.5
1 106 351.9	1 257 397.8	1 317 329.9	1 297 817.3	1 257 399.8	1 239 086.5	1 235 090.0	1 053 802.0
142 050.0	150 805.0	156 411.0	165 680.0	162 317.0	159 506.0	159 506.0	157 884.0
12.8	12.0	11.9	12.8	12.9	12.9	12.9	15.0
9.8	9.3	9.8	10.6	10.9	10.7	11.0	12.4
312 072.9	261 174.9	254 624.3	302 575.3	277 547.5	307 435.0	400 416.5	389 384.0
14 057.0	10 617.0	8 074.0	10 481.0	11 013.0	10 741.0	10 741.0	7 126.0
4.5	4.1	3.2	3.5	4.0	3.5	2.7	1.8
156 107.0	161 422.0	164 485.0	176 161.0	173 330.0	170 247.0	170 247.0	165 010.0
1 418 424.8	1 518 572.7	1 571 954.2	1 600 392.6	1 534 947.3	1 546 521.5	1 635 506.5	1 443 186.0
11.0	10.6	10.5	11.0	11.3	11.0	10.4	11.4
7.7	7.6	7.9	8.3	8.5	8.1	7.6	8.5
60 826.0	67 691.0	72 563.0	82 982.0	87 335.0	94 840.0	94 840.0	97 466.0
31 421.0	34 594.0	38 133.0	43 062.0	46 678.0	48 390.0	48 390.0	50 486.0
1 945.0	-19 287.0	27 272.0	25 676.0	-15 365.0	3 377.0	3 377.0	14 367.0
32 029.0	28 197.0	1 285.0	25 857.0	14 445.0	-5 032.0	-5 032.0	6 007.0
127 913.0	145 158.0	154 446.0	165 250.0	156 023.0	147 697.0	147 697.0	147 499.0
61 103.0	69 152.0	70 887.0	72 746.0	56 936.0	40 704.0	40 704.0	38 920.0
99.6	97.9	102.4	114.1	153.4	233.0	233.0	250.4
51.7	51.1	52.6	51.9	53.5	51.0	51.0	51.8
24.6	23.8	24.7	26.1	29.9	32.8	32.8	34.2
3.2	-27.9	38.5	35.3	-27.0	8.3	8.3	36.9
47.6	46.6	47.0	50.2	56.0	64.2	64.2	66.1
26.3	21.6	0.9	17.1	8.1	-2.7	-2.6	2.5
25.0	19.4	0.8	15.7	9.3	-3.4	-3.4	4.1
193 878.0	210 997.0	217 373.0	236 406.0	225 781.0	210 739.0	210 739.0	216 803.0
124 086.0	130 778.0	132 300.0	147 141.0	151 635.0	153 360.0	153 360.0	163 138.0
64.0	62.0	60.9	62.2	67.2	72.8	72.8	75.2
107 622.2	40 270.4	39 908.8	31 716.8	30 757.8	33 871.7	51 653.5	41 047.0
413.0	3 382.0	3 532.0	2 490.0	2 467.0	1 882.0	1 882.0	1 874.0
38.0	8.4	8.9	7.9	8.0	5.6	3.6	4.6
99.9%	101.3%	98.3%	98.4%	101.0%	99.8%	99.8%	99.0%
1.11	1.11	1.10	1.11	1.11	1.11	1.10	1.11
-0.04	-0.04	0.18	0.00	0.09	0.04	0.00	-0.01
-39.6%	-39.4%	184.9%	2.6%	105.1%	46.3%	-0.2%	-9.0%

On constate que le taux de marge nette, quasi nul en 1990, est devenu négatif en 1991 et 1992 avant de revenir à la hauteur du coût moyen des ressources en 1993. En 1994 le taux de marge nette atteint 14% puis 25% en 1995 tout comme en 1996. Mais, dès 1998 il amorce une baisse qui l'amènera à 0.8% en 1998, à nouveau en dessous du coût moyen des ressources. Celui-ci remonte en 1999 pour atteindre 15.7%. En 2000, avec le climat politique délétère suite à la situation de transition militaire que vit la Côte d'Ivoire en cette année, il chute à nouveau pour passer en dessous du coût moyen des ressources et même devenir négatif en 2001 et 2002 avant de redevenir positif en 2003 mais en dessous du coût moyen des ressources.

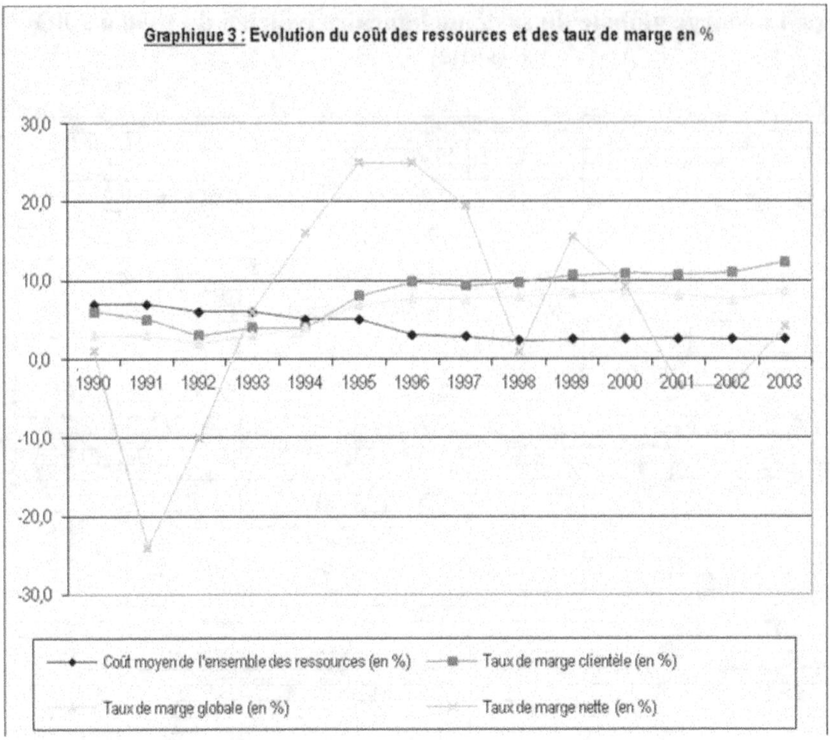

Le taux de marge globale suit le taux de marge clientèle qui lui est supérieur sur toute la période hormis 1994 où les deux taux sont égaux à 4%. On en déduit que les opérations de crédit restent somme toute plus rentables que les autres investissements et autres placements que la banque peut faire. On comprend ainsi pourquoi le système financier des pays de lUEMOA est peu enclin à financer le développement.

L'allure globale du coût moyen des ressources est une tendance baissière sur toute la période même si celui-ci semble s'être stabilisé depuis 1997 à 2.5%. Cette situation peut être mise au compte des réformes de la politique des taux d'intérêt, notamment la libéralisation de ceux-ci. Mais cette détente sur le coût des ressources bancaires ne semble pas profiter à la clientèle vu l'évolution du rendement moyen des prêts (cf. graphique 4 ci-dessous) dont l'allure est plutôt haussière.

De ce graphique 4, on note l'étonnante similitude entre le rendement moyen des prêts de toute nature et le rendement escompté de 1 F de prêt calculé à partir de l'équation 1, le taux ρ. Notons que nous avons retenu comme hypothèse pour calculer, la caution ou garantie (c) égale à un ce qui signifie que tous les prêts sont pratiquement sans risque[8]. De même, pour la probabilité de remboursement nous avons rapporté les dotations nettes aux comptes de provisions

[8] Cela pourrait ainsi considérer que le système bancaire en exercice est rentier.

d'exploitation sur les encours des prêts ce qui a parfois donné des probabilités supérieures à un notamment en 1997 et en 2000.

Graphique 4: Evolutions comparées du rendement moyen des prêts de toute nature et du rendement escompté de 1 F prêté (rho)

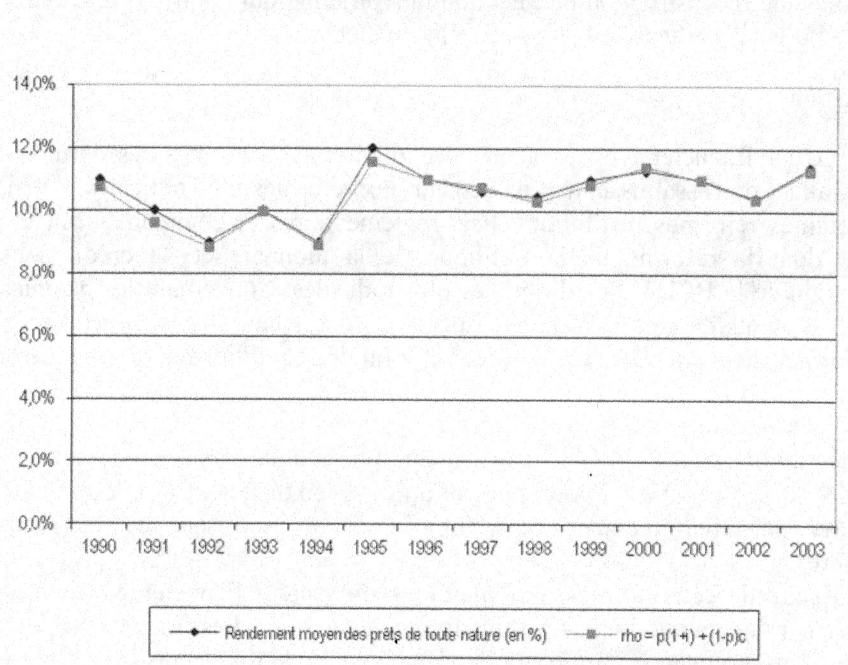

Un dernier enseignement du tableau 4 concerne les coûts opératoires du système bancaire ivoirien. On y remarque que les frais généraux du système bancaire ivoirien ont représenté jusqu'à 294% du résultat brut d'exploitation en 1991 et que sur toute la période, ils n'ont été inférieurs à 100% qu'au cours de trois exercices (1995, 1996 et 1997 avec des niveaux respectifs de 60%, 99.6% et 97.9%). Dans ces frais généraux, les frais du personnel constituent la part la plus importante, jamais moins de 50% des frais généraux (entre 51% et 57%).

Cependant, relativement au produit net bancaire, les frais du personnel semblent avoir été maîtrisés à partir de 1994, leur poids passant de plus de 40% à 33% cette année-là. Ils ont encore baissé de 1995 à 1997 (27% et 23.8% respectivement) et après s'être stabilisés autour de 25%, jusqu'en 1999, ils ont commencé à remonter à partir de 2000 (29.9%) pour s'établir à 34.2% en 2003.

Au total, l'étude de la fonction de profit du système bancaire montre que celui-ci, malgré quelques épisodes intéressants, n'a pas une rentabilité structurelle. Celle-ci semble plutôt erratique et conjoncturelle, liée à des conjectures particulières comme celles des campagnes du binôme café-cacao. Le système bancaire semble donc ne pas avoir maîtrisé totalement son marché. C'est tout comme si l'on avait un système de banques de dépôts essentiellement pour lequel l'activité de crédit est secondaire et accessoire. On peut donc en déduire une inefficacité du système bancaire ivoirien. Aussi, la situation de surliquidité de celui-ci que relèvent différentes analyses n'est pas surprenante.

La fonction de crédit et donc de financement de l'économie n'est pas encore le point fort du système bancaire ivoirien ce qui est inquiétant dans une perspective de reconstruction de l'économie ivoirienne qui risque de rencontrer un goulot d'étranglement en matière de financement.

Conclusion

Le secteur financier ivoirien a connu d'importantes réformes ces dernières années, allant de l'assainissement du secteur aux réformes plus radicales. Ainsi, d'importantes réformes institutionnelles, réglementaires et comptables ont été menées dont la réforme de la politique de la monnaie et du crédit sous l'instigation de la BCEAO est l'une des plus radicales. Concernant les banques et établissements de crédit, la mise en place d'un nouveau dispositif prudentiel et de normes de gestion ainsi que la redéfinition des conditions d'exercice de la profession, complètent les réformes portant sur les réglementations comptables, et celle des opérations effectuées par ces établissements. Le secteur boursier, celui des assurances, la CNPS et les institutions mutualistes ont connu aussi leurs réformes. Le tout a été couronné par un nouveau dispositif juridique visant à assurer un environnement légal transparent et sécurisant des activités financières.

A la suite de ces réformes, la dynamique du secteur financier ivoirien est marquée par une entrée de plus en plus fréquente de nouvelles firmes aussi bien nationales qu'étrangères. Au niveau des banques et établissements de crédit, le capital est de plus en plus détenu par des intérêts nationaux (publics et privés). Cependant, de nombreuses insuffisances caractérisent encore le marché du financement ivoirien. Ces insuffisances concernent d'abord les institutions de financement, ensuite la structure du marché, et enfin l'allocation des ressources.

Ainsi, l'on a pu constater que le secteur financier formel reste très concentré et peu concurrentiel, résultat de la structure oligopolistique du marché du crédit avec par conséquent des prix financiers élevés. Aussi, peut-on dire que la compétition n'existe pas véritablement dans le secteur financier ivoirien de sorte que celui-ci reste inefficace dans l'allocation des ressources financières. En effet, les équilibres du marché financier, ou tout au moins les états de ce marché, traduisent des situations d'équilibres non optimaux.

L'on est donc en présence de comportements oligopolistiques qui accordent naturellement un pouvoir de marché très important aux firmes leaders. Cette situation, elle-même, s'explique par la nature même de l'économie monétaire de la Côte d'Ivoire, qui est une économie d'endettement. Dès lors, l'on est dans un environnement favorable au rationnement du crédit, ce dernier favorisant les rigidités et l'inertie des comportements des institutions bancaires et de crédit car l'offre de financement domine la demande.

Les tests empiriques conduits pour vérifier ces faits, indiquent que le rationnement du crédit est effectif en Côte d'Ivoire sur la période de l'étude. Cela ne surprend guère dans la mesure où le pouvoir de marché des cinq premières banques dépasse les trois tiers du marché. C'est donc presque naturellement que les taux de marge d'intérêt des banques tout comme les coûts d'intermédiation sont orientés à la hausse malgré la libéralisation des taux d'intérêt. Cette tendance à la hausse des prix financiers du système bancaire s'explique aussi par l'importance des frais généraux du système bancaire et en particulier des charges du personnel qui se traduit par des coûts d'intermédiation fort élevés et qui n'autorisent pas une baisse des prix financiers. Dans ces conditions, l'effet de hasard moral joue pleinement et explique la faiblesse et du volume et de la diversité des crédits octroyés.

Finalement, il en résulte une faible profitabilité du secteur financier, en général, malgré l'abaissement par ailleurs de la fiscalité. Certes, il est à noter que les dispositions transitoires des réformes, notamment la constitution des réserves et la mise en harmonie avec les réglementations nouvelles, mettent en avant la réhabilitation et l'assainissement du secteur d'abord, les nouvelles normes de gestion et le renforcement du dispositif de contrôle exigeant une certaine période d'adaptation. Toutefois, les coûts de gestion du secteur bancaire restent encore trop élevés et partant, ne favorisent pas une baisse des prix financiers, comme on pourrait s'y attendre à la suite de la libéralisation des taux d'intérêt. Aussi, la promotion du financement direct s'impose-t-elle, par conséquent, si l'on veut amener le système bancaire à sortir de son conservatisme et/ou de son attentisme.

Références Bibliographies

ASSEMIAN A. (1996), "Politique de promotion de l'épargne nationale et du financement de l'investissement privé en Côte d'Ivoire", *Rapport de Recherche n°4, CAPEC-CIRES.*

BAMBA N. L. (1997), "La politique de financement du secteur privé ivoirien", *Document de TravailCAPEC-CIRES.*

BAMBA N. L. (1998), "Les Services Financiers et le GATS: le cas de la Côte d'Ivoire", Rapport d'Etude, CAPAS III - ÉTUDES SECTORIELLES NATIONALES, CNUCED, Washington.

BAMBA N. L. (2005), ''Le financement public en Côte d'Ivoire : crowding-in ou crowding-out'', *PED*, CAPEC-CIRES.

BORDES Ch. et M. O. STRAUSS-KAHN (1989), "Cointégration et demande de monnaie en France", *Cahiers Économiques et Monétaires de la Banque de France*, n°34.

CHIBBER A. & FISHER S. (édit.) (1991), Economic reform in Sub-Saharan Africa: a World Bank Symposium; Washington, D. C., The World Bank.

COLLIER P., and C. MAYER (1980), "The assessment: Financial liberalization, Financial System and economic growth", *Oxford Review of economic Policy,* Winter.

COTTANI J., D. Cavallo and M. Khan (1990), "Real Exchange Rate behaviour and economic performance in LDCs" *Economic Development and Cultural Change*, 39.

DORNBUSCH R. et Fisher S. (1980), "Exchange rates and the current account", *American Economic Review.*

EDWARDS S. (1989), Real exchange rate, devaluation and adjustment; exchange rate policy in developping countries, *MIT press.*

FELDSTEIN M. (1988), "The effects of fiscal policy when incomes are uncertain: a contribution to ricardian equivalence", *American Economic Review.*

HICKS J. R. (1974), *The crisis in keynesian economics*, Basil Blackwell, traduction française Fayard, 1988.

JAFFEE D. M. et F. Modigliani (1969), "A theory and test of credit rationing", *American Economic Review.*

JAFFEE D. M. et STIGLITZ J. (1990), "Credit rationing" in *Handbook of Monetary Economics* edited by B. FRIEDMAN et F. HAHN, North Holland.

KOUASSI H. (1997), "*Développement du secteur financier de la Côte d'Ivoire dans un contexte de promotionde l'investissement privé.*", Ministère de l'Économie et des Finances.

M'BET A., B. BEDA and H. K. VANGAH (1997), "Financial structure, financial reforms and economic recovery in the CFA countries: the case of Côte d'Ivoire", *WIP, AERC*, Nairobi, Kenya.

McKINNON R. I. (1986), "Financial liberalization in retrospect: interest rate policy in LDCs", *Centre forEconomic policy Publication* n° 74, Standford University press.
STIGLITZ J. E. (1987), "The dependence of quality on price", *Journal of Economic Litterature*.
STIGLITZ J. E. et BLINDER A. (1983), "Money, credit constraints and Economic activity", *American Economic Review*.
STIGLITZ J. E. et WEISS A. (1981), "Credit rationing in markets with imperfect information", *American Economic Review*.

XIII

Aide étrangère et épargne domestique dans les pays de l'UEMOA : complémentarité ou substituabilité ?

Akilou Amadou*

Introduction

L'aide étrangère joue un rôle important dans les économies des pays de l'UEMOA, car elle représente une importante source de financement des dépenses publiques dans ces pays, notamment les dépenses d'investissement dans les secteurs sociaux (éducation, santé) et économiques (agriculture, infrastructures). Au Togo, par exemple, elle représente environ 80% des dépenses d'investissement dans l'agriculture. Dans les autres pays de l'UEMOA, elle permet de couvrir les dépenses sociales (éducation et santé) et une partie des plans d'investissements publics (PIP)[1].

Cependant, plusieurs raisons permettent de penser que l'aide étrangère peut affecter négativement l'épargne domestique dans ces pays. D'abord, l'abondance des ressources extérieures peut encourager la consommation et favoriser la réduction de l'épargne domestique. Ensuite, si les niveaux de consommation élevés deviennent structurels, le délai nécessaire pour augmenter le taux d'épargne domestique peut être long quand le niveau de l'aide diminue. Enfin, même si l'aide n'est pas utilisée pour la consommation, elle peut ne pas servir à l'investissement, mais être détournée pour servir au remboursement de la dette ou être placée à l'étranger (fuite des capitaux).

C'est pourquoi il s'avère nécessaire d'analyser la relation qui existe entre l'aide étrangère et l'épargne domestique dans les pays de l'UEMOA.

La section 2 est consacrée à l'évolution de l'aide et de l'épargne domestique dans les pays de l'UEMOA. La section 3 traite de la revue de la littérature théorique et empirique sur le lien entre l'aide étrangère et l'épargne domestique. Les sections 4 et 5 portent respectivement sur la méthodologie et la conclusion.

---

* Enseignant-Chercheur à la Faculté des Sciences Economiques et de Gestion (FASEG), Université de Lomé.

[1] Rapport de demande d'accord triennal au titre de la facilité pour la réduction de la pauvreté et pour la croissance, FMI, mai 2008.

I. Evolution de l'aide étrangère et de l'épargne domestique brute dans les pays de l'UEMOA

Globalement, l'aide publique au développement (APD) et l'épargne domestique n'ont pas suivi la même évolution dans les pays de l'UEMOA depuis les années 1960. Alors que l'APD a eu tendance à augmenter, l'épargne domestique est restée relativement stable et a même fortement diminué dans certains pays. En effet, dans presque tous les pays de l'UEMOA, l'APD est passée de près 0%[2] du PIB en 1960 à plus de 10% du PIB dans les années 1980 et 1990. Au Mali et au Niger, par exemple, elle représentait respectivement 28,5% et 20,7% du PIB en 1985. En 1994, le niveau de l'APD était supérieur à 12% dans tous les pays de l'UEMOA. Au Burkina Faso, au Mali et au Niger, elle était supérieure à 22% du PIB. En Côte, son niveau a atteint 19,2% ; contre 6,9% un an auparavant. Ces dernières années, son niveau a relativement baissé, mais à l'exception de la Côte d'Ivoire et du Togo, pays qui traversent des crises sociopolitiques, sa part dans le PIB reste assez élevée dans les autres pays de l'UEMOA.

Graphique 1 : Evolution de l'APD dans les pays de l'UEMOA (en % du PIB)

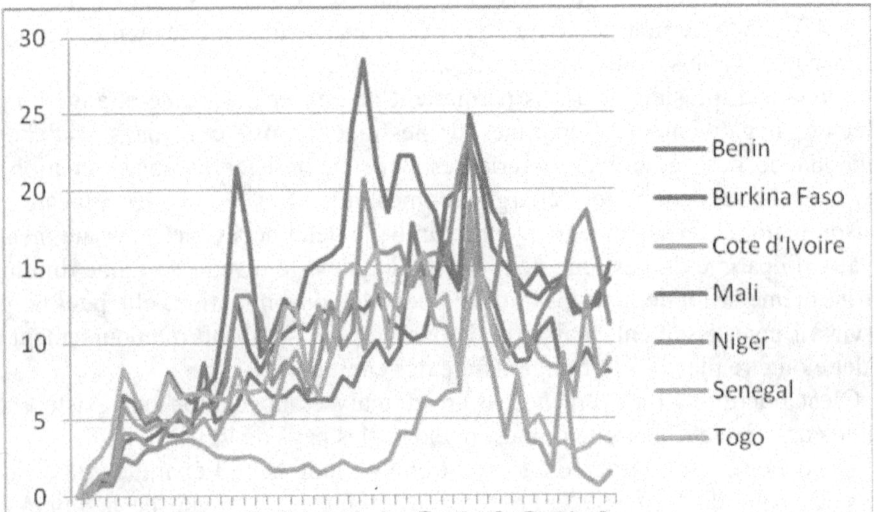

Source: *Banque Mondiale (World Bank Africa Database, CD-Rom 2008-09)*

[2] Source des données : Banque Mondiale (World Bank Africa Database, CD-Rom 2008-09)

Quant à l'épargne domestique, sa part dans le PIB était relativement plus élevée dans les années 1960 et 1970 que dans les années 1980 et 1990. En Côte d'Ivoire, par exemple, le taux d'épargne est resté supérieur à 20% du PIB entre 1970 et 1980. Il a atteint son niveau le plus élevé en 1977, soit 33,63% du PIB, alors qu'en 1991, il n'était plus que de 11,2% du PIB. Il a augmenté en 1994 et en 2002, mais il est resté inférieur à son niveau de 1977. Au Togo également, le taux d'épargne a augmenté de façon sensible dans les années 1960 et 1970, passant de 10,4% du PIB en 1960 à 23,3% en 1965 et à 25,9% en 1970. En 1974, il était de 53,5%. Par la suite le taux d'épargne a fortement chuté pour se situer à 17,4% avant de reprendre sa hausse pour atteindre 39,8% en 1978. A partir de 1981, il a considérablement baissé pour se situer à moins de 20% du PIB. En 1990 il était de 14,7% ; contre -2,2% en 2000 et 4,9% en 2005. Entre 1960 et 2005, l'épargne domestique a baissé de près de 50%. Au Sénégal et au Niger, les taux d'épargne les plus élevés ont été atteints respectivement en 1974 (16,4%) et en 1978 (17,7%). Ils ont ensuite fortement baissé pour atteindre un niveau inférieur à 5%, voire négatif dans les années 1990.

Graphique 2 : Evolution des taux d'épargne domestique brute dans les pays de l'UEMOA (en % du PIB)

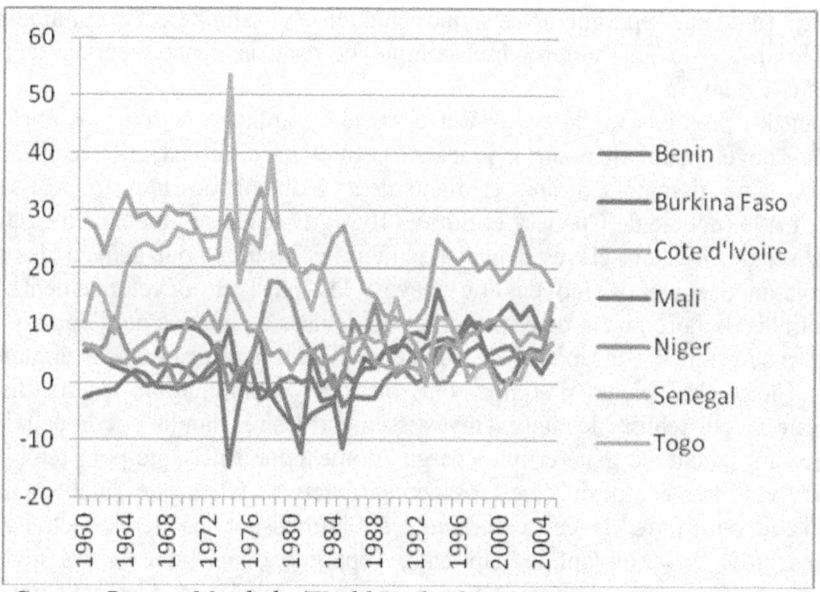

Source: *Banque Mondiale (World Bank Africa Database, CD-Rom 2008-09)*

II. Revue théorique et empirique de la relation entre l'aide étrangère sur l'épargne domestique

La littérature consacrée au lien qui existe entre l'aide étrangère et l'épargne domestique présente des aspects théoriques et empiriques.

2.1. Analyses théoriques de la relation entre l'aide étrangère et l'épargne domestique

Historiquement, l'intérêt des économistes pour le lien entre l'aide étrangère et l'épargne domestique découle en partie du fait que ce lien peut permettre, d'une part, d'apprécier l'importance accordée à la mobilisation des ressources domestiques, et d'autre part, de voir comment les ressources externes sont réparties entre les dépenses de consommation et d'investissement. Etant donné que l'aide fournit à l'autorité qui la reçoit (habituellement le gouvernement) la possibilité d'accorder plus d'importance aux ressources externes qu'aux ressources domestiques ou vice-versa, cette prérogative pourrait être utilisée pour suppléer à l'épargne domestique afin d'augmenter le taux d'investissement ou pour augmenter la consommation. C'est la raison pour laquelle, les arguments théoriques en faveur ou contre l'aide reposent essentiellement sur le choix présumé entre l'investissement et la consommation, un choix qui est finalement reflété par l'effet de l'aide sur l'épargne domestique. Une autre possibilité est que l'aide peut être détournée, ce qui la rend indisponible et pour la consommation et pour l'investissement.

L'un des premiers modèles qui ont cherché à expliquer le rôle potentiel que l'aide au développement pourrait jouer en permettant à des pays de réaliser des niveaux d'investissement désirés et, finalement, d'obtenir des taux de croissance élevés, est le modèle de Chenery et Strout (1966). D'après ce modèle, en essayant de réaliser des niveaux élevés d'investissement nécessaires pour générer des taux de croissance soutenus moyens ou élevés, les pays en développement sont susceptibles de faire face à des contraintes de devises étrangères ou d'épargne. La première se réfère à l'incapacité de générer suffisamment des devises étrangères pour acheter les biens d'équipement ou de consommation intermédiaires nécessaires pour réaliser les taux d'investissement désirés, tandis que la deuxième est liée l'incapacité de générer une épargne domestique suffisante pour réaliser le taux d'investissement désiré. Les ressources externes, telles que l'aide, pourrait lever l'une ou l'autre de ces contraintes en fournissant les devises étrangères requises et/ou en comblant le gap entre l'épargne domestique et les niveaux d'investissement désirés. D'après Chenery et Strout (1966), dans les pays qui sont au niveau des premiers stades du processus de développement, la contrainte d'épargne est probablement la plus importante. Dans ces conditions, l'aide au développement peut être un supplément à l'épargne domestique et favoriser l'augmentation de l'investissement. Au fur et à mesure que le processus de développement avance, le taux d'épargne domestique pourrait augmenter, ce qui peut conduire à une réduction, et éventuellement à une élimination de l'écart entre l'épargne domestique et l'investissement. Cependant, l'augmentation de la demande des biens produits à l'étranger (biens de consommation intermédiaire et d'équipement) exigée par des taux d'investissement élevés pourrait dépasser celle qui peut être financée par les recettes d'exportation. La contrainte de devises étrangères deviendrait alors la contrainte la plus importante pour l'investissement et la croissance économique. Dans ce cas, l'atténuation de cette contrainte par l'aide pourrait augmenter l'épargne domestique en permettant aux niveaux de l'épargne désirée d'être réalisé a posteriori. Ce modèle suggère donc que l'aide peut favoriser l'augmentation de l'épargne domestique ou n'avoir aucun effet sur elle.

L'hypothèse selon laquelle l'aide peut stimuler la croissance économique est aussi contestée par d'autres chercheurs. Frank (1963), par exemple, soutient que l'aide n'est pas favorable au développement, car elle est souvent orientée vers l'investissement dans les secteurs qui ne favorisent pas la croissance à long terme du pays, mais perpétuent le statut de sous-développement. D'après lui, l'aide est simplement un outil pour maintenir les pays dans le sous-développement. Dans ce cas, l'aide pourrait avoir comme conséquence une réduction de l'épargne domestique et une réduction du taux de croissance à long terme.

Pour Milton Friedman (1958), dans la plupart des cas, les flux de capitaux bon marché vers les pays en développement ont simplement comme conséquence la substitution des ressources nationales par les ressources extérieures. En effet, les flux d'aide conduisent à une réduction proportionnelle de l'épargne domestique. Même dans les pays qui seraient capables et qui voudraient utiliser les ressources extérieures convenablement, l'aide n'est pas la façon la plus appropriée pour les assister pour plusieurs raisons, car ces pays pourraient obtenir les capitaux d'autres sources. De plus, le prix relativement bas des capitaux fournis dans le cadre de l'aide produit de fausses incitations, et mène à des pertes énormes. On peut aussi s'attendre à ce que l'aide soit, la plupart du temps, consommée (ce qui signifie une chute des taux d'épargne domestiques) ou que l'aide non consommée ne contribue pas à la croissance à long terme à cause de son faible effet sur la productivité.

D'autres contributions ont été apportées au débat théorique de l'effet de l'aide sur l'épargne domestique. Ces contributions ont des points de vue diamétralement opposés. D'un côté, l'aide est simplement considérée comme un supplément aux ressources domestiques. Pour cela, elle peut contribuer à l'augmentation des taux d'investissement et de croissance économique et éventuellement permettre à un pays de devenir moins dépendant de l'aide (McKinnon, 1964 ; Fei et Paauw, 1965). D'un autre côté, l'aide est considérée comme un substitut à l'épargne domestique, ayant pour résultat l'augmentation de la consommation ou le gaspillage. De ce point de vue, l'aide n'entraîne pas une croissance plus rapide, mais perpétue au contraire le sous-développement (Griffin, 1970 ; Griffin et Enos, 1970 ; Bauer 1974). Ces arguments ne semblent toutefois pas totalement incompatibles avec l'hypothèse selon laquelle l'aide sert en partie à augmenter la consommation et en partie à augmenter l'investissement (Weisskopf, 1972). A cet égard, la question devient alors de savoir si l'aide est plus investie que consommée ou plus consommée qu'investie. Si l'aide est partiellement consommée, cela signifie nécessairement qu'il y aura un effet négatif sur le taux d'épargne domestique, mais pas l'absence d'investissement. Seule une consommation complète de l'aide signifie qu'il n'y aura aucun effet sur l'investissement. Un effet positif de l'aide sur l'épargne signifierait que l'aide a été entièrement investie et non consommée. Cette façon de raisonner présente un cadre qui se prête facilement à la vérification empirique.

2.2. Revue empirique de la relation entre l'aide étrangère et l'épargne domestique

L'efficacité de l'aide dépend du degré de sa substituabilité avec l'épargne domestique. La substitution totale, qui est en partie présumée par les théories de la dépendance et certaines théories néoclassiques (Friedman, 1963 ; Frank, 1966 ; Griffin et Enos, 1970), peut généralement être démontrée par un coefficient de l'aide négatif dans les équations représentatives de l'épargne. Le point de vue alternatif proposé par McKinnon (1964), Fei et Paauw (1965), c'est-à-dire que l'aide sert à augmenter l'investissement ou à lever la contrainte de devises étrangères, peut être mis en évidence par un coefficient de l'aide positif ou proche de zéro. Un coefficient compris entre zéro et - 1 implique que l'aide est partiellement investie et partiellement épargnée, avec un biais dans l'un ou l'autre sens qui indique que l'un l'emporte sur l'autre. Cette vision simplifie toutefois considérablement le lien plutôt complexe entre l'aide et l'épargne.

Beaucoup d'études empiriques essayent d'estimer l'élasticité aide-épargne pour de grands groupes de PED couvrant toutes les régions ou la majeure partie des régions en développement du monde, mais quelques-unes se sont intéressées à des régions particulières comprenant les pays de l'ASS. Doucouliagos et Paldam (2006) ont trouvé que, quand l'échantillon de pays utilisé pour estimer les élasticités aide-épargne inclut les pays de l'ASS, les coefficients obtenus sont généralement plus grands (et moins négatifs). La moyenne non pondérée, la médiane et la moyenne pondérée des coefficients (pour les échantillons de pays qui incluent les pays de l'ASS) sont respectivement de - 0,40 ; - 0,51 et - 0,42 et significativement inférieurs aux coefficients estimés quand il n'y a pas de restriction régionale sur les échantillons (- 0.66, - 0.72 et - 0.64). En comparaison, quand les échantillons incluent les pays asiatiques, les coefficients moyens estimés sont plus négatifs et plus proches de la moyenne de l'ensemble de l'échantillon. Quand l'échantillon inclut les pays d'Amérique Latine, les coefficients estimés sont substantiellement plus négatifs que la moyenne de l'ensemble de l'échantillon. Conformément aux résultats obtenus par Doucouliagos et Paldam (2006), les études qui se sont limitées strictement aux pays de l'ASS ont trouvé des élasticités entre l'aide et l'épargne qui sont généralement négatifs, mais plus petits que les moyennes et médianes suggérées par une bonne partie des études qui utilisent des échantillons multirégionaux de pays. Lensink (1993), par exemple, a utilisé un échantillon de 21 pays de l'ASS sur la période 1980-1988 et a trouvé des élasticités aide-épargne statistiquement significatives de - 0,50 et de - 0,52. Hadjimichael et al. (1995), avec un échantillon de 39 pays couvrant la période 1987-1992, ont estimé des coefficients égaux à - 0,35 et - 0,33. Gyimah-Brempong (1992) a désagrégé l'aide dans ses différents composants (prêts concessionnels, dons et aides alimentaires) pour déterminer les élasticités entre l'épargne de ces types d'aide séparément. Avec un échantillon de 34 pays, couvrant la période 1968-1987, il a trouvé que les dons ont un coefficient fortement négatif et significatif (-1,13) dans l'équation de l'épargne, les prêts ont un coefficient positif significatif (0,42), tandis que l'aide alimentaire a un coefficient positif et plus petit, mais non significatif (0,03).

III. Méthodologie

3.1. Le Modèle

La forme générale du modèle qui servira à analyser l'effet de l'aide étrangère sur l'épargne domestique dans les pays de l'UEMOA est :

$$s_{it} = \alpha s_{it-1} + \theta' X_{it} + \eta_i + \lambda_t + \varepsilon_{it} \qquad (1)$$

Où s_{it} représente le taux d'épargne et X un vecteur de variables qui peuvent potentiellement affecter l'épargne domestique. λ et η désignent les effets spécifiques individuels et temporels et ε le terme d'erreur.

L'épargne est déterminée par une multitude de variables, mais dans ce papier, nous avons seulement retenu, en plus de la variable représentative de l'aide étrangère, trois autres variables, à savoir le revenu par tête et son taux de croissance et le taux d'inflation.

Le revenu est considéré comme un important déterminant de l'épargne, notamment dans la théorie du cycle de vie (Modigliani, 1986). Beaucoup d'études empiriques confirment que le niveau du revenu réel par habitant a un impact positif sur le taux d'épargne, et que cet impact est habituellement plus grand dans les pays à faible revenu que dans les pays riches. Loayza et al. (2000), par exemple, ont constaté que dans les PED, un doublement du revenu par tête entraîne à long terme une augmentation de l'épargne de 10%.

Les modèles du cycle de vie prédisent également qu'une augmentation du taux de croissance du revenu par tête entraîne une augmentation du taux d'épargne totale (Modigliani, 1970 ; Madison, 1992 ; Bosworth, 1993 ; et Carroll et Weil, 1994). Cependant, il y a une polémique liée à l'interprétation de cette relation, puisque certains pensent qu'il est évident que l'épargne affecte la croissance à travers l'investissement, alors que pour d'autres, c'est la croissance qui favorise l'épargne. Loayza et al. (2000) ont estimé l'impact de la croissance de revenu sur l'épargne et ont trouvé qu'une augmentation du revenu de 10% entraîne une augmentation du taux d'épargne du même montant. Deaton et Paxson (2000) ont constaté que la corrélation entre l'épargne et la croissance est en grande partie due à l'effet de la croissance du revenu sur l'épargne si les individus déterminent leurs plans de consommation sur la base des profils respectifs de leurs revenus. Attanasio et al. (2000) ont trouvé que la croissance cause l'épargne au sens de Granger.

L'inflation peut affecter l'épargne à travers son impact sur le taux d'intérêt réel. En outre, l'inflation génère l'incertitude liée à l'évolution future des revenus, ce qui a pour résultat l'augmentation de l'épargne pour des raisons de précaution. L'inflation pourrait aussi influencer l'épargne à travers son impact sur la richesse réelle. Skinner (1988) et Zeldes (1989) observent qu'une augmentation de l'incertitude devrait augmenter l'épargne, puisque les consommateurs qui ont une aversion pour le risque mettent de côté une partie de leurs ressources par précaution pour faire face à de possibles variations défavorables de leurs revenus. D'après Carroll (1991), l'incertitude permet d'expliquer pourquoi la consommation est fortement corrélée avec le revenu dans le cas des jeunes consommateurs, puisqu'ils prévoient une augmentation de leurs revenus futurs, même s'ils ne savent pas de combien ils vont augmenter. L'incertitude explique également pourquoi les personnes âgées épargnent beaucoup, puisqu'elles font face à l'incertitude concernant la durée de leur vie et les dépenses de santé. Carroll et Samwick (1995a) ont obtenu des résultats qui suggèrent que l'épargne de précaution représente une part importante de la richesse des ménages. Loayza et al. (2000) ont trouvé une relation positive et significative entre l'inflation et le taux d'épargne privé.

3.2. Mesure des variables et source des données

Les données utilisées proviennent toutes de la base de données de la Banque Mondiale (World Development Indicators, CD-Rom 2008). La période couverte va de 1960 à 2006. Le taux d'épargne domestique est mesuré par l'épargne domestique en % du PIB, le revenu par tête est mesuré par le log du PIB réel par tête, le taux de croissance du revenu par tête est mesuré par le taux de croissance du PIB réel par tête. L'inflation est saisie par les taux de variation du déflateur du PIB, tandis que la part l'aide dans le revenu est mesurée par l'aide en % du PIB.

3.3. Technique d'estimation et résultats

L'estimation des équations dynamiques comme l'équation (1) pose un certain nombre de problèmes. C'est la raison pour laquelle elle doit être estimée par une méthode appropriée.

Afin d'éliminer les effets spécifiques individuels et temporels, il convient de réécrire l'équation (1) en différences premières. On obtient :

$$s_{it} - s_{it-1} = \alpha(s_{it-1} - s_{it-2}) + \theta'(X_{it} - X_{it-1}) + (\varepsilon_{it} - \varepsilon_{it-1}) \quad (2)$$

Toutefois, en la différenciant, on introduit une corrélation entre les valeurs différenciées du taux d'épargne et du terme d'erreur. Par ailleurs, certaines des variables explicatives peuvent être endogènes, c'est-à-dire qu'elles peuvent aussi être déterminées par le taux d'épargne. L'utilisation de variables instrumentales est donc requise pour prendre en compte ces problèmes.

C'est pourquoi la méthode des moments généralisés (GMM) a été utilisée (l'estimateur GMM en système).

Les résultats obtenus avec le programme xtabond2[3] sont résumés dans le tableau ci-dessous :

Tableau : Résultats des estimations

Variables explicatives	Equation 1	Equation 2	Equation 3
Epargne en % du PIB retardée	0,704** (12,85)	0,708** (14,18)	0,701** (12,97)
Log du PIB par tête	8,556* (1,92)	8,172* (2,29)	8,460* (2,08)
Taux de croissance du PIB par tête	0,275** (4,61)	0,278** (4,41)	0,271** (4,81)
Inflation	0,161* (2,04)	0,161* (2,00)	0,158* (2,01)
Aide globale (en % du PIB)	- 0,074 (-0,97)	-	-
Aide multilatérale (en % du PIB)	-	- 0,108 (-0,80)	-
Aide des pays du CAD[4](en % du PIB)	-	-	- 0,088 (-0,77)
Constante	- 41,706 (-1,86)	- 40,121* (-2,28)	- 41,381* (2,00)
Nombre d'observations Sargan (probabilité) Auto-corrélation d'ordre 2 (probabilité)	280 0,914 0,245	280 0,893 0,243	280 0,749 0,247

*** et * : significativité à 5% et 10%.*

Les probabilités associées aux tests de Sargan sont supérieures à 5% pour les trois équations, ce qui signifie que les instruments utilisés sont valides. L'hypothèse d'autocorrélation de second ordre, AR(2), peut également être rejetée puisque dans les trois cas, les probabilités critiques sont supérieures à 5%.

Les résultats indiquent que les coefficients du taux d'épargne retardé et du taux de croissance du PIB par tête sont positifs et significatifs au seuil de 5%, tandis que ceux du revenu par tête et du taux d'inflation le sont au seuil de 10%.

[3] Ce programme est fourni par David ROODMAN du CGD (Centre for Global Development).
[4] Comité d'Aide au développement.

Ces variables ont donc une influence significative sur le taux d'épargne domestique dans les pays de l'UEMOA. Par conséquent, une augmentation du niveau du revenu par tête, de son taux de croissance ou du taux d'inflation entraîne une augmentation du taux d'épargne. En revanche, les coefficients de l'aide sont négatifs, mais non significatifs. Ce qui signifie que l'aide étrangère affecte négativement, mais de façon non significative le taux d'épargne domestique dans les pays de l'UEMOA.

Conclusion et recommandations

Depuis leur accession à l'indépendance, les pays de l'UEMOA ont bénéficié d'une forte augmentation de l'aide étrangère, même si ces dernières années, elle a tendance à diminuer. Parallèlement, les taux d'épargne domestique restent relativement faibles. D'où la question de savoir si l'aide étrangère constitue un complément ou un substitut à l'épargne domestique. Les résultats auxquels nous avons abouti sur la période 1968-2008 indiquent qu'il existe une relation négative, mais non significative entre l'aide et l'épargne domestique. En d'autres termes, l'aide ne se substitue pas de façon significative à l'épargne domestique. Toutefois, pour stimuler la croissance économique à long terme, il serait plus judicieux pour ces pays d'accorder une plus grande importance à la mobilisation des ressources domestiques, car l'aide étrangère est sensible à l'évolution de la conjoncture internationale et a tendance à diminuer ces dernières années. Par ailleurs, elle est relativement insuffisante par rapport aux besoins de financement des investissements dans les secteurs économiques et sociaux.

Bibliographie

Attanasio, O., L. Picci et A. Scoru (2000), « Saving, Growth and Investment », *Review of Economics and Statistics* 82(2):182-211.

Bauer, P. T. (1971), « *Dissent on Development: Studies and Debates in Development Economics* », Weidenfeld and Nicolson: London.

Bosworth, B.P. (1993), « *Saving and Investment in a Global Economy* », Washington, D.C.: Brookings Institution.

Carroll, C. (1991), « Buffer Stock Saving and the Permanent Income Hypothesis », Board of Governors of the Federal Reserve System, Economic Activity Section, *Working Paper Series* 114. Washington, D.C. Processed.

Carroll, C., et D. Weil (1994), « Saving and Growth: A Reinterpretation », *Carnegie-Rochester Conference Series on Public Policy* 40:133-192.

Carroll, C. et A. Samwick (1995a), « How important is Precautionary saving? », *NBER Working Paper*, 5194. National Bureau of Economic Research, Cambridge, Mass. Processed.

Chenery, H. B. et A. M. Strout (1966), « Foreign Assistance and Economic Development », *American Economic Review*, 56, 679-733.

Deaton, A., et C. Paxson (2000), « Saving and Growth: Another Look at the Cohort Evidence », *Review of Economics and Statistics* 82(2): 212-225.

Doucouliagos, H. et M. Paldam (2006), « Aid Effectiveness on Accumulation: A Meta Study », *Kyklos,* 59(2), 227-54.

Fei, J. C. H. et D. Paauw (1965), « Foreign Assistance and Self-Help: A Reappraisal of Development Finance », *Review of Economics and Statistics*, 47, 251-67.

FMI (2008), « *Rapport de demande d'accord triennal au titre de la facilité pour la réduction de la pauvreté et pour la croissance* ».

Frank, A. G. (1963), « Brazil: Exploitation or Aid », *The Nation*, 197(16): 318-323.

Friedman, M. (1958), « Foreign Economic Mid: Means and Objectives », *Yale Review* 47(4): 500-516.

Griffin, K. B. et J. L. Enos (1970), « Foreign Assistance: Objectives and Consequences », *Economic Development and Cultural Change*, 18(3), 313-327.

Griffin, K. B. (1970), « Foreign Capital, Domestic Savings and Economic Development », *Bulletin of the Oxford University Institute of Economics & Statistics,* 32, 99-112.

Gyimah-Brempong, K. (1992), "Aid and Economic Growth in LDCs: Evidence from Sub-Saharan Africa », *Review of Black Political Economy,* 20, 31-52.

Hadjimichael, M. T., D. Ghura, M. Mühleisen, R. Nord, et E. M. Uçer (1995), « Sub-Saharan Africa: Growth, Savings, and Investment, 1986-93 », *Occasional Paper,* 118, International Monetary Fund.

Lensink, R. (1993), « Recipient Government Behavior and the Effectiveness of Development Aid », *De Economist,* 141(4): 543-562.

Loayza, N., K. Schmidt-Hebbel, et L. Serven (2000), « What Drives Private saving Across the World? » *Review of Economics and Statistics* 82(2): 165-181.

Maddison, A. (1992), « A Long-Run Perspective on saving » *Scandinavian Journal of Economics* 94(2): 181-196.

McKinnon, R. I. (1966), « Foreign Exchange Constraints in Economic Development and Efficient Aid Allocation » *Economic Journal,* March, 76, 170-71.

Modigliani, F. (1970), « The Life-Cycle Hypothesis of Saving and Inter-country Differences in the saving Ratio » In W.A Eltis, M.F.G. Scott, and J.N. Wolfe, eds., *Induction, Trade, and Growth: Essays in Honour of Sir Roy Harrod.* Oxford: Clarendon Press.

Modigliani, F. (1986), « Life cycle, individual thrift, and the wealth of nations » *American Economic Review*, 76, 297-313.

République Togolaise (2008), « *Relance de la coopération internationale et mécanismes de coordination de l'aide* », Conférence des Partenaires au Développement – Bruxelles, 18 et 19 Septembre 2008.

Skinner, J. (1988), « Risky Income, Life-Cycle Consumption, and Precautionary Savings » *Journal of Monetary Economics,* 22(2): 237-255.

Weisskopf, T. E. (1972), « The Impact of Foreign Capital Inflow on Domestic Savings in Underdeveloped Countries » *Journal of International Economics,* 2, 25-38.

Zeldes, S.P. (1989), « Consumption and Liquidity Constraints: An Empirical Investigation » *Journal of Political Economy,* 97(2): 305-346.

Table des matières

L'HARMATTAN, ITALIA
Via Degli Artisti 15; 10124 Torino

L'HARMATTAN HONGRIE
Könyvesbolt ; Kossuth L. u. 14-16
1053 Budapest

L'HARMATTAN BURKINA FASO
Avenue Mohamar Kadhafi (Ouaga 2000) – à 200 m du pont échangeur
12 BP 226 OUAGADOUGOU
(00226) 50 37 54 36
harmattanburkina@yahoo.fr

ESPACE L'HARMATTAN KINSHASA
Faculté des Sciences sociales,
politiques et administratives
BP243, KIN XI
Université de Kinshasa

L'HARMATTAN CONGO
67, av. E. P. Lumumba
Bât. – Congo Pharmacie (Bib. Nat.)
BP2874 Brazzaville
harmattan.congo@yahoo.fr

L'HARMATTAN GUINÉE
Almamya Rue KA 028, en face du restaurant Le Cèdre
OKB agency BP 3470 Conakry
(00224) 60 20 85 08
harmattanguinee@yahoo.fr

L'HARMATTAN CÔTE D'IVOIRE
M. Etien N'dah Ahmon
Résidence Karl / cité des arts
Abidjan-Cocody 03 BP 1588 Abidjan 03
(00225) 05 77 87 31

L'HARMATTAN MAURITANIE
Espace El Kettab du livre francophone
N° 472 avenue du Palais des Congrès
BP 316 Nouakchott
(00222) 63 25 980

L'HARMATTAN CAMEROUN
BP 11486
Face à la SNI, immeuble Don Bosco
Yaoundé
(00237) 99 76 61 66
harmattancam@yahoo.fr

L'HARMATTAN SÉNÉGAL
« Villa Rose », rue de Diourbel X G, Point E
BP 45034 Dakar FANN
(00221) 33 825 98 58 / 77 242 25 08
senharmattan@gmail.com

Achevé d'imprimer par Corlet Numérique - 14110 Condé-sur-Noireau
N° d'Imprimeur : 84424 - Dépôt légal : janvier 2012 - *Imprimé en France*

www.ingramcontent.com/pod-product-compliance
Lightning Source LLC
LaVergne TN
LVHW011252061026
849535LV00005B/1235